大学生创业与就业指导

主　编　张　斌　沙永春
副主编　于　贺　尹　卓　王　群
参　编　孙佰石　于卫东　李　静

机械工业出版社

本书的主要内容包括绪论、职业选择、职业规划与职业生涯、创业素质与训练、创业项目与风险、创业团队、择业与就业心理、就业权益与保护、工作岗位的快速适应。

本书语言通俗易懂，结合案例对理论知识进行深入浅出的剖析，帮助读者更好地理解相关知识，激发探究、实践的兴趣。

本书既可作为职业院校学生就业创业的实训教材，也可作为其他青年的就业创业参考用书。

图书在版编目（CIP）数据

大学生创业与就业指导 / 张斌，沙永春主编. —北京：机械工业出版社，2023.1（2023.8 重印）
ISBN 978-7-111-72342-4

Ⅰ. ①大⋯ Ⅱ. ①张⋯ ②沙⋯ Ⅲ. ①大学生—职业选择—高等职业教育—教材 Ⅳ. ① G647.38

中国国家版本馆 CIP 数据核字（2023）第 010496 号

机械工业出版社（北京市百万庄大街 22 号　邮政编码 100037）
策划编辑：陈玉芝　王　博　　责任编辑：王　博　关晓飞
责任校对：韩佳欣　梁　静　　封面设计：马精明
责任印制：刘　媛
涿州市京南印刷厂印刷
2023 年 8 月第 1 版第 2 次印刷
184mm×260mm・12 印张・289 千字
标准书号：ISBN 978-7-111-72342-4
定价：39.00 元

电话服务　　　　　　　　　　网络服务
客服电话：010-88361066　　　机 工 官 网：www.cmpbook.com
　　　　　010-88379833　　　机 工 官 博：weibo.com/cmp1952
　　　　　010-68326294　　　金 书 网：www.golden-book.com
封底无防伪标均为盗版　　　　机工教育服务网：www.cmpedu.com

前　言

进入 21 世纪以来，我国高等教育已由精英化转入大众化发展阶段，毕业生人数连年增加；加上我国坚持走新型工业化道路，全面推进乡村振兴，且我国已迈入创新型国家行列，对高技能人才的要求不断提高，大学生就业问题成为全社会关注的热点问题。

高校毕业生是宝贵的人才资源，是社会的重要力量。就业不仅关系到广大高校毕业生的切身利益，关系到高等教育的改革和发展，还关系到科教兴国战略和人才强国战略的实施，更关系到社会的稳定。为了适应大学生就业制度的改革发展，系统、有效地对大学生进行就业、择业、创业的指导，特编写了本书。

本书主要有以下几个特点：

1.语言通俗易懂。全书采用通俗的语言进行讲解，即使在讲解相关政策法规时，也多使用简单、明了的字眼。同时，深入浅出地介绍就业及择业的心理、求职技巧等方面的内容。

2.案例丰富。我们深知理论的枯燥性，所以在讲述时，采用大量的案例进行佐证。在阅读别人故事的同时，帮助读者思考"换作是我，会怎样？"

本书由张斌、沙永春任主编，于贺、尹卓、王群任副主编，孙佰石、于卫东、李静任参编。

由于编者水平有限，书中难免有不足和疏漏之处，恳请广大读者提出宝贵意见和建议，以便再版时进一步修改和完善。

编　者

目 录

前 言

第1章 绪论 1

1.1 职业 1
1.1.1 职业的产生 1
1.1.2 职业的特性 4
1.1.3 职业的分类 5

1.2 就业指导 7
1.2.1 就业指导的内容 7
1.2.2 就业指导的意义和原则 10
1.2.3 就业指导的形式 14

第2章 职业选择 17

2.1 职业选择概述 17
2.1.1 职业评价 17
2.1.2 职业素质 21
2.1.3 职业意识 23
2.1.4 职业理想 25

2.2 理想职业与性格的匹配 27
2.2.1 性格与择业 27
2.2.2 职业选择模式 28
2.2.3 择业的影响因素 32
2.2.4 择业期望 36

第3章 职业规划与职业生涯 39

3.1 职业生涯概述 39
3.1.1 职业生涯的含义 39
3.1.2 职业生涯的阶段 41

3.2 职业规划 43
3.2.1 职业规划的含义 43
3.2.2 职业规划的类型 45
3.2.3 职业规划的特征和要素 46

3.3 职业锚理论 47
3.3.1 职业锚的概念和作用 47
3.3.2 职业锚的类型 49
3.3.3 职业锚的个人开发 51

3.4 职业规划的原则与方法 53
3.4.1 职业规划的原则 53
3.4.2 职业规划的方法 54

3.5 职业规划的步骤 58
3.5.1 第一步：自我评估 58
3.5.2 第二步：环境分析 60
3.5.3 第三步：确立目标 61
3.5.4 第四步：制订行动计划 63

第4章 创业素质与训练 65

4.1 创业者的必备素质 65
- 4.1.1 基本素质 65
- 4.1.2 创业意识 66
- 4.1.3 创业能力 69
- 4.1.4 创业性格 70

4.2 创业规划 73
- 4.2.1 创业动机 73
- 4.2.2 创业风险 75
- 4.2.3 创业目标 76
- 4.2.4 一般性的原则 77

4.3 创业计划训练 79
- 4.3.1 创业计划 79
- 4.3.2 SYB 培训 84
- 4.3.3 创业实战 86

第5章 创业项目与风险 89

5.1 创业项目 89
- 5.1.1 做商业性项目的方法 89
- 5.1.2 做生产性项目的方法 91
- 5.1.3 做服务性项目的方法 93
- 5.1.4 做创新性项目的方法 94

5.2 创业风险 97
- 5.2.1 行业风险不可避免 97
- 5.2.2 市场风险不可避免 99

第6章 创业团队 101

6.1 创业团队概述 101

- 6.1.1 团队创业的优势 101
- 6.1.2 创业团队成员的内涵 103
- 6.1.3 创业团队的组成要素 103
- 6.1.4 创业团队的运营管理 104

6.2 创办小企业 109
- 6.2.1 组建创业团队 109
- 6.2.2 筹措创业资金 110
- 6.2.3 选择经营场所 110
- 6.2.4 登记注册 111

第7章 择业与就业心理 113

7.1 寻找就业信息 113
- 7.1.1 了解就业现状及趋势 113
- 7.1.2 了解就业政策和规定 114

7.2 求职技巧 116
- 7.2.1 自我推荐的方法 116
- 7.2.2 面试的技巧 123
- 7.2.3 笔试的技巧 132

7.3 就业心理 134
- 7.3.1 现代大学生的就业观 134
- 7.3.2 消除心理障碍 134
- 7.3.3 心理误区 138
- 7.3.4 特殊群体的就业指导 139

第8章 就业权益与保护 142

8.1 就业权益 142
- 8.1.1 就业权利 142
- 8.1.2 就业义务 144

8.2 就业陷阱..................................145
　8.2.1 规避就业陷阱..................... 145
　8.2.2 运用法律保护自我................. 154
8.3 就业协议书..............................155
　8.3.1 就业协议书概述................... 155
　8.3.2 签订就业协议书................... 157
　8.3.3 解除就业协议..................... 158
8.4 社会保险................................159
　8.4.1 养老保险......................... 160
　8.4.2 失业保险......................... 161
　8.4.3 医疗保险......................... 162
　8.4.4 工伤保险......................... 164
　8.4.5 生育保险......................... 165

第9章　工作岗位的快速适应 167

9.1 角色适应................................167
　9.1.1 学校与职场的区别................. 167
　9.1.2 就业后容易出现的问题............. 170
　9.1.3 快速适应工作岗位................. 171
9.2 环境适应................................173
　9.2.1 认识社会......................... 173
　9.2.2 搞好与领导、同事的关系........... 177
　9.2.3 高效的工作态度与工作方法......... 180
9.3 协调就业与学业间的关系................184
　9.3.1 专业不对口....................... 184
　9.3.2 继续深造与求职................... 185

第 1 章 绪论

我国高等教育已由精英化转入大众化发展阶段。这一转变就需要高校毕业生能根据国家相关的就业政策和法规,了解社会需求,树立正确择业观,增强择业和创业意识,不断增加主动适应社会需要的能力。

> **学习要点**
> 1. 了解职业的产生及特性。
> 2. 了解我国职业的分类。
> 3. 了解就业指导的内容。
> 4. 了解就业指导的形式。

1.1 职业

1.1.1 职业的产生

职业的产生、发展与社会分工的细化有着不可分割的联系。

由于社会生产劳动的需要,必然会出现社会分工,而社会分工的出现,必然会促进职业的产生。总起来说,职业就是一种以社会分工和劳动分工为纽带的社会形式和社会关系。

人类发展史上的三次社会大分工:

第一次社会大分工是农业和畜牧业的分离,形成了专门从事农业和畜牧业的劳动者。

第二次社会大分工是手工业从农业中分离出来,出现了专门从事工艺技术的工匠师傅和独立的手工业者。

第三次社会大分工是商业的出现,产生了专门从事商业活动的商人。

在这三次社会大分工的过程中,逐步形成了物质生产劳动、精神生产劳动、体力劳动者和脑力劳动者的分离,开始形成和产生实质性的、真正意义上的职业。

社会大分工的形成经过了漫长的历史演变,从某种意义上讲,没有社会大分工就没有生产、财富和人类社会的向前发展，也就不会产生职业。

社会分工一方面在生产者中趋向于细密、专门、单一化，另一方面在管理者中趋向于整体、宏观、综合化。

至此，职业不再是按照性别（男耕女织）和年龄等特点来划分，也不仅仅局限于家庭范围内的物质生产劳动的分工，而是依照劳动者的类型及形式在全社会范围内来划分，职业不再是偶然存在的社会分工。

这表明，社会上的每一种职业，都是在社会长期发展过程中形成的一种分工形式，是根据一定的社会意义，运用相应的知识、技能、习俗和个人经验所进行的劳动分工形式。

可见，职业的形成以劳动分工为基础，因此求职者在择业时一定要服从于社会劳动的需要，以社会需要为准则，而不能脱离社会实际。

职业在产生之后，总是在不断地分化与演变，而导致职业分化与演变的根本原因则是社会生产力的发展。纵观职业在不同社会历史阶段的发展，生产力水平的提高不断地改变着社会分工体系，社会分工体系的变化又直接促进了职业的分化与演变。

1. 职业演变的主要表现

（1）职业种类越来越多　在职业产生初期，职业的种类很少，发展也很缓慢。随着社会的发展，职业种类增加的速度逐渐加快。

> 据统计，我国封建社会初期（东周），社会职业与行业是同义语，只被分为六大类，即王公（发号施令的统治者）、士大夫（负责执行的官吏）、百工（各种手工业工匠）、商旅（商人）、农夫（种田人）、妇功（纺织、编织的妇女）。
>
> 这里的"百工"就是技艺匠人的总称，当时有木工7种，金工6种，皮工、染色工各5种，还有其他各种工种，加起来也不过三四十种，十分简单。
>
> 到了隋朝，增加到100个行业，比东周增加了一倍多。到了宋朝达到220个行业，又比隋朝多了一倍多。到了明朝增至300多个，从此开始，人们把社会职业分工统称为360行，泛指各行各业。
>
> 与我国类似，在国外同样也存在着这样的情况。1850年，美国进行了专门的职业普查，涉及商业、手工业、制造业、机械采矿业、农业、林牧业、军界、河海航行、法律、医务、神学、教育、政府文职、家庭佣仆及其他等15大行业，共列出232种职业。到1860年增至584种，1965年职业统计为21714种，1980年为25000种。

现代社会职业兴衰演变迅速。美国在1966—1986年的20年时间里，有数千种职业发生了兴衰变化。同样，在历史的长河中，我国也有大量职业消失和出现。《中华人民共和国职业分类大典（2015年版）》中将我国职业分类体系分为8个大类、75个中类、434个小类、1481个职业，并列出了2670个工种，标注了127个绿色职业。与1999年版大典相比，增加了9个中类和21个小类，减少了205个职业，取消了324个"其他"余类职业。

（2）职业分工越来越精细　社会分工具有三个层次，即一般分工、特殊分工和个别分工。

一般分工划分出第一产业、第二产业和第三产业。
特殊分工划分出不同行业。
个别分工划分出职业岗位。

以农业为例，在早期，农业既是社会分工中一个最大的生产领域，又是人们从事的一种职业。后来，农业又分为种植业与其他农业，形成了既有分工又有联系的职业。

（3）职业活动的内容不断更新　同样的职业，在不同的时代，其内容会有很大的变化。旧的业务知识、技术方法过时了，会被新的业务知识、技术方法所取代。

比如建筑设计师，以前是使用尺子、图板和画图笔来画出图纸，而随着计算机的广泛应用，运用CAD技术画出的图纸美观逼真、便于修改，大大提高了工作效率。同样是搞建筑设计，所凭借的工具发生了革命性的变化，职业活动的内容也得到了更新。

（4）职业的专业化、综合化和多元化越来越强　随着科学技术的发展，有些职业的专业化越来越强，如果不具备一定的专业能力，达不到职业的要求，就不能适应职业的需要。

比如会计行业，由于电算化的广泛应用，缺乏现代电子技术的人就难以胜任工作的要求。职业除了专业性越来越强以外，还打破了以往每种职业都有相对固定范围的界限，职业与职业之间相互交叉、界限模糊，开始向综合化、多元化的方向发展。

（5）第三产业的职业数量大量增加　在人类劳动生产过程中，第一、二、三产业职业的兴衰更替经历着由缓慢到迅速的发展过程，三大产业结构之间的比重升降也由缓慢到剧烈。随着科学技术水平的不断提高，特别是到了19世纪后期，职业的寿命长短和职业之间的地位演变加剧，第三产业的职业数量迅速增加。

2. 影响职业演变的因素

（1）社会生产力的发展是导致职业分化与演变的根本原因　生产力是由生产资料、劳动对象和掌握生产技术的劳动者组成的，生产力的发展，促进了社会分工。而职业产生的基础是社会分工，因此，每次新的产业革命都必然要伴随着职业的重新组合和大批新职业的产生。

比如随着互联网的出现，产生了大量的互联网相关职业。

（2）科学技术的发明与广泛应用是现代社会职业迅速演变的重要原因　科学技术是第一生产力，当一项新的科技发明直接应用于生产或为人们生活服务的时候，必然会带动新材料、新工艺、新技术和新的经营模式的出现，同时也必然伴随着新的职业的产生。

印刷业中，以前图书印刷有一道非常重要的工序是拼晒版，这道工序需要大量的时间和物力才能完成，如今新的印刷技术出现，很多印刷厂已经没有了这道工序，只需要电子文件就可以直接印刷图书了。因此，以前的拼晒版工渐渐地被淘汰了。随之出现的是电子文件处理的精度增加了，对排版的要求越来越高，相关从业人员的技能水平也开始提升。

（3）社会制度和管理制度的变革促使一些职业发生演变　社会制度和管理制度的每一次变化，都会引起职业的变化，使有的职业消失，有的职业产生，有的职业由盛转衰，有的职业由衰到盛。

（4）人们物质生活水平的提高会促使直接为其服务的社会职业产生和发展　人们物质生活水平的提高会激励人们增强各方面的需求，因而有关职业应运而生、竞相发展，如近几年发展迅速的服饰业、家装业、IT业等。

如今社会发展迅猛，势必会对高校毕业生就业产生多方面的深刻影响。高校毕业生在求职择业和进行就业准备时，必须审时度势，充分考虑影响当代社会职业发展新趋势的种种因素。

1.1.2　职业的特性

职业能够让社会更加和谐、合理、融洽，同时它也有以下几个方面的特性：

（1）职业的社会性　职业充分体现了社会分工，体现了人与社会的关系，是社会生产力发展的产物。每一种职业都体现了社会分工的细化，体现了对社会生产和社会进步的积极作用。

（2）职业的技术性

古人有云："闻道有先后，术业有专攻。"

随着社会的发展，职业分工越来越细，每一种职业需要具备与之相匹配的知识素养和专业技能。这导致如今的用人单位，在招聘的时候都会对某个岗位作出岗位描述，并提出与该岗位相匹配的条件和要求。同时，在面试的时候也要考察应聘者是否具备了干好本岗位或职业的素质（包括能力、知识结构、经验等）。

（3）职业的经济性　我们知道，在承担职业岗位职责并完成工作任务之后，劳动者应从中索取报酬，获得收入，一方面，这是社会、企业及用人单位对劳动者付出劳动的回报，另一方面，劳动者以此维持家庭生活，这是保持整个社会稳定的基础。

（4）职业必须创造财富并满足需求　无论是个人还是社会，都是通过每个个体运用自己的能力、素质和专业技能来创造财富（包括物质财富和精神财富）的。

比如农民种出粮食、蔬菜，汽车设计师设计出漂亮时尚的小轿车，建筑设计师和建筑工人设计和建造高楼大厦，音乐家创作出优美的旋律，科学家进行科技发明和技术创新，作家、文学家著书立说，等等。

有的人创造物质财富，有的人创造精神财富。有的人直接创造财富，如工人生产产品；有的人间接创造财富，如警察和军人保护公民和国家的财富。

1.1.3 职业的分类

职业分工繁复，而且世界各国国情不同，其划分职业的标准也有所区别。

1. 西方国家的职业分类

（1）按脑力劳动和体力劳动的性质、层次进行分类　其具体分类如图1-1所示。这种分类方法明显表现出职业的等级性。

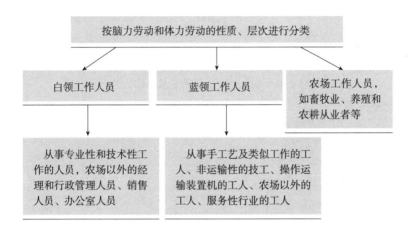

图1-1　按脑力劳动和体力劳动的性质、层次进行分类

（2）按心理的个别差异进行分类　这种分类方法根据美国著名的职业指导专家霍兰德（Holland）创立的人格–职业生涯匹配理论，将人格类型划分为6种，与其相对应的是6种职业类型：

现实型、研究型、艺术型、社会型、企业型和常规型。

（3）依据各个职业的主要职责或从事的工作进行分类　其具体分类如图1-2所示。

比如加拿大《职业岗位分类词典》的分类，它将分属于国民经济中主要行业的职业划分为23个主类，主类下分81个子类，489个细类，7200多个职业。此种分类对每种职业都有定义，逐一说明了各种职业的内容及从业人员在普通教育程度、职业培训、能力倾向、兴趣、性格以及体质等方面的要求，有较大的参考价值。

2. 我国的职业分类

《中华人民共和国职业分类大典（2015年版）》将我国职业归为8个大类、75个中类、434个小类、1481个职业，如图1-3所示。

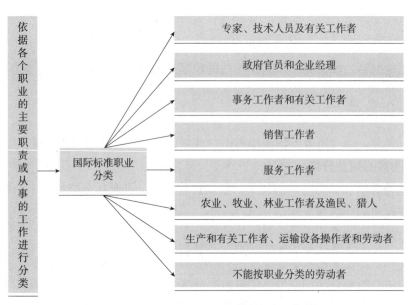

图1-2　依据各个职业的主要职责或从事的工作进行分类

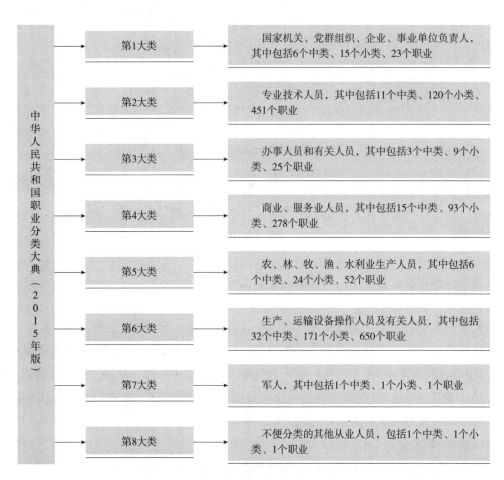

图1-3　我国的职业分类

根据不同的标准，职业还有其他的分类方法，如图1-4所示。

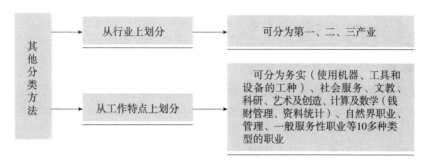

图1-4 职业的其他分类方法

每一种分类方法对其职业的特定性都有明确的解释，这对我们更好地掌握某一职业的特点、选择适合自身的职业有指导作用。

1.2 就业指导

1.2.1 就业指导的内容

大学生就业指导是帮助大学生了解国家的就业方针政策、树立正确的择业观念、保障毕业生顺利就业的有效手段，其主要内容包括以下几个方面。

1. 理论指导

理论指导是就业指导的重要内容，主要是对大学生进行思想教育，帮助大学生科学地认识和对待就业。这是由高等教育的培养目标所决定的，也是做好大学生就业工作的必然要求。理论指导要重点解决好以下几个问题。

（1）树立正确的就业观念 就业是大学生毕业走向社会的转折点，但就业所反映的不仅仅是如何找到用人单位，它直接关系到个人事业的成功与否。因此，就业观念要解决的基本问题是，如何把大学生培养成为适应社会发展需要的高素质人才。也就是说，职业生涯设计应该成为大学生进入高校时就开始关注的问题。就业的理论指导和大学生的学习目的教育应该融为一体，贯穿于学习阶段的全过程。

（2）树立正确的择业标准 如今大学生的择业标准呈现多样化的发展趋势。指导毕业生就业的基本原则是把个人理想与国家需要结合起来，从实际出发，适应社会发展的需要。大学生通过理论指导，能避免和纠正择业中的不良行为，能正确处理社会需要与个人成才、事业与生活、个人与集体等各种关系，抵制眼前功利的诱惑。

（3）确立高尚的求职道德 市场经济是法治经济，也是道德经济。大学生的道德修养和个人信誉，对其成才和发展是极为重要的，在求职过程中也同样重要。通过理论指导，大学生在就业过程中做到实事求是、诚实正直、与人为善，决不能在求职时吹嘘自己、贬低别人，也不能欺骗用人单位或不讲信誉。求职道德是大学生素质的重要展示，是给用人单位留下的第一印象。

高尚的求职道德有助于培养高尚的品行，使人终身受益。求职的不道德或不讲信誉，其后果是失去用人单位的信任。某个人的不道德，有时不仅影响到本人，甚至也会对他人产生不利的影响，给求职者和用人单位之间带来障碍。

2. 政策指导

政策指导是国家制定的高层次人力资源配置准则的体现，是调控、约束、引导大学生择业行为的基本依据，也是就业指导的前提。任何人都可以在就业政策允许的范围内自由择业。

（1）就业政策　大学生通过就业指导，能充分了解国家制定的全国性的就业政策，有关部门和省市区制定的行业性和区域性就业政策以及所在学校制定的具体实施意见，按有关规定就业。

对毕业生就业工作的方针，教育部文件明确规定：

要贯彻统筹安排，合理使用，加强重点，兼顾一致和面向基层，充实生产、科研、教学第一线的方针。在保证国家需要的前提下，贯彻学以致用、人尽其才的原则。

有些行业性或区域性的就业政策，会对专业要求、生源指标、学历条件等做出规定。所在学校一般会根据国家政策和地方政策提出工作意见，为大学生就业提供政策依据和相关规程。

（2）劳动法规　《中华人民共和国劳动法》是调整劳动关系的基本法律。大学生就业的实质是与用人单位建立劳动关系。《中华人民共和国劳动法》指导大学生依法办事，维护自身的合法权益，履行应尽的义务。

比如，《中华人民共和国劳动法》规定：妇女享有与男子平等的就业权利。又如，"违反法律、行政法规的劳动合同"和"采取欺诈、威胁等手段订立的劳动合同"为无效合同，等等，都是大学生应该懂得的。

（3）就业工作程序　大学生就业工作程序在教育部统一布置和要求下进行，一般从大学生在校最后一年开始。对大学生进行就业工作程序的指导，有利于大学生在规定的时间内收集信息、参与双向选择、进行毕业鉴定、办理报到手续等，但不影响学校正常的教学秩序和学生的学习。

3. 信息指导

就业信息是求职择业的基础。获得的就业信息越广泛，求职的视野就越开阔；就业的信息运用得越好，求职的成功率就越高。

（1）对国家宏观就业形势的分析指导　国家宏观的就业形势关系到劳动力市场的供需关系，与毕业生能否充分就业有关。某一类专业人才市场的供需情况，又直接影响该类专业毕业生的就业。帮助大学生了解就业的大形势，有利于大学生做出合理的就业定位，使其主观期望符合社会的实际，能够及时、顺利地就业。

（2）对收集具体就业信息的指导　这一指导可帮助毕业生提高收集信息和利用信息的能

力。信息是当今时代的重要特征，收集的有效信息越多，选择的余地就越大；充分、准确地掌握和利用有效信息能够做出令人满意的就业选择，在一定程度上，也直接影响到职业的选择和事业的发展。

4. 心理指导

随着就业竞争的日趋激烈，近年来，大学生择业的心理问题呈上升趋势，各种心理障碍和心理疾病不断影响大学生顺利走向社会。因此，运用心理学的原理和方法，针对大学生心理发展的特点和择业中暴露出来的心理问题，进行择业心理教育与指导，是十分重要的。

（1）择业心理指导　择业时，大学生应该面对现实，一切从实际出发，处理好理想与现实的关系。一般来说，大学生择业时都有较高的心理期望值，这是正常的，但脱离现实、好高骛远的想法是不正确的。

大学生择业心理指导要解决的就是帮助大学生做好既要树立远大理想又要进行艰苦奋斗的心理准备，正视社会、适应社会。

（2）增强心理承受力指导　在择业的过程中会碰到各种障碍，受到各种挫折，指导大学生如何正确对待挫折、增强心理承受力是很重要的。

在择业中很可能产生来自两个方面的心理不平衡：

一是自我评价和社会评价不一致时产生的。
二是自己与同学在学校中的比较和在社会时的评价不一致时产生的。

我们要帮助大学生树立自信心，正确地估计自我，形成良好的心理素质。

（3）心理健康指导

有关数据显示：大学生的心理和生理的成熟程度存在差异，自我心理调节能力的发展明显滞后。

对大学生进行及时、有效的心理健康教育与指导，不仅有助于大学生做好择业心理准备，而且有助于心理问题的预防和解决；不仅有利于大学生正确认识自我，从个性心理特征设计择业目标，而且也有利于大学生尽快适应职业，完成角色转换，实现人生价值。

5. 技术指导

在"公平竞争、择优录用"原则的指导下，用人单位通过自荐、面试、笔试等方式来招聘人才。求职方法与技巧具有较强的实用性，不但能指导大学生掌握求职的方法与技巧，对保证其求职的成功具有重要的意义，还可以帮助大学生提前做好充分的准备。

（1）自荐技巧　在招聘过程中，自荐是求职的首要环节。指导自荐技巧是为了帮助大学生和用人单位进行有效的沟通，使大学生能准确地介绍自己，充分地展示自己的特长，使用人单位在求职者自荐的过程中感觉到求职者的能力和潜力。自荐技巧的基础不是自我拔高，而是自我展示，不是花哨，而是一种艺术。

（2）面试指导　一般情况下，面试是招聘录用中关键的环节，用人单位能直接通过面试，考察和了解求职者的情况。在面试过程中，求职者掌握一定的技巧，往往是成功面试的重要因素。

求职的大学生经过面试技巧的指导，就能在面试时有充分的准备，可以有针对性地进行答辩和应对，和用人单位进行很好的沟通。为大学生提供面试技巧的指导，不仅可以帮助大学生顺利就业，而且能使大学生学到更多的人际交往知识。

（3）礼仪指导　求职者的礼仪是非常重要的，礼仪是求职者给用人单位的第一印象。

首先是衣着，能够体现求职者的形象。
其次是礼貌，能够体现求职者的涵养。
最后是热情，热情能给人以好感，也能反映求职者的精神状态。

求职礼仪的指导可以帮助大学生充分展示出应有的文明、礼貌和修养。因此，礼仪指导不仅是对大学生求职的重要帮助，且对提高他们的素质也会起一定的作用。良好的礼仪应该在大学生的日常生活中养成。

6．创业指导

大学生创业一般是指大学生创立自己的事业。随着科学技术的迅速发展、社会竞争的日趋激烈，大学毕业生只有尽快地适应社会，不断创造新的业绩，才能适应现代社会发展的要求。因此，对大学生进行创业教育与指导，使其树立创业的信心和决心，掌握创业的途径与方法，是具有现实意义的。

（1）对创业精神的指导　创业精神对当代大学生尤为重要。时代在发展，社会在进步，科技在创新，经济制度在变更，每个期望实现自己的价值、发挥自己才能的大学生都应在时代的舞台上开创一片属于自己的事业。创业精神的培养应融入高校教育的全过程，这样才能使大学生有新的创业理念，有新的作为。

（2）对自主创业的指导　社会主义市场经济体制激发了人们的积极性和创造性，自主创业越来越成为青年一代谋求职业的重要途径。国家的就业渠道和可以选择的职业空间也在向新的行业、新的职业拓展。

现成的、长期一贯的职业将越来越少，现代化的、适应新时代需要的、具有创造性的新型职业将不断产生。青年一代积极投身创业，比谋求社会既成的职业更具有挑战性。创立个人的事业更能发挥自己的聪明才智与主动性和创造性，更能灵活、恰当地与社会需求融合在一起，使个人价值得以实现，更快地走向成功。对大学生自主创业的指导，在就业指导中是个新的领域。

1.2.2　就业指导的意义和原则

1．就业指导的意义

（1）有利于国家经济建设和社会稳定　在生产力三要素中，劳动者是最活跃、起决定性作用的因素。大学生是国家培养的高级专门人才，是实施科教兴国战略、全面建设社会主义现代化国家的重要力量。培养与现代化要求相适应的数以亿计的高素质劳动者、数以千万计的专门人才和一大批拔尖创新人才，发挥我国巨大的人才资源优势，关系到21世纪我国社会主义事业发展的全局。

我国的高等教育发展很快，同时经济的发展也需要更多的高校毕业生，但大学生就业中却出现了"就业难"的新情况，其原因主要有三个方面：

一是大学毕业生就业制度的改革。

中国高等教育的改革与发展不断推进高校毕业生就业制度的改革，形成了"市场导向、政府调控、学校推荐、学生与用人单位双向选择"的大学生就业机制。

这就要求进一步完善高校毕业生就业工作管理体制，加快调整人才培养的结构，使大学毕业生作为求职择业的主体，走向人才市场。在高校毕业生就业制度的改革中，政府、学校、学生与用人单位都需要不断适应社会主义市场经济条件下大学生就业的新机制。

二是高等教育的迅速发展。

随着1999年高校开始扩招，我国高等教育的规模迅速得到发展，毕业生的数量大幅度增加。

据不完全统计，高校毕业生数量在2022年创下新高，达到1000多万人，而且处于继续增加的趋势。

据有关方面预测，世界范围内就业岗位的增加速度，远远赶不上经济本身的增长速度和扩张速度，就业岗位正成为最稀缺的资源。

在这样的形势下，大学毕业生不充分就业现象的出现就很正常了。

三是部分大学毕业生盲目追求热门、自我期望值过高。

大学毕业生的职业理想常常受到传统择业观的误导，如迷恋大型企业、追求热门职业、自我期望值过高等，这些都对大学毕业生就业产生不利的影响，使得很多岗位毕业生不愿去，而毕业生想去的岗位又不足。

因此，加强大学生就业指导，帮助大学生顺利就业，对于落实科教兴国的战略方针，推进社会主义现代化建设具有非常重要的意义。否则，人才的闲置和不合理使用会造成极大的浪费，也会给现代化建设和社会稳定带来不利的影响。

（2）有利于高等教育改革的深化

《中华人民共和国高等教育法》指出：高等教育的任务是培养具有社会责任感、创新精神和实践能力的高级专门人才，发展科学技术文化，促进社会主义现代化建设。国家按照社会主义现代化建设和发展社会主义市场经济的需要，根据不同类型、不同层次高等学校的实际，推进高等教育体制改革和高等教育教学改革，优化高等教育结构和资源配置，提高高等教育的质量和效益。

大学生就业的状况直接影响到高等教育的改革与发展。高等教育是否与经济建设、社会发展相适应，通常可以通过毕业生的需求情况反映出来。高校培养人才的质量，也可以在用人单位对毕业生的实际使用中得到检验和评价。

因此，通过毕业生就业这个环节，可以对就业中反馈的信息进行分析和研究，以推进高校人才培养模式的改革和专业结构的调整，使高校培养的人才适应和满足社会主义现代化建设的实际需要。

（3）有利于大学生的学习、就业和成才

柳青在《创业史》一书中写道："人生的道路虽然漫长，但要紧处常常只有几步，特别是当人年轻的时候。"

职业选择是人生价值的初步定位，是人生道路上紧要的一步。一个人对社会的贡献以及发展、成才，很大程度上取决于他的职业。人生的价值在于事业的成就和对社会的贡献。因此，大学毕业生的就业是大学生人生道路上的一个重要转折。

如何实现自己的职业理想，是大学毕业生面临的现实问题。从一些人才市场招聘会上反馈的信息来看，不少大学生缺乏自我推销的能力。

求职的大学生一般比较注重外包装，几乎每个求职者都有一份精美的简历、一堆证书，却不注重对自己的职业生涯进行设计，以及针对用人单位的需要进行设计。

大学生的就业又和其素质状况直接有关。在招聘中，一些优秀的、全面发展的学生总是优先被用人单位所接受。也就是说，就业的准备是重要的，素质高的毕业生容易就业。社会需要和欢迎品学兼优的、基础扎实的复合型人才，这就激励大学生应该努力学习，奋发成才，在进大学时就有职业的考虑，使学习目的更明确、职业设计更完善。

大学生就业指导还有利于大学生今后的发展和成才。因为求职的过程是和用人单位沟通的过程，这个过程所得到的不仅仅是用人单位录用和不录用的结果，还能了解用人单位对职业素质的要求。因此，大学生就业的过程也是受教育的过程，大学生就业指导中的一些要求，如展示真实形象、锻炼表达能力、增强团队意识、遵守市场规范，等等，不仅是对大学生就业的具体指导，也是对其今后事业发展的长远指导。

就业是走向事业的第一步，不能只是为就业而就业，而要通过就业来成就事业，展示人生的价值。因此，大学生就业指导的意义在于大学生成才的全过程。

《中华人民共和国高等教育法》规定：高等学校应当为毕业生、结业生提供就业指导和服务。

这就从法律上对大学生就业指导提出了明确的要求，对大学生进行就业指导，不仅是必要的，而且是必需的。

（4）有利于帮助毕业生树立正确的就业观　就业观是指对职业选择的基本看法，是个体在一定的世界观、人生观和价值观的指导下，对自己未来从事的职业和发展目标的基本认识和态度。就业观对人才求职、择业和就业准备有直接影响，能直接指导人们选择职业，并通过职业选择、职业活动体现出来。就业观是具体化的人生观，体现的是每个有劳动能力的人的基本态度问题。毕业生从学校走向社会，从学校生活步入职业生活，无疑是对其人生态度的一次考验。为此，要着重处理好三个关系：

①事业与谋生的关系——事业重于谋生。

就业作为人们谋生的手段，是人类社会的普遍现象。但是，就业绝不仅仅是为了谋生，而应该把自己从事的职业融合在祖国的事业、所在地区的事业、所在单位的事业中去，激发为事业努力工作的热情，奠定就业的坚实基础。

②奉献与索取的关系——奉献重于索取。

就业，当然要通过自己的劳动获取一定的报酬。但是，社会要发展，人人都有对社会做奉献的责任。从这个意义上讲，在就业岗位上的劳动可以衡量个人对人民、对社会创造的价值和贡献的大小。所以，毕业生应具有奉献重于索取的思想，并逐步形成自己的就业观。

③发展与眼前的关系——发展重于眼前。

毕业生走向社会，总希望有一个高起点，这是可以理解的。但是，现实生活又往往没有那么多的理想用人单位。为此，毕业生不能把眼睛仅仅盯在眼前，而要对未来充满信心。

每个毕业生都希望毕业后能找到一个理想的职业，但从我国目前的实际情况看，由于各地的经济发展并不平衡，地区之间、城乡之间在生活方式、工作环境、劳动报酬等方面都存在着较大的差异，因此毕业生个人的愿望不可能都得到满足。另一方面，由于自主择业在很大程度上将就业的主动权交到了毕业生个人手中，毕业生就业的主动性增强，在这种情况下，不少同学对毕业后何去何从反而没有主见。这就要求我们能够正确认识社会，正确认识自己，树立正确的人生观。

（5）有利于毕业生进行正确的职业选择　职业选择就是指求职者根据自己的职业意向、职业兴趣、职业能力以及个性特点、社会需要等，在众多的职业岗位中选择适合自己的职业岗位的过程。它包括两个方面的含义：

一方面是就业者对用人单位的选择，另一方面是用人单位对就业者的选择。

可见，职业选择是一种双向的选择，任何绝对意义上的单向选择，都不能构成职业与劳动者的最优化、最有效的结合。职业对择业者而言，是个人挑选就业岗位的过程，一般说来，个人选择职业时需考虑的因素如下：

职业的社会地位、劳动报酬、福利待遇、工作环境、工作条件及工作地点、个人的才能和特长、兴趣爱好等。

这些因素对每个选择职业的具体人来说，不可能面面俱到，各人情况不同，考虑的重点也各不相同。

职业与人生紧密相连，职业选择的好与坏、正确与否，直接影响着劳动积极性的发挥，甚至对劳动者的整个职业生活都会产生重要影响。一个人能否为国家、社会做出贡献，个人生活是否幸福，在很大程度上取决于他的职业选择。

2．就业指导的原则

搞好就业指导，引导学生遵循职业选择原则做好职业选择，无论对社会还是对个人，都具有十分重要的意义。

（1）客观性原则　客观性原则是指职业选择必须从客观实际出发。

一是从择业者自身的实际出发，将个人的职业意愿和自身素质与能力结合起来，对自己所拥有的知识、能力、技能、个性等特点有所了解，并认真评价个人职业意愿的可行性，判断自己能否胜任某种职业或某种工作。

二是对职业岗位空缺与需求的可能性做出客观的分析，在进行职业选择时，必须考虑社会职业岗位的需要，而不能只考虑自己的主观意愿。

（2）主动性原则　主动性原则是指克服消极等待心理，积极主动地创造就业条件，参与就业竞争，捕捉就业机会，在职业岗位上发挥才能，为社会做出贡献。

（3）协同性原则　协同性原则是指在选择职业时，要处理好社会需要与个人需要的关系，正确地处理个人、集体、国家三者之间的利益关系，把个人利益和社会需要协调、统一起来。毕业生不应过分强调个人的职业理想和利益，而要努力把自己的职业理想与社会需要结合起来，主动地服从社会需要，把社会需要看成是择业的主要依据，把个人的理想自觉地统一到国家和社会的需要中去。

（4）比较性原则　比较性原则包括两个方面：

一是个人条件和岗位要求的比较。要比较一下自己对岗位的适应能力和岗位对自己的需要是否协调一致。

二是职业与职业之间的横向比较。在职业选择初期，人们的职业兴趣往往比较广泛，不仅仅局限在某一职业的选择上，这就使得择业者面临如何选取适合自己的职业的问题。

通过比较，就能较好地从诸多职业中选择出一个较适合自己、自己又能胜任的职业。

（5）主次性原则　人们在选择职业时往往受到很多因素的影响，其中有客观的因素，也有主观的因素，有合理的因素，也有不合理的因素。

在选择职业时，不可能各种因素都得到满足。因此，必须分析哪些是主要因素，哪些是次要因素，哪些是客观因素，哪些是主观因素，要分清主次，抓住主要的、现实的、合理的因素。

如果在选择职业时死抱着一些次要的、不切实际的条件不放，将会丧失很多就业机会，甚至难以就业。

1.2.3　就业指导的形式

1. 加强就业政策辅导，主动规避"政策壁垒"

学校通过就业指导课的开设，指导毕业生掌握最新的就业政策和规定，依法就业，走出择业的误区。

毕业生只有掌握就业政策，才能在关键时候抓住稍纵即逝的就业机会；才能提高求职命中率，少走弯路，避免不必要的损失；才能使毕业生根据社会的需要并结合个人的实际，在就业过程中有的放矢地选择职业，在政策允许的范围内去联系用人单位，并主动避开部分省、市的"政策壁垒"，顺利实现自己的就业理想。

有规矩才成方圆。就业政策和法规不仅是对毕业生的就业行为进行限制和约束，而且在"双向选择，自主择业"的条件下，更重要的是保护大学毕业生和用人单位双方的合法权益。

2. 转变毕业生就业观念，适度调整就业期望值

目前，在校学生普遍受利益驱动，急功近利的思想表现得比较突出，择业期望值过高。他们选择职业考虑最多的是单位所属的地区是否在大、中城市，经济效益如何，而对国家的需要、个人未来的发展则考虑得较少。因此，就业指导应加强学生的思想教育，要对学生进行道德观、人生观、价值观的指导，引导毕业生认清当前就业形势，在全面、客观地评价自己的基础上，调整好就业期望值，找准坐标，使自己的职业意向与社会的需求相吻合。同时，要指导毕业生学会自我调节，提高心理承受能力；指导毕业生在择业过程中克服从众心理，培养科学决策能力，确立正确的择业观，抓住机会，顺利就业。

3. 强化诚信教育，夯实毕业生道德基础

近年来，面对就业市场的激烈竞争和新的挑战，以及受社会负面因素的影响，部分大学生不守信用、不守承诺的现象时有发生。如大学生贷款后不按时还款，甚至恶意拖欠、逃避，还款信誉较差；在求职过程中部分毕业生为了在就业市场的竞争中取胜，自荐材料虚假包装，面试时自我拔高，签约时"脚踩两只船"，盲目签约、随意毁约等行为严重地违背了诚信原则，丧失了道德基础。

所以，在大学生就业市场化的今天，高校在就业指导过程中更应加强大学生的诚信教育，并将诚信教育渗透到教学、生活、管理等各个环节，贯穿大学生活始终，把思想教育和严格管理结合起来，做到常抓不懈。

4. 筛选就业信息，帮助毕业生进行择业决策

在信息时代，毕业生可以通过现代通信工具和手段获得大量的需求信息，但这些信息并不都是有效和有用的，还必须对信息加以筛选，去粗取精，去伪存真。毕业生对信息的筛选应建立在对自己全面、客观、公正评价，以及对用人单位详细了解的基础之上，根据在一定范围内择业、发挥优势和学以致用、面对现实的筛选原则，结合自己的实际情况，有目的、有针对性地进行排列、整理和分析，只有这样才能使需求信息具有准确性、科学性和有效性，使之更好地为其择业服务。

对于筛选后的信息，毕业生需根据社会需求、个人期望以及兴趣、气质、性格、能力等因素进行择业决策，最终选择自己理想的职业。

5. 倡导自我创业，拓展毕业生就业途径

创新是一个民族进步的灵魂。当前，我国把"科教兴国"确立为实现社会主义现代化的根本战略，科技进步和知识创新在我国经济建设中的地位和作用日益凸显。大学生是青年人中的优秀代表，最富有激情，是新时代的生力军，是社会中最具创造力的一个群体。近年来，大学生创业风起云涌，展示着当今大学生的精神风貌和素质教育的丰硕成果，也标志着毕业生就业观念和传统的就业模式发生了根本的变化。

毕业生创业，不仅解决了自身的就业问题，而且创造了更多的就业机会。在为社会创造新财富的同时，也实现了自身的价值。

随着高校就业制度改革的深入及高校大众化教育的发展，高校毕业生的就业面临着新的机遇和挑战。

第 2 章
职业选择

知名哲学家罗素曾说：选择职业是人生大事，因为职业决定了一个人的未来……选择职业，就是选择将来的自己。人生在世，每个人都会有属于自己的职业位置。

> **学习要点**
> 1. 了解职业选择的因素。
> 2. 了解职业性格间的关系。
> 3. 根据职业选择模式，选择适合自己的职业。
> 4. 根据适合的职业，了解自己的职业性格。

2.1 职业选择概述

2.1.1 职业评价

职业评价是人们对职业的认识和态度，反映了一定社会历史发展阶段人们对社会各种职业的基本价值判断。社会分工不同决定职业的划分，带来了对职业的不同评价。从本质来看，职业没有高低、贵贱、好坏的区别。社会职业是一个完整的系统，不同职业之间相互依存，共同维护社会的平衡和发展。

但是，一方面，由于社会分工不同，不同职业在劳动强度、技术水平、收入状况、工作条件等方面存在差异；另一方面，不同职业对劳动者的要求也不一样，职业的责任大小、风险高低、知识含量、技术程度、体力和智力的要求等方面都有所不同。这些客观存在的差异，又导致了人们对职业的不同评价。职业评价一般表现为对职业地位和职业声望的看法。

1. 职业地位

社会分层是一种客观的社会现象。不同的职业依据本身的社会结构占据不同的社会位置，就形成了职业地位。从事不同职业的社会成员因其职业地位的不同而有不同的权力、财富和声望，所以谋求地位更高的职业是个人获得心理满足并肯定自身社会价值的必然选择。

> 职业是具有一定特征的社会工作类别，它是一种或一组特定工作的统称。我们以往经常使用"工种""岗位"等概念，实质上就是将职业按不同需要或要求进行的具体划分。一个职业一般包括一个或几个工种，一个工种又包括一个或几个岗位。因此，职业与工种、岗位之间是一个包含和被包含的关系，其间有着密切的内在联系。例如：焊工职业就包含"电焊工""气焊工"等多个工种。
>
> 工种是根据劳动管理的需要，按照生产劳动的性质、工艺技术的特征或者服务活动的特点而划分的工作种类。目前，大多数工种是以企业的专业分工和劳动组织的基本情况为依据，从企业生产技术和劳动管理的普遍水平出发，为适应合理组织劳动分工的需要，根据工作岗位的稳定程度和工作量的饱满程度，结合技术发展和劳动组织改善等方面的因素进行划分的。
>
> 岗位是企业根据生产的实际需要而设置的工作位置。企业根据劳动岗位的特点对上岗人员提出的综合要求形成岗位规范，它构成企业劳动管理的基础。

另外，一定时期内具有倾向性的社会舆论能够强烈地影响某些职业的社会评价，进而影响相关专业的个人需求。

决定职业地位高低的因素主要有以下 4 项：

（1）社会功能　职业的社会功能是指某一职业对社会的作用，它由责任、权利、义务体现出来。不同的职业承担了不同的社会功能，在社会运行中发挥了不同的作用。社会功能大的职业，任职条件高，职业层级也高。

（2）社会报酬　职业的社会报酬是指任职者的工资收入、福利待遇、晋升机会、发展前景等方面的因素。这是一个综合的指标。如工资收入高，并不一定福利待遇好，也不一定晋升机会就多，发展前景就好。因此，不同的择业者可以按照不同标准得出不同的结论，也可以根据自身不同的需求来做出不同的选择。

（3）自然条件　职业的自然条件是指与职业活动相关的工作环境，如技术装备、劳动强度、安全系数、卫生条件等。职业自然条件好，职业社会层级也就高。

（4）职业要求　职业要求是指一定的职业对任职者各项素质的要求。对人要求越高，被人替代的可能性越小，职业社会层级也越高。职业要求一般与劳动者的受教育培训程度密切相关。

2. 职业声望

职业声望是人们对某种职业社会地位的主观反映，是对该职业的地位、资源状况，如权力、工资、晋升机会、发展前景、工作条件等方面所做出的综合的主观判断。任何一种职业都有自己的职业声望。

职业声望的高低不是由收入决定的，通过它更多体现出的是一个职业在社会上的地位；职业声望的高低决定了从事这一职业人员的竞争激烈程度，声望越高，希望从事这一职业的人数越多，相对竞争也就越激烈。

职业声望的变化也体现出社会价值观的变化。在一定时期内，职业声望排列呈相对稳定状态，在不同的社会发展阶段，同一职业的社会声望是不尽相同的。职业声望可以通过选取有代表性的职业进行调查，以所得出的职业等级序列来表示。影响职业声望的因素如图 2-1

所示。

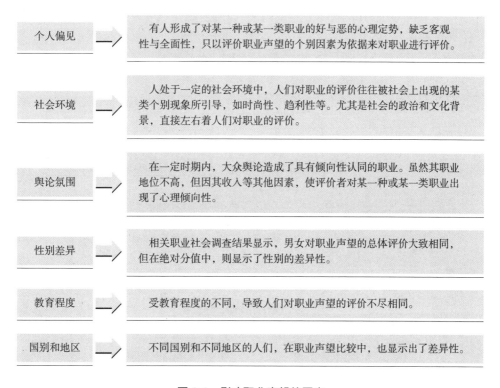

图 2-1 影响职业声望的因素

现实中，人们都愿意选择职业声望高的职业，因此导致了职业间流动的现象。但是有时也会出现一些非常规现象，如把收入状况或就业地点作为择业的单一指向，而不顾及职业声望。

> 一个乞丐站在地铁出口卖铅笔，一名商人路过，向乞丐杯子里投入钱币后，便匆匆而去。过了一会儿后商人回来取铅笔，说："对不起，我忘了拿铅笔，因为你我毕竟都是商人。"几年后，这位商人参加一个高级酒会，遇见了一位衣冠楚楚的先生向他敬酒致谢说："我就是当年卖铅笔的乞丐。"
> 乞丐生活的改变，得益于商人的那句话——你我都是商人。
> 如何改善自我的条件，关键就在于改变自己：一个人定位于乞丐，他就是乞丐；定位于商人，他就是商人。

3. 职业流动

职业流动是劳动者在不同职业群体和职业类型之间的流动，意味着劳动者职业角色的变换，是劳动者在放弃一种职业的同时获得新职业的过程。合理的职业流动有利于人力资源的利用，也有利于个人的特长发挥。

职业流动的分类如图 2-2 所示。

导致职业流动的根本原因在于生产力的发展。社会化大生产为劳动的变换和劳动者的流动提供了可能，现代化和全球化的进程更进一步打破了一业定终身的传统观念，职业流动的范围越来越大，频率越来越高，个人的能力也越来越得到充分的发挥。先进的就业制度也极大地促进了职业流动。

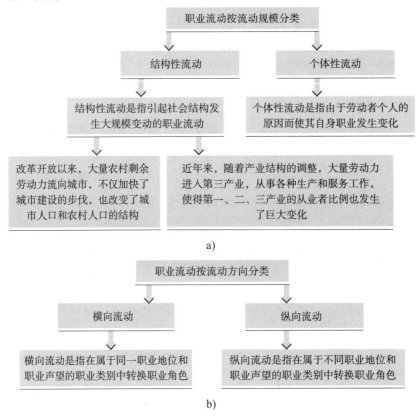

图 2-2 职业流动的分类

有些人的职业流动却是立场不坚定导致的，这样的好高骛远的行为是职场所不齿的，比如下面这个蝙蝠的故事。

> 传说很久很久以前，走兽和飞禽之间有过一场猛烈的战斗。
> 起先，飞禽战胜了走兽，蝙蝠就加入飞禽的队伍，跟它们一起和走兽战斗；后来，走兽开始占优势，蝙蝠就跑到走兽那边，把自己的牙齿、爪子和乳头给它们看，证明自己是走兽，同时保证自己热爱同类。然而战斗最后，飞禽得胜了，蝙蝠又投到飞禽那边，可是这回飞禽把它撵走了。蝙蝠想再加入走兽这边来，也已经不可能了。从此它两方都不能够加入，只好待在地窖里，或者待在窟窿里，黄昏的时候才敢出来到处飞。

以前我国在计划经济、统招统分的模式下，很少有人能够频繁调动工作。如今，在市场经济条件下，用人单位和就业者间双向选择的模式使人们可以选择更能发挥自身才能的岗位。市场条件下的劳动关系也对职业的流动有积极的影响。当然，利益的诱惑、人际关系以及自身的知识储备等因素也会对职业流动产生影响。一些人就是因为个人知识技能无法适应生产发展的需要，达不到新职业、新岗位的要求才失业的。

2.1.2 职业素质

职业素质是劳动者在一定生理和心理条件的基础上，通过教育、实践和自我修养等方式所形成和发展起来的，对社会职业了解与适应能力的一种综合品质的体现。职业素质是从事某一专门工作所必须具备的条件，主要体现在职业兴趣、职业能力、职业个性及职业情绪等方面。

影响和制约职业素质的因素很多，主要包括受教育程度、实践经验、社会环境、工作经历，以及自身身体和心理的一些基本状况等。

1. 思想道德素质

思想道德素质是指从业者在思想观点、政治信念、道德品质、爱国情感、合作精神、公民意识、法制观念等方面应该具备的条件。不管一个人从事的是什么样的职业，具有什么样的职业地位和声望，良好的思想修养和优秀的道德品质都是必不可少的。

有一位在技术、管理方面都相当出色的求职者，他表示，如果公司录用他，他可以把在原来公司工作时的一项发明带过来。最终，这家公司没有录用这位求职者，原因是他缺乏最基本的处世准则和职业道德——诚实和讲信用。如果雇用了这样的人，谁能保证他不会把这里的成果，变成向其他公司讨好的"贡品"呢？

上面说的这位求职者，是大部分企业都不能接受的。职业的种类虽然很多，但是就从事职业的基础素质而言，一个人的德行是进入职业的前提。好的德行修养应该体现在图2-3所示的6个方面。

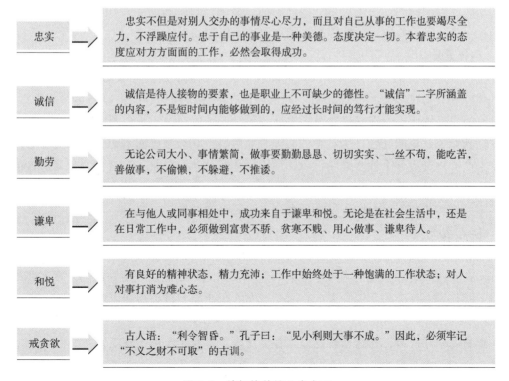

图2-3　德行修养的6个方面

从表面来看，职业流动性的加强与职业专业化的趋势好像是一对矛盾，但是事实上，无论未来职业如何变化，任何职业对劳动者都有基本素质的要求，因此广大学生必须努力提高自身的职业素质，适应未来社会发展变化的需要。

2. 知识和技能素质

知识经济时代，各种职业对知识和技能的要求越来越高，对从业者也提出了更新的要求。无论从事哪一种职业，都离不开一定的科学文化知识水平，更离不开各种技术和技能，这是影响职业专业化程度和职业水准的重要因素。

首先要加强知识的积累，具有良好的文化知识基础，对本专业以及相关领域的基本概念、基本原理有清晰的了解，要不断拓宽知识面，加快知识更新的速度。只有这样，才能为个人能力的发挥打下良好基础。

其次还要做好知识应用的准备，也就是要学会把知识运用到实践过程中去，加强职业技能的训练。必须积极参加实验和实训活动，深入实际生产劳动，多动手，勤操作，为进入社会打下良好基础。要博览群书，多方面涉猎，以便触类旁通、游刃有余。

为了提高技能素质，就要抓住机会，多做练习，提高办事能力。求学期间，虽然不会存在很复杂、影响力极强的事，但是，多参与社团等的活动，直接或间接参与一些事情的组织工作，可以有效地提高个人的办事能力。多办理事情，可以知道办理事情的顺序、解决问题的方法、应对事情的态度，也可以增长胆量、见识、经验、思考力、判断力、办事能力。

知识和能力的修养，不是可以一蹴而就的，必须靠日常的勤学力行，向他人学，向书本学，向社会学，潜心修学，才能提高水平，满足工作的需求。

3. 身体素质

现代社会高节奏的生活和工作，使劳动者承受了巨大的压力，要适应这样的社会环境，健康的体魄和良好的心理素质必不可少。所以，在学生阶段要养成良好的学习和生活习惯，形成良好的生活规律，合理安排学习和生活，科学安排体能锻炼，全面提高身体素质。

在充满竞争意识的社会，劳动者的心理素质对其一切行动都有着重要的影响。心理素质是一个人在心理过程和个性心理特征方面所表现出来的本质特征。良好的心理素质一般体现在面对困难时，具有良好的自我调控能力和应变能力，能客观恰当地评价和接受自己的优缺点，人际关系和谐友好，自信心强，行为统一协调等方面。

4. 能力素质

所谓能力，是指在分析问题和解决问题时所表现出来的综合技巧和水平。它是通过教育和培养，在实践活动和主观努力中形成的，是以知识为基础，以应用为目的，以实践为载体的。对于即将走上社会的学生来说，有两个方面的职业能力是必须加以培养的。

一方面是学习能力，包括创新能力、自学能力、信息收集和处理能力。

另一方面是实践能力，包括人际交往能力、社会适应能力、组织管理能力、语言和文字表达能力等。

2.1.3 职业意识

职业意识是人们对职业的认识、情感和意向的总和,是在职业选择过程中对自己现状的认识和对未来职业的期待和愿望。对于大学毕业生来说,职业意识是对未来将要从事的职业的向往和认同。不同的职业意识决定了大学毕业生不同的择业态度和择业方式。要形成正确的职业意识,就必须重视以下两方面意识的培养。

1. 自我意识

自我意识是自我意向和自我认识两个方面的辩证统一。两者之间相互对立、相互依存,经常处于不平衡状况,就构成了人的内心世界的矛盾和斗争。这种个人内心世界的矛盾和斗争现象,就构成了自我意识的矛盾运动。

一些大学毕业生在选择职业的过程中,理想与现实、个人利益和集体利益、书本知识与实践相脱节的现象就是这种矛盾的表现。只有那些具有良好的自我意识的人,才能在面对不同职业进行选择时,明确知道什么是自己所需要的工作,什么是最合适自己的职业。

(1) 自主意识　自主是能力的体现、成熟的象征,是对大学毕业生的基本要求。选准目标是决策的开端,对整个择业过程起着定向作用,大学毕业生应注重培养自己发现机遇、利用机遇、把握机遇的能力。职业选择是人生中一次重要的选择,对一个人的一生影响巨大,大学毕业生应该掌握自己的命运、自己的前途。现实生活中,部分大学毕业生在选择职业时,思前顾后、左右摇摆、拿不定主意,这是缺乏自主意识的表现。

(2) 自信意识　大学毕业生在求职时,自信意识是十分必要的。每个人都有自己的理想、志趣与抱负,在选择就业时应尽量找到与自己志趣相符的工作单位。有些同学既踌躇满志,又忐忑不安,对能否找到符合自己意愿的工作信心不足。这些同学应该增强自信心,在充分了解自己的基础上,正确地评价自己,对自己的智力、能力和创造力进行充分肯定,这样才有利于更好地接受社会的选择和未来的挑战。

(3) 风险意识　社会发展在加快,过去那种铁工资、铁饭碗、铁交椅的时代已一去不复返了。市场经济离不开竞争,竞争的过程是优胜劣汰的体现。少数素质差、能力低的大学毕业生找不到工作是必然的。不仅如此,有的在找到工作后由于种种原因也可能被辞退。另外,还可能出现信息不灵敏、就业渠道不畅通、就业指导不力等问题。在现实生活中,有些大学毕业生对就业的期望值过高,不能正确地评价自我,也可能导致择业的失败。因此,大学毕业生必须树立风险意识,正确地对待择业过程中遇到的各种困难。

2. 现代职业意识

(1) 职业平等的敬业意识　虽然不同职业之间存在着客观的差别,在经济收入、工作条件、地理环境、舒适程度等方面都有所不同,但是职业之间是没有尊卑高下之分的。

尤其是对于年轻人而言,更要树立敬业奉献的观念,端正职业动机,发扬吃苦耐劳的精神,到祖国需要的地方去,奉献自己的智慧和青春。

(2) 优胜劣汰的竞争意识　人才市场的确立和人才资源配置的市场化,带来了激烈的人才争夺战。优胜劣汰是市场竞争的内在要求。

要想成为最后的胜利者，就必须具有过硬的专业才能、高尚的职业道德、热情的工作态度、顽强的拼搏精神。

（3）独立自主的创业意识　随着高等教育从精英化转入大众化发展阶段，越来越多的学生走向社会，就业形势日益严峻，供需矛盾更加突出。大学毕业生不能守株待兔，期待社会提供就业机会，要成为新时代的创造者。

社会需求的多元化发展为我们提供了良好的机遇，只要我们敢于创新，就能够走出属于自己的道路。

（4）和谐共赢的协作意识　现代社会经济技术的发展，使得每一个人的成功都离不开别人的支持和帮助。如果再固守"鸡犬之声相闻，老死不相往来"的想法，就将一事无成。任何一种职业都处于特定的职业群体当中，通过相互的协作才能带来共同的进步和发展。

在学习期间就要培养团队精神和协作意识，形成和谐共处、共谋发展的集体主义思想。

（5）与时俱进的发展意识　这是一个信息爆炸的时代，新知识、新技术、新工艺不断涌现，科学技术发展日新月异。如果不加强学习和提高，及时更新自己的知识，就会很快落后于时代。

要广泛吸取社会、经济、科学、技术等方面的新信息，巩固和充实自己，跟上时代潮流，为实现自己的职业目标打下良好的基础。

（6）面向实践的基层意识　随着我国现代化建设事业的迅猛发展，社会需要各级各类的人才。职业院校的毕业生主要面向基层和生产第一线的工作岗位，因此，要保持清醒的头脑，期望值不要太高，要切合实际。

各类企业都需要大量的实用型、技能型人才，到基层去，到生产第一线去，不仅是社会发展的需要，也是职业技术人才成长和发挥才干的最佳途径。

（7）服务社会的大局意识　服从社会需要，应该是广大大学毕业生的自觉行动。作为国家培养的专门人才，应该具有为国家为人民服务的精神和社会责任感，理应为国家为社会服务。

虽然现在是"缴费上学"，但是所缴纳的费用仅是培养费的一部分，大学毕业生不应当把这种"投资"当作向社会、向人民讨价还价的资本，而应树立高度的社会责任感，为社会主义建设事业服务。

（8）开拓创新的超前意识　大学毕业生在择业时不应被一时一事的形势所迷惑，而要对社会的要求作全面的了解，找出社会发展趋势，准确掌握就业信息，以此来确定自己的发展方向，避免在择业过程中产生盲目性和急功近利行为。要以事业为重，首要考虑的因素是选择的职业是否切合实际，是否有利于事业顺利发展。

要突破传统的就业意识，自觉地走出校门，走入社会，激流勇进。社会给予了机遇，也给予了充分的选择空间，还需要我们自己努力去争取、去把握、去奋斗。

2.1.4　职业理想

职业理想是指人们对未来职业的向往和期盼，是人生理想的重要组成部分，一般包括工作种类、工作部门和工作成就等方面。青年学生在进入职业活动之前，就已经开始形成并发展着自己的职业理想。随着专业的确定，一些人就开始有了初步的职业意识和职业理想，经过逐步调整，到毕业时，职业理想就可以基本确立下来了。

1. 职业理想的发展

（1）由具体到抽象　大学生的职业理想最初往往表现为对各种具体职业形象的倾向，随着知识的增多和对各种社会职业了解的深入，逐渐形成为某项事业、某个目标而奋斗的职业理想，即由倾向于具体的职业形象发展为倾向于抽象的职业成就。

（2）由单纯的主观动机到主观与现实的统一　大学生在形成职业理想的过程中，最初个人的兴趣、爱好、愿望对职业倾向往往起着很重要的作用，他们对客观条件的认识来源于主观的估计和设想，其职业理想仍然属于单纯的个人主观动机。而这种主观确定的职业理想，到了一定阶段往往会受到各种现实条件的限制，促使他们逐渐考虑更多的现实条件和社会因素，不断调整自己的职业理想，直至达到个人动机与客观现实的统一。

（3）由不稳定到稳定　大学生的职业理想往往处于不稳定状态，这是自身认识水平的限制和心理成熟程度等原因造成的。随着认识的深入和心理成熟程度的提高，其职业理想会逐渐趋于稳定。

2. 职业理想的特点

（1）差异性　一个人选择什么样的职业理想，与他的思想品德、知识结构、能力水平、兴趣爱好等都有很大的关系。政治思想觉悟、道德修养水准以及人生观决定着一个人的职业理想方向。知识结构、能力水平决定着一个人的职业理想追求的层次。个人的兴趣爱好、气质性格等非智力因素以及性别特征、身体状况等生理特征也影响着一个人的职业选择。因此，职业理想具有个体差异性。

（2）发展性　一个人职业理想的内容会因时、因地、因事的不同而变化。随着年龄的增长、社会阅历的增加、知识水平的提高，职业理想会由朦胧变得清晰，由幻想变得理智，由波动变得稳定。因此，职业理想具有一定的发展性。比如：孩提时代，想当一名警察，长大后却成了一名教师，就能够说明这一点。

（3）时代性　社会的分工、职业的变化，是影响一个人职业理想的决定因素。生产力发展水平的不同、社会实践的深度和广度的不同，人们的职业追求目标也会不同。职业理想是一定的生产方式及其所形成的职业地位、职业声望在一个人头脑中的反映。计算机的诞生演绎出了与计算机相关的职业，如计算机工程师、软件工程师等职业。

3. 职业理想的功能

（1）职业理想是实现个人理想的必要途径　个人的事业理想体现在个人自我价值在其工作业绩、成就方面的实现。个人的生活理想则体现在个人自我价值在其衣、食、住、行及休息、娱乐、恋爱、婚姻家庭方面的实现。在当今的社会里，一个人要想在事业上取得成就，做出成绩，实现自己的抱负，几乎都与其从事的职业有关。个人取得的成就和成绩，多数是在职业理想推动下取得的职业性业绩。

如职业运动员创造了体育方面的世界纪录，科学家有了重大发现等。职业也能够影响个人及家庭的经济收入及社会声望，影响人的生活方式等。

因此，职业理想也是个人实现自己生活理想的前提条件。

（2）职业理想是进行职业选择的直接先导　大学生由学校走向社会时，根据自身的特点及社会发展变化的客观现实，确立正确的职业理想后，为理想的职业和具体的目标而努力，为获得自己认为理想的职业而做好相关的准备。因此，职业理想对于人们求职和进行就业准备，绝不仅仅是一般性的影响，完全是一种推动人们想方设法去获得理想职业的动力，即推动人们求职和进行就业准备的动力。

（3）职业理想是取得职业成功的直接动力

托尔斯泰曾说过："理想是指路明灯。没有理想，就没有坚定的方向；没有方向，就没有生活。"

职业理想是一个人在职业生活中的目标。树立了职业理想之后，就要积极开始相关知识的积累和能力培养，为实现职业理想做好准备。同时，在走上工作岗位之后，还要努力地、创造性地开展工作，取得优异的成绩。只有这样，才能最终把职业理想变成现实。

（4）职业理想是实现社会理想的重要桥梁　社会理想主要是指一定社会集团（群体）或社会中一定成员，对所向往和追求的未来社会的一种美好的想法，如我们常说的社会主义理想、共产主义理想等。社会理想所向往、追求和设想的是社会的经济制度、政治制度以至整个社会的形态。职业理想所向往、追求和设想的是职业岗位及就业要求。职业理想是在社会理想指导下，对社会理想的落实和具体化。人们通过从事一定职业，并以此为依托去实现自己的社会理想。实现共产主义是人类历史上空前伟大的事业，要靠千百万人的长期艰苦奋斗，离开了社会的每一个成员在各自岗位上的努力和点点滴滴的积累，共产主义的社会理想是不可能实现的。

4. 实现职业理想的条件

（1）了解自己　许多人很容易把自己放在很高的起点上，观察周围的环境，思考职业未来，甚至还想将来所从事的工作条件要比别人好一些，付出的劳动比别人少一些，拿的工资比别人高一些。要从自身出发，从自己的所受教育、能力倾向、个性特征、身体健康状况出发，准确定位，瞄准适合自己的岗位去不懈努力。

（2）了解职业　每种职业都有与之相适应的职业能力要求。对于会计、出纳、统计师、建筑师、药剂师等职业来说，从业人员必须具备很强的计算能力。与图纸、建筑、工程等打交道的工作，对空间判断能力的要求较高。因此，有选择地、有针对性地培养自己的能力，主动去适应并接受职业岗位的挑战是十分重要的。

（3）了解社会　职业选择是一个复杂的社会问题，除了具有极强的时间性和地域性以外，还受历史的、社会的诸多因素影响。了解社会的需求是成功择业、就业的关键，尤其是要了解社会需求量、竞争系数和职业发展趋势。

社会需求量是指一定时期职业需求的总量。这是一个动态的又相对稳定的数量。有的职业有很高的社会声望，但需求量很少。有的职业不为多数人看好，但有发展前途，需求量较大。

竞争系数是指谋求同一种职业的劳动者人数的多少。在其他条件一定的情况下，竞争系数越大，获得该职业的概率越小。社会地位高、工作条件好、工资待遇优的职业，想要谋取的人数多，相应的竞争系数就大。

职业发展趋势是指职业未来发展的态势。有些职业一时需求量大，竞争激烈，但随着社会的发展将日趋衰落。有些职业暂时处于冷落状况，但随着社会的发展会日益兴旺。因此，加强对社会职业需求的分析和预测，了解社会职业岗位的需求情况，对实现自己的职业理想是极其重要的。

2.2　理想职业与性格的匹配

2.2.1　性格与择业

性格是指一个人在其生活、实践活动中经常表现出来的、比较稳定的、带有一定倾向性的个体心理特征的总和，它由性格倾向和性格特征两部分组成。性格倾向包括需要、兴趣、价值观等；性格特征包括气质、能力等。

不同的性格会选择的不同的生活。同样，不同性格的人也会有不同的择业方向。

当从事的职业与其性格相吻合时，就可能发挥出能力，容易做出成就；反之，可能导致其原有才能的浪费，或者必须付出更大的努力才能成功。

在现代择业观念里，除了要考虑"社会价值""社会地位"等，性格、兴趣也是重要指标。因此，在进行职业选择和定位时，只有正确分析自己的个性特点，处理好个性与职业选择的关系，才能找到个性与职业的最佳结合点，从而达到人职相匹配，形成合理组合。

每个人的性格都有积极和消极两个方面，通过测量、分析，有利于克服消极的性格品质，发扬积极的性格品质。但一个人的性格一旦形成，改变起来还是比较困难的。所以更关键的是，我们要把注意力放在性格中积极的一面上，选择那些能最大限度地发挥我们性格优势的职业。

从心理机能上划分，性格可分为理智型、情感型和意志型。

理智型的人通常以理智支配自己的行为，处事冷静。
情感型的人行动受情感左右，容易感情用事。
意志型的人目标明确，有较强的控制能力。

从心理活动的倾向性上划分，性格可分为外向型和内向型。

外向型的人容易适应环境的变化，对外界事物表现出关心和兴趣，善于表露自己的情感和行为，并乐于与人交往。
内向型的人偏重主观世界，对外界事物缺少关心和兴趣，不善于表露自己的情感和行为，而且不乐于与人交往，一般较难适应环境的变化。
无论是内向型的人还是外向型的人，都有许多非常具体和丰富的性格特征，而且纯粹属于内向型或外向型的人不多，大部分都属于混合型，只是存在着程度的差别。

一般来说，开朗、活泼、热情、温和的性格，比较适合从事外贸、涉外、文体、教育、服务以及其他同人群交往多的工作；多疑、好问、倔强的性格，比较适合从事科研、治学方面的工作；深沉、严谨、认真的性格，比较适合做人事、行政、党务工作；而勇敢、沉着、果断与坚定是新型企业家和管理者不可缺少的性格。

国外用人单位在选人时有一种观念，他们认为，性格比能力重要。其原因是，如果一个人能力不足，可通过培训提高，但一个人的性格与职业不匹配，要改变起来就困难多了。所以，在招聘时，将性格的测试放在首位，当性格与职业相匹配时，才对其能力进行测试检查。

2.2.2 职业选择模式

1. 霍兰德的人业互择模式

霍兰德（Holland）是美国著名的职业指导专家，其创立的人格类型理论对人才测评的发展产生了重要的影响。他将职业选择看作一个人人格的延伸。他认为，职业选择也是人格的表现。同一职业团体内的人有相似的人格，因此对很多问题会有相似的反应，从而产生类似的人际环境。他将人格类型划分为6种：

（1）现实型（Realistic，简称R）　人格特征是坦率直接的交际风格，具有较强的实践性，喜欢用机械的方式来处理问题，喜欢用手、工具来制造或修理东西。喜欢有规则的具体劳动和需要基本操作技能的工作，缺乏社交能力，不适合社会性质的职业。其典型的职业包括技能性职业（如一般劳工、技工、修理工、农民等）和技术性职业（如制图员、机械装配工等）。

（2）研究型（Investigative，简称I）　具有聪明、理性、好奇、精确、批评等人格特征。喜欢智力的、抽象的、分析的、独立的定向任务这类研究性质的工作，但缺乏领导才能。其典型的职业包括科学研究人员、教师、工程师等。

（3）艺术型（Artistic，简称A）　具有想象、冲动、直觉、无秩序、情绪化、理想化、有创意、不重实际等人格特征。喜欢艺术性质的工作和环境，不善于完成事务工作。其典型的职业包括艺术方面的（如演员、导演、艺术设计师、雕刻家等）、音乐方面的（如歌唱家、作曲家、乐队指挥等）与文学方面的（如诗人、小说家、剧作家等）。

（4）社会型（Social，简称S） 具有合作、友善、助人、负责、圆滑、善社交、善言谈、洞察力强等人格特征。喜欢社会交往，关心社会问题，有教导别人的能力。其典型的职业包括教育工作者（如教师、教育行政工作人员）与社会工作者（如咨询人员、公关人员等）。

（5）企业型（Enterprising，简称E） 具有冒险、野心、独断、自信、精力充沛、善社交等人格特征。喜欢从事领导及企业性质的工作。其典型的职业包括政府官员、企业领导、销售人员等。

（6）常规型（Conventional，简称C） 具有顺从、谨慎、保守、实际、稳重、有效率等人格特征。喜欢有系统、有条理的工作任务。其典型的职业包括秘书、办公室人员、记事员、会计、行政助理、图书管理员、出纳、打字员、税务员、统计员、交通管理员等。

然而上述的人格类型与职业关系也并非绝对的一一对应。

霍兰德在研究中发现，尽管大多数人的人格类型可以主要划分为某一类型，但每个人又有着广泛的适应能力，其人格类型在某种程度上相近于另外两种人格类型，则也能适应另两种职业类型的工作。也就是说，某些类型之间存在着较多的相关性，同时每一种类型又有极为相斥的职业环境类型。霍兰德用一个六边形简明地描述了6种人格类型之间的关系，如图2-4所示。

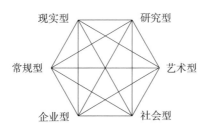

图2-4 人格类型之间的关系

图2-4中的6个角分别代表6种职业类型和6种劳动者类型。每种类型的劳动者（职业）与6种类型的职业（劳动者）相关联，在图形上以连线表示。

连线距离越短，两种类型的职业相关系数就越大，适应程度也就越高。若连线长度为0，换言之，劳动者类型与职业类型高度相关，统一在一个点上（即图中6个角端位置），表明某种类型的劳动者从事相应类型的职业，或者某类型的职业由相应类型的劳动者来担当。此种情况下，人业配置最相适宜，是最好的职业选择。

除此之外，图2-4中连线最短、相关系数最高的，当属每种类型的劳动者（职业）同其左右相邻的两个类型的职业（劳动者）。

例如，常规型分别与现实型、企业型连线最短，艺术型分别同研究型、社会型连线最短，其余依此类推。它们之间连线短，则表示人业相互适应程度高；连线距离越长，表示两类型的人业相关系数越小，相互适应程度越低。

图 2-4 中，常规型与艺术型、研究型与企业型、现实型与社会型之间的连线最长，表示其人业相互适应程度最低。

各职业/劳动者类型相关度见表 2-1。

表 2-1　各职业/劳动者类型相关度

相关度	职业/劳动者类型
高	RI　IR　IA　AI　AS　SA　SE　ES　EC　CE　CR　RC
中	RA　RE　IS　IC　AR　AE　SI　SC　EA　ER　CS　CI
低	RS　IE　AC　SR　EI　CA

2. 弗罗姆的择业动机模式

霍兰德的人业互择理论告知我们，劳动者进行职业选择时要选择与自己类型相一致的职业。但是，同一类型的职业，往往有多种职业可供选择。例如，常规型职业中，会有会计、出纳、统计员，此外还有秘书、办公室人员等具体职业，劳动者该如何选择？弗罗姆（V. H. Vroom）的择业动机理论对此作出了回答。

弗罗姆是美国心理学家，他于 1964 年在《工作和激励》一书中，提出了解释员工行为激发程度的期望理论。期望理论的基本公式为

$$F=VE$$

式中　F——动机强度，指积极性的激发程度，表明个体为达到一定目标而努力的程度；

　　　V——效价，指个体对特定目标重要性的主观评价；

　　　E——期望值，指个体对实现目标可能性大小的估计，亦即目标实现概率。

员工个体行为动机的强度取决于效价大小和期望值的高低。效价越大，期望值越高，员工的行为动机越强烈，就是说为达到一定目标，他将付出极大努力。

如果效价为零乃至负值，表明目标的实现对个人毫无意义，甚至给个人带来负担，这种情况下，目标实现的可能性再大，个人也不会产生追逐目标的动机，不会对此有任何积极性，也不会付出任何的努力。

弗罗姆将期望理论用来解释个人的职业选择行为，可具体化为择业动机模式，即个人如何进行职业选择，他认为分两个步骤走。

（1）确定择业动机　择业动机可用下面的公式表示：

$$择业动机 = 职业效价 \times 职业概率$$

择业动机是指择业者对目标职业的追求程度，或者对某项职业选择意向的大小。

职业效价是指择业者对某项职业价值的评价。职业效价的大小取决于以下两个方面：

1）择业者的职业价值观。
2）择业者对某项具体职业的要素，如兴趣、劳动条件、工资、职业声望等的评估。
因此，职业效价可表示为下式：

$$职业效价 = 职业价值观 \times 职业要素评估$$

职业概率是指择业者获得某项职业的可能性的大小。职业概率的大小通常主要决定于以下4个条件：

①某项职业的需求量。在其他条件一定的情况下，职业概率同职业需求量成正相关。
②择业者的竞争能力，即择业者自身的工作能力和求职就业能力。竞争能力越强，获得职业的可能性越大。
③竞争系数，指谋求同一种职业的劳动者人数的多寡。在其他条件一定的情况下，竞争系数越大，职业概率越小。
④其他随机因素。

因此，职业概率可表示为下式：

$$职业概率 = 职业需求量 \times 竞争能力 \div 竞争系数 \times 随机性$$

前文择业动机的公式表明，对择业者来讲，某项职业的效价越高，获取该职业的可能性越大，那么，择业者选择该项职业的意向或者倾向就越大；反之，某项职业对择业者而言其效价越低，获取此项职业的可能性越小，择业者选择这项职业的倾向也就越小。

至此，劳动者要做出最后的职业选择决策，尚需进行第二步活动。

（2）比较择业动机，确定选择的职业　择业者对其视野内的几种目标职业进行了价值评估并获取了该项职业可能性的评价，在测定几种职业的择业动机基础上，横向进行择业动机比较。择业动机是对职业的全面评估，已经对多种择业影响因素进行了全面考虑与利弊得失的权衡，一般来讲，多以择业动机分值高的职业作为自己的选定结果。

为加深对择业动机理论的理解，我们不妨假设一个择业案例。

在劳动者张华面前，有A与B两种职业，他对两种职业的职业效价和职业概率作了评估，见表2-2。

表2-2　劳动者张华评估的择业动机

职业要素	职业价值观 (1)	A职业要素评估 (2)	B职业要素评估 (3)	A职业效价 (4)[=(1)×(2)]	B职业效价 (5)[=(1)×(3)]
兴趣	4	6	7	24	28
工资	3	5	6	15	18
职业声望	2	4	5	8	10
劳动条件	1	3	4	3	4
职业效价合计				50	60
职业概率				0.8	0.5
择业动机				40	30

张华首先对A和B两种职业做出价值判断，并对获取这两种职业的可能性进行了评估。那么，他会选择哪种职业呢？

从表2-2可以看出，张华的B职业效价合计为60，高于A职业（50），但是获取A

职业的可能性大（职业概率为0.8），而要谋取B职业则难度较大，需要付出较艰辛的努力（职业概率为0.5），经计算得出：

对A职业的择业动机＝职业效价（A）×职业概率（A）＝50×0.8＝40

对B职业的择业动机＝职业效价（B）×职业概率（B）＝60×0.5＝30

即对A职业的择业动机（40）＞对B职业的择业动机（30）。

所以，张华倾向于选择职业A。

2.2.3 择业的影响因素

1. 职业生涯发展阶段对择业的影响

职业生涯发展分为四个依次出现、相互联系的阶段：探索阶段、建立阶段、保持阶段和解脱阶段。

每一个阶段都有一些发展任务、活动及关系作为标志，见表2-3。

表2-3 职业生涯发展阶段

发展阶段	探索阶段	建立阶段	保持阶段	解脱阶段
发展任务	使自己的兴趣、技能适应职业要求	进步、成长、安全、建立生活风格	稳步取得成功，更新技能	计划退休生活，改变职业，使之与业余生活平衡
主导活动	帮助、学习、接受指导	独立，成为有贡献的人	培训、奉献、政策制定	离开岗位
与其他员工的关系	学徒	同事	良师益友	协助者
年龄	30岁以下	30～45岁	45～60岁	60岁以上
工作年限	两年以上	2～10年	10年以上	10年以上

（1）探索阶段 在探索阶段，择业者致力于探明他们所感兴趣职业的形态。他们通过同事、朋友和家庭成员获得工作、职业与职位的信息。一旦他们明确了工作或职业的性质，他们就会开始寻求职业所必需的教育与训练。

职业探索一般从15岁、16岁或20岁左右就开始了，一直延续到进入职业。

在大多数情况下，新参加工作的员工离开他人的帮助和指导就不能胜任工作和职务。在许多行业中，新员工被称作学徒。

在探索阶段，个人依自己的兴趣和能力选择职业，主要看重的是这个工作岗位能否对锻炼自己的能力起到很好的促进作用，而不会把工资、待遇、福利放在选择职业的首要位置。

（2）建立阶段 在建立阶段，个体在职业组织中找到了自己的位置，独立作出贡献，担负起更大职责，获得更大的经济成果，并建立起自己希望的生活风格。在此阶段，已经拥有了一定的工作经验和社会阅历，他们会选择一些更富挑战性的工作以期望获得他人和企业的认可。与此同时，他们对工资和待遇的要求和期望也在逐步提高。

（3）保持阶段 在保持阶段，个体关注的中心是保持技术领先，并希望在别人的眼中继续保持一个职业组织贡献者的形象。处于这个阶段的个体已经有了多年的工作经验、丰富的专业知识,对职业组织希望企业如何运转有深刻的理解。

因在保持阶段已经取得了一些成就,所以他们更多的职业倾向是力求个人职业的稳定发展。

(4)解脱阶段 在解脱阶段,个体准备为平衡职业内活动和职业外活动之间的关系对职业作出一定改变。解脱在一般情况下是指老年员工退休,然后把自己的精力集中到非职业的活动上去,如运动、爱好、旅游或义务劳动,等等。然而,越来越多老年员工并没有作出在退休后完全脱离职业活动的选择,他们仍然留在职业组织里做顾问,不过每天的工作时间有所缩短。

在任何一个阶段上,都可以离开一个职业组织,脱离原来的职业,更换一个新的职业。一旦离开一个职业组织后,就会进入职业生涯的再循环,又从探索阶段开始。

2. 按性格选择职业

人的性格千差万别,或热情外向,或羞怯内向,或沉着冷静,或火暴急躁。

职业心理学的研究表明,不同的职业有不同的性格要求。虽然每个人的性格都不能百分之百地适合某项职业,但却可以根据自己的职业倾向来培养、发展相应的职业性格。

对企业而言,不同的性格特征决定了该员工的工作岗位和工作业绩;对个人而言,决定着自己的事业能否成功。

近年来,一些教育学、心理学研究人员根据我国的实际情况,将职业性格分为9种基本类型,见表2-4。

表2-4 职业性格的9种基本类型

类型	特点	适合的职业
变化型	在新的和意外的活动或工作情境中感到愉快,喜欢有变化的和多样化的工作,善于转移注意力	记者、推销员、演员
重复型	适合连续从事同样的工作,按固定的计划或进度办事,喜欢重复的、有规律的、有标准的工种	纺织工、机床工、印刷工、电影放映员
服从型	愿意配合别人或按别人指示办事,而不愿意自己独立做出决策、担负责任	办公室职员、秘书、翻译
独立型	喜欢计划自己的活动和指导别人的活动,或对未来的事情做出决定,在独立负责的工作情境中感到愉快	管理人员、律师、警察、侦察员
协作型	在与人协同工作时感到愉快,善于引导别人,并想得到同事们的喜欢	社会工作者、咨询人员
劝服型	通过谈话或写作等使别人同意自己的观点,对别人的反应有较强的判断力,并善于影响别人的态度和观点	辅导员、行政人员、宣传工作者、作家
机智型	在紧张和危险的情况下能自我控制沉着应对,发生意外和差错时也能不慌不忙出色地完成任务	驾驶员、飞行员、消防员、救生员
自我表现型	喜欢表现自己的爱好和个性,根据自己的感情作出选择,能通过自己的工作来表达自己的思想	演员、诗人、音乐家、画家
严谨型	注重工作过程中各个环节、细节的精确性。愿意按一套规划和步骤将工作尽可能做得完美,倾向于严格、努力地工作,以看到自己出色完成工作的效果	会计、出纳、统计员、校对、图书档案管理员、打字员

绝大部分职业的特点都同时与几种职业性格类型的特点相吻合，而每一种职业性格也都同时具有其他几种职业性格类型的某些特点。在实际的吻合过程中，应根据个人的职业性格类型与职业的要求，具体情况具体处理，不能一概而论。

3. 按兴趣选择职业

> 张姗是汉语言文学专业的一名大二学生。虽然爱好文学，但专业学习却不是张姗的兴趣所在。她从来没有投入热情和精力学习过，每天都在混日子，应付老师，也应付家长和自己。学习成绩不好也不在意，总觉得拼死拼活地学那些东西的最大意义就是奖学金，对提高自身没有太多用处。她文学专业的专业课成绩都不好。虽然惶惑了很久，但她始终找不到学习的动力。

由于对专业不感兴趣，所以张姗失去了学习的动力和自身奋斗的目标。兴趣对人生事业的发展至关重要，所以兴趣自然是职业选择应考虑的重要因素之一。

诺贝尔物理学奖获得者丁肇中说过："兴趣比天才重要。"

在影响个人职业生涯规划与发展的众多主观因素中，兴趣就像一双无形的手，所起的作用最大。每个人在规划个人职业生涯时必须以职业兴趣为圆心。这里介绍一下加拿大《职业岗位分类词典》中各种兴趣类型的特点与相应的职业，见表2-5。

表2-5　按兴趣类型划分的12种职业

类型	类型特点	适应的职业
1	愿与事物打交道，喜欢接触工具、器具或数字，而不喜欢与人打交道	制图员、修理工、裁缝、木匠、建筑工、出纳、记账员、会计、勘测人员、工程技术人员、机器制造人员等
2	愿与人打交道，喜欢与人交往，对销售、采访、传递信息一类的活动感兴趣	记者、推销员、营业员、服务员、教师、行政管理人员、外交联络人员等
3	愿与文字符号打交道，喜欢常规的、有规律的活动。习惯于在预先安排好的程序下工作，愿干有规律的工作	邮件分类员、办公室职员、图书馆管理员、档案整理员、打字员、统计员等
4	愿与大自然打交道，喜欢地理地质类的活动	地质勘探人员、钻井工、矿工等
5	愿从事农业、生物、化学类工作，喜欢种养、化工方面的实验性活动	农业技术人员、饲养员、水文员、化验员、制药工、菜农等
6	愿从事社会福利类的工作，喜欢帮助别人解决困难。这类人乐意帮助人，他们试图改善他人的状况，帮助他人排忧解难，喜欢从事社会福利和助人工作	咨询人员、科技推广人员、教师、医生、护士等
7	愿从事组织和管理工作，喜欢掌管一些事情，以发挥重要作用，希望受到众人尊敬和获得声望，愿从事领导和组织工作	组织/领导/管理者，如行政人员、企业管理干部、学校领导和辅导员等
8	愿研究人的行为和心理，喜欢谈涉及人的主题，对人的行为举止和心理状态感兴趣	心理学、政治学、人类学、人事管理、思想政治教育研究工作者，教育工作者，行为管理工作者，社会科学工作者，作家等
9	愿从事科学技术事业，喜欢通过逻辑推理、理论分析、独立思考或实验发现和解决问题的、推理的、测试的活动，善于理论分析，喜欢独立地解决问题，也喜欢通过实验获得新发现	生物、化学、工程学、物理学、自然科学工作者，工程技术人员等
10	愿从事有想象力和创造力的工作。喜欢创新的式样和概念，大都喜欢独立的工作，对自己的学识和才能颇为自信。乐于解决抽象的问题，而且急于了解周围的世界	社会调查、经济分析、各类科学研究工作者，化验员，新产品开发人员，演员，画家，创作或设计人员等

(续)

类型	类型特点	适应的职业
11	愿从事操作机器的技术工作，喜欢通过一定的技术来进行活动，对运用一定技术，操作各种机械，制造新产品或完成其他任务感兴趣，喜欢使用工具，特别是大型的、功率大的先进机器，喜欢具体的东西	飞行员、驾驶员、机械制造人员等
12	愿从事具体的工作，喜欢制作看得见、摸得着的产品并从中得到乐趣，希望很快看到自己的劳动成果，并从完成的产品中得到满足	室内装饰、园林、美容、理发、手工制作、机械维修人员，厨师等

根据这种分类，一种兴趣类型可以对应许多职业，同时绝大多数职业的特点也都同时与几种兴趣类型的特点相近，而每一种兴趣类型往往又同时具有其他几种兴趣类型的特点。

假如要成为一名护士，那就应该有愿与人打交道（类型2）、乐意帮助人（类型6）、愿从事具体的工作（类型12）这三个类型的特点；如果对其中某一方面缺乏兴趣，那就应努力培养和发展这方面的兴趣以适应护士职业的要求。否则，还是选择更适合自己兴趣类型的职业为好。

4．根据能力选择职业

能力可分为一般能力和特殊能力两大类。

一般能力通常又称为智力，包括注意力、观察力、记忆力、思维能力和想象力等。一般能力是人们顺利完成各项任务都必须具备的一些基本能力。

特殊能力是指从事各项专业活动的能力，也可称为特长，如计算能力、音乐能力、动作协调能力、语言表达能力、空间判断能力等。

由此可见，能力是一个人完成任务的前提条件，是影响工作效果的基本因素。能力是一个人能否进入职业的先决条件，是能否胜任职业工作的主观条件。无论从事什么职业，总要有一定的能力作保证。

能力的不同，对职业选择有着各种影响。在职业选择时应遵循以下原则：

（1）注意能力类型与职业相吻合

1）人的能力类型是有差异的。人的能力发展方向存在差异。职业研究表明，职业也是可以根据工作的性质、内容和环境而划分为不同的类型的，并且对人的能力也有不同的要求。因此，应注意能力类型与职业类型的吻合。

2）能力水平要与职业层次一致或基本一致。对一种职业或职业类型来说，由于所承担的责任不同，又可分为不同的层次，各层次对人的能力有不同的要求。因此，在根据能力类型确定了职业类型后，还应根据自己所达到或可能达到的能力水平确定相吻合的职业层次。只有这样，才能使能力与职业的吻合具体化。

3）充分发挥优势能力的作用。每个人都具有一个多种能力组成的能力系统，在这个能力系统中其各方面能力的发展是不平衡的，常常是某方面的能力占优势，而另一些能力则不太突出。对职业选择和职业指导而言，应主要考虑其最佳能力，选择最能运用其优势能力的职业。同样,在人事安排中,如能注重一个人的优势能力并分配相应的工作,会更好地发挥一个人的作用。

(2) 一般能力与职业相吻合　不同的职业对人的一般能力的要求不同,有些职业对从业者的智力水平有绝对的要求,如律师、工程师、科研人员、大学教师等都要求有很高的智商。智力在相当大的程度上决定着其所从事职业的类型。

(3) 特殊能力与职业相吻合　要顺利完成某项工作,除要具有一般能力外,还要具有该项工作所要求的特殊能力,如从事教育工作需要有阅读能力和表达能力,从事数学研究需要具有计算能力、空间想象能力和逻辑思维能力。如法官就应具有很强的逻辑推理能力,却不一定要很强的动手能力;而建筑工应有一定的空间判断能力,却不需要良好的语言表达能力。

表 2-6 所示是国外一些学校在对学生进行职业指导时常采用的职业能力倾向的成套测验中的一部分,据此可大致了解有关职业的能力倾向要求。

表 2-6　部分职业与其所需职业能力的标准

职业	一般学习能力	语言能力	算术能力	空间判断能力	形态知觉	书写能力	运动协调	手指灵活	手的灵巧
建筑师	强	强	强	强	较强	一般	一般	一般	一般
律师	强	强	一般	较弱	较弱	一般	较弱	较弱	较弱
医生	强	强	较强	强	较强	一般	较强	较强	较强
护士	较强	较强	一般	一般	一般	一般	一般	一般	一般
演员	较强	较强	较弱	一般	一般	较弱	一般	一般	一般
秘书	一般	一般	一般	较弱	一般	一般	一般	一般	一般
统计员	一般	一般	较强	较弱	一般	较强	一般	一般	一般
服务员	一般	一般	一般	一般	一般	一般	一般	一般	一般
驾驶员	一般	一般	一般	一般	一般	弱	一般	一般	一般
纺织工	较弱	较弱	较弱	一般	一般	弱	一般	一般	一般
机床工	一般	较弱	较弱	一般	一般	较弱	一般	一般	一般
裁缝	一般	一般	较弱	一般	一般	较弱	一般	较强	一般

2.2.4　择业期望

择业期望是个人职业生涯追求目标的实现。择业期望成功的含义因人而异,具有很强的相对性,对于同样的人在不同的人生阶段也有着不同的含义。每个人都可以,也应该对自己的择业期望进行明确界定,包括成功意味着什么、成功时发生的事和一定要拥有的东西、成功的时间、成功的范围、成功与健康、被承认的方式、想拥有的权利和社会的地位等。

对有些人来讲,成功可能是一个抽象的、不能量化的概念,例如觉得愉快,在和谐的气氛中工作,有工作完成后的成就感和满足感。在职业生涯中,有的人追求职务晋升,有的人追求工作内容的丰富化。对于年轻员工来说,职业生涯的成功应在其工作上建立满足感与成就感,而不是一味地追求快速晋升;在工作设计上,设法扩大其工作内容,使工作更具挑战性。

择业期望能使人产生自我实现感，从而促进个人素质的提高和潜能的发挥。择业期望合理与否，个人、家庭、企业、社会判定的标准都存在一定的差异。从现实来看，择业期望的标准与方向具有明显的多样性。德尔总结出公司雇员有5种不同的择业期望方向：

进取型——使其达到集团和系统的最高地位。
安全型——追求认可、工作安全、尊敬和成为"圈内人"。
自由型——在工作过程中得到最大的控制，而不是被控制。
攀登型——得到刺激、挑战、冒险和"擦边"的机会。
平衡型——在工作、家庭关系和自我发展之间取得有意义的平衡，以使工作不至于变得太耗精力或太乏味。

择业期望的标准也具有多样性。米歇尔·德维在对多个公司的经理和人事专家进行调查后，系统地阐述了4种择业期望的标准：

一些人将成功定义为一种螺旋形的东西，不断上升和自我完善——攀登型。
一些扎实的人需要长期的稳定和相应不变的工作认可——安全型。
还有一些是暂时的，他们视经历的多样性为成功——自由型。
直线型的人视升入企业或职业较高阶层为成功——进取型。

德维假设这些职业生涯观念来自于个人的思维习惯、动机和决策类型，并成为指导人们进行长期职业生涯选择的根据。

要对择业期望进行全面的评价，必须综合考虑个人、家庭、企业、社会等各方面的因素。有人认为择业期望意味着个人才能的发挥以及为人类社会做出贡献，并认为择业期望的标准可分为自我认为、社会承认和历史判定。对于企业管理人员来说，按照其人际关系范围，可以将其择业期望标准分为自我评价、家庭评价、企业评价和社会评价4类评价标准，见表2-7。如果一个人能在这4类标准中都得到肯定的评价，则其职业生涯必定成功无疑。

表2-7　职业生涯成功评价体系

评价方式	评价者	评价内容	评价标准
自我评价	本人	1. 自己的才能是否充分施展 2. 对自己在企业发展、社会进步中所做的贡献是否满意 3. 对自己在职称、职务、工资待遇等方面的变化是否满意 4. 对处理职业生涯发展与其他人生活动的关系的结果是否满意	根据个人的价值观、知识、水平、能力
家庭评价	父母、配偶、子女等家庭成员	1. 是否能够理解和肯定 2. 是否能够给予支持和帮助	根据家庭文化
企业评价	上级、平级、下级	1. 是否有下级、平级同事的赞赏 2. 是否有上级的肯定和表彰 3. 是否有职称、职务的晋升或相同职务责权利范围的扩大 4. 是否有工资待遇的提高	根据企业文化及其总体经营结果
社会评价	社会舆论、社会组织	1. 是否有社会舆论的支持和好评 2. 是否有社会组织的承认和奖励	根据社会文明程度、社会历史进程

由于择业期望方向和标准的多样性，企业应根据员工的具体情况制定个性化的职业生涯开发与管理战略，这是对雇员人格价值的尊重；同时，企业也应根据自身的特点制定职业生涯开发与管理工作的战略目标和措施。通过两者之间的平衡，找到企业发展和个人发展之间的最佳结合点，促进企业和雇员的共同发展。

【扩展阅读】日企的职业 V 形图

新人到日企工作，有时会得到这样一份职业生涯设计图（又称 V 形图），如图 2-5 所示。

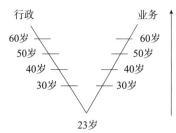

图 2-5　职业生涯设计图

V 形图的起点是 23 岁，从起点向上发展，表示大学毕业进公司后的不同发展路线。左侧是行政路线，右侧是业务路线。年龄标志是分别注明的。

新人一进公司，便有人事主管找他谈话，确定他是走业务路线还是走行政路线，并告知，若走业务路线，多大年岁可以获得怎样的专业技术职务、拿多少薪水，若走行政路线，又可以在怎样的年龄踏上何种职位、拿多少薪水。

倘若新人想先走业务路线，到一定年龄（比如图 2-5 中的 40 岁）转入行政并获得比普通职员高一些的工资那也是可以的。办法有二：一是做出重大发明创造；二是表现优异。

这样一种"从进到出"的路线图，其实也是鼓励职工一辈子效忠公司的人才开发手段。实际上，也有不少人中途离开。尽管如此，有这么一张 V 形图，对于规划好自己的人生是大有好处的。

第 3 章
职业规划与职业生涯

职业规划也叫作职业生涯规划，是对职业生涯乃至人生进行持续的、系统的计划的过程。在经过对人的主客观条件进行测定、分析和总结的基础上，以兴趣、爱好、能力和特点进行综合分析和权衡，并结合时代特点，为员工确定出最佳的职业奋斗目标，并为实现这一目标做出行之有效的安排。

> **学习要点**
> 1. 了解人的职业生涯的阶段及特点。
> 2. 了解职业规划的含义及类型。
> 3. 根据职业锚理论找到自己的职业锚。
> 4. 学习职业规划步骤，为自己制订一个详细的职业规划。

3.1 职业生涯概述

3.1.1 职业生涯的含义

人生有目标、有计划，选择好人生的起点坐标，人生的过程中就会是充实的、刺激的、完美的、幸福的。人如果在自己的人生道路上，找到了适合自己的人生坐标，就如同确立了一个好的方程式，一生就能按照既定轨迹运行，就能把握方向、掌控运程，直至达到既定的人生目标。

美国哈佛大学多年前曾对当时一所大学的在校学生做过一份调查，发现没有做学业规划的人数占 27%，学业规划模糊的人数占 60%，有短期学业规划的人数占 10%，长期学业规划清晰的人数占 3%。30 年后追踪调查结果如下：

第一类人几乎都生活在社会的最底层，长期在失败的阴影里挣扎。

第二类人基本上都生活在社会的中下层，他们没有多大的理想和抱负，整日只知为生存而疲于奔命。

第三类人大多进入了白领阶层，他们生活在社会的中上层。

只有第四类人为了实现既定目标几十年如一日努力拼搏，他们积极进取、百折不挠，最终成了百万富翁、行业领袖或精英人物。

研究表明，在学业生涯的起步阶段，人的可塑性强，学业转换成本低，如果在这个阶段就对个人的学业有准确定位和长远规划，则非常有利于今后的成长与发展。由此看来，尽早指导大学生进行科学的学业规划意义十分重大。

所谓职业生涯，是个人结合自身情况和所处环境，确立职业目标，选择职业道路，并采取具体措施实现职业目标的过程。简单来讲，职业生涯就是指一个人从职业学习和训练开始，到进入社会从事职业工作，直至职业劳动结束离开工作岗位为止的职业发展过程。

职业生涯是个体行为发展的独特历程。每个人家庭出身、成长环境、文化背景、个性类型、教育经历、价值准则、工作能力、成功期望等方面都不尽相同，其职业理想以及为此付出的努力也有差异，因而职业生涯自然会有差别。

在我们周围，曾经风光、耀眼的职业明星如今辉煌不再默然沉寂的人随处可见。对比之下，曾经也是运动员的施瓦辛格，却走过了健美冠军、电影明星、加州州长这样一个不断超越、持续发展的职业轨迹。为什么施瓦辛格的职业能够持续发展而没有像许许多多中外运动员那样如一个耀眼的彗星一样迅速地陨落？

施瓦辛格在20岁获得第一个健美冠军之后，各种荣誉纷至沓来，他没有沉浸其中而止步不前，他确立了自己的下一个目标：进入电影界拍大力士影片。第二年施瓦辛格就来到美国，追寻自己的这个梦想。他清醒地认识到健美运动员是一个"吃青春饭"的职业，健美运动员只是自己成为一个动作明星的敲门砖，是职业发展的第一步。

施瓦辛格在美国面临语言不通的巨大障碍，一边继续从事自己的健美运动，一边积极寻找机会进入电影界。两年后，他史无前例地获得三个健美冠军，同一年，他出演了自己的第一部电影。最早几部影片上映之后，他被影评人无情地评论为四肢发达、头脑简单、无聊的演艺界门外汉。施瓦辛格说："在很长时期里，我很努力地上表演课、上发音课、纠正口音、上演说课，所有这些我都非常努力。"他还一边打工，一边利用业余时间学习大学课程。渐渐的，他的电影被观众接受。

经过几十年的人生历练，施瓦辛格参加了2003年加利福尼亚州州长的竞选，并成功担任了8年的州长一职。

人人都有自己的梦想和目标，但人生真正的成功来自于良好的职业规划，来自于在心中确立坚定的职业目标和长远的职业规划，并一步一步地努力去实施。成功没有标准的道路。每个人都是与众不同的，都有自己的性格和天赋，我们必须选择适合自己的跑道。有战略眼光和长远规划的职业，才能可持续地成功发展。若只看眼前的得失，只有一时的成功是必然的结果。

职业生涯的实质是个人一生中的工作经历。不同的人，职业生涯的长短是不一样的。"老骥伏枥，志在千里"就反映了要把职业生涯延续到生命终止的英雄气概。同一个人，职业生涯也是有阶段的，可以分为不同的时期。在人生职业生涯的不同阶段，有着不同的目标和任务。

职业生涯是发展的过程，在职业生涯发展的道路上，重要的不是现在所处的位置，而是迈出下一步的方向。

3.1.2 职业生涯的阶段

职业生涯的内容是多样的，不仅表示工作时间的长短，而且包含职业发展的内容、形式、阶段以及职业的转换等。一个人的职业和工作对其生活往往有决定性的影响，职业会涵盖人生的方方面面。同时，个人的职业生涯也是在个人与他人、个人与社会、个人与环境等因素共同作用下形成的。

职业生涯是个人生活的主体，在其全部生涯中处于核心的地位。按照人生的不同阶段，职业生涯也可以相应地分为不同的发展时期。

1．探索期

这是从事职业技能学习和等待就业的时期，主要是发展职业想象力，形成职业意向，作好知识、技能和身体素质等方面的准备。由于每个人的自身状况和受教育程度不同，这一阶段的长短也不一样，一般从15岁开始，延续到18～22岁，少数人时间更长。

> 19世纪末的一天，伦敦的一个剧场内正在进行着一场表演，忽然，台上的演员刚唱两句就唱不出来了，台下许多观众嚷嚷着要退票。
>
> 剧场老板一看势头不好，只好找人救场，谁知找了一圈也找不到合适的人。这时，一个5岁的小男孩儿站了出来。
>
> "老板，让我试试，行吗？"
>
> 老板看着小家伙自信的眼神，便赞成让他试一试。结果，他在台上又唱又跳，把观众逗得特别高兴，歌唱了一半，好多观众便向台上扔硬币给予打赏。小男孩一边滑稽地捡起钱，一边唱得更起劲儿了。在观众的再次要求下，他又接连唱了好几首歌。从此，这个小家伙就被剧场老板看上了，并经常邀请他来表演。
>
> 又过了几年，法国知名的喜剧明星马塞林来到这儿表演。因为马塞林没有带助手，所以需要临时找个演员演一只猫。因为马塞林的名气太大，许多优秀的演员都不敢接这个角色。此时，那个小男孩又自告奋勇地站了出来，他凭借出色的演技和马塞林的表演配合得异常默契。
>
> 这个小男孩，就是后来名扬世界的幽默艺术大师——卓别林！

普通人没有成为世界级明星，并不是能力不行，而是没有从小就挖掘自身的潜力，就像卓别林，从5岁就深爱表演，他从小知道了自己的职业意向，并将其很好地发展了下去。

2．选择期

这是每个人转变为社会现实劳动者的过程。这时，我们开始认真探索各种可能的职业选择，试图将自己的兴趣和能力同某一职业匹配起来，并结合个人和社会需求两方面进行双向的选择，开始进入职业生涯，但是还处于职业变换过程中，最初的选择可能会重新界定。在经过若干次挑选以后，一个比较恰当的职业被选定，并逐步走向稳定的工作状态。一般在

30岁以前完成这一阶段。这是职业选择的第一步，是人生的重要环节。

> 有一个非常勤奋的青年人，很想在各个方面都比身边的人强。但经过多年的努力，仍然没有长进，他很苦恼，就向智者请教。
>
> 智者叫来正在砍柴的3个弟子，嘱咐说："你们带这个施主到前面山里，砍一担自己认为最满意的木柴。"
>
> 年轻人和3个弟子沿着门前湍急的江水，前去砍柴。
>
> 年轻人满头大汗地扛回来两捆木柴，随后两个弟子紧跟着各扛回了4捆木柴，而第三位弟子则用木筏载回8捆木柴。
>
> 智者看着年轻人和三个弟子问道："你们有什么话要说吗？"
>
> 年轻人说："我一开始本来砍了6捆木柴，因为太重了，沿途扔了4捆，最后我就只把这两捆扛回来了。可是，大师，我已经很努力了。"
>
> "我和他恰恰相反，"那个大弟子说，"刚开始，我俩各砍两捆木柴，将4捆木柴一前一后挂在扁担上，跟着这个施主走。我和师弟轮换担柴，不但不觉得累，反倒觉得轻松了很多。最后，又把施主丢弃的木柴挑了回来。"
>
> 划木筏的小弟子说："我个子矮，力气小，别说两捆，就是一捆，这么远的路也挑不回来，所以，我选择走水路……"
>
> 智者走到年轻人面前，拍着他的肩膀说："一个人要走自己的路，本身没有错，关键是怎样走。年轻人，你要永远记住：选择比努力更重要。"

智者说的没错，选择对于人生来讲非常重要，尤其是在职业的选择上，每个人都要结合自身素质和条件、兴趣和特长，去选择自己的人生目标，走出一条适合自己的人生之路。如果选择了一条正确的道路，那么人生旅途就可以省去许多的烦恼和遗憾。

3. 适应期

职业生涯与学生生活是有比较大差异的，因此每个人都需要一个适应的过程。生活环境的不同、生活方式的变化、人际关系的调整、社会氛围的不同等，都会带来一定的影响。因此，需要逐步适应新的环境和氛围，掌握新的工作节奏和组织规范，随着时间推移，就会融入新的职业生涯中去。这个阶段一般比较短。

> 父亲丢了块表，他边抱怨边翻腾抽屉四处寻找，可找了半天也没找到。等他出去了，儿子悄悄进屋，不一会就找到了表。父亲问："怎么找到的？"儿子说："我就安静地坐着，一会就能听到滴答滴答的声音，表就找到了。"
>
> 我们越是焦躁地寻找，越找不到自己想要的，只有平静下来，才能听到内心的声音。

进入新环境，难免是是非非，在这种环境中，如果像上文中的父亲那样着急抱怨，就会寻而不得；静下心来，仔细观察新环境，适合新氛围，这才是一个新人应该做的事。

4. 成熟期

这是多数人工作生命周期中的核心部分，是劳动者全力以赴投入工作，充分发挥自己的能力、创造效益、取得成就、获得承认的时期。在此阶段，一般职业的变动比较小，个人职业创造力处于最高状态，是做出成绩的最佳时期。

> 李红国从某职校空调与制冷专业毕业，由学校推荐到一家空调设备公司工作。刚开始，李红国认认真真、尽心尽力，所在岗位的工作都干得很好。但是，薪酬却没有老员工多，由于利益原因，最终，他选择了离开这家公司。
> 他回到学校找班主任和学校求助。没过多久，李红国被学校推荐到一家宾馆负责维修空调设备。虽然这份工作不是很理想，但他没有拒绝这份工作，一天又一天，从陌生到熟练，每一个细小的环节，他都付出了艰辛的努力。终于，几年后他成功地升任该宾馆的维修部负责人。

5. 衰退期

这是临近退休的阶段。随着健康状况和职业能力逐渐衰退，权力和责任也不断减少，个人逐渐退出职业生涯。

3.2 职业规划

3.2.1 职业规划的含义

职业规划也称为职业生涯设计，是指个人和组织相结合，在对一个人职业生涯的主客观条件进行测定、分析、总结研究的基础上，对自己的兴趣、爱好、能力、特长、经历及不足等各方面进行综合分析与权衡，结合时代特点，根据自己的职业倾向，确定最佳的职业奋斗目标，并为实现这一目标作出行之有效的安排。

> 一头驴子不慎掉进了枯井，众人设法救它，都没有成功，就决定埋了它。驴子一阵悲声鸣叫，可当泥土落下的时候，它却出乎意料地安静了。
> 驴子努力抖落背上的泥土，把它们踩在脚下，让自己登高一点。就这样，它随着泥土的抖落不断登高，最后竟在众人的惊奇声中走出了枯井。

职业生涯设计的目的绝不只是协助个人按照自己的资历条件找一份工作，达到和实现个人目标，更重要的是帮助个人真正了解自己，为自己定下事业大计，筹划未来，拟订一生的方向，进一步详细估量内外环境的优势和限制，在"衡外情，量己力"的情形下设计出合理且可行的职业生涯发展方向。

> 刘艳丽是2016年舞蹈专业的毕业生，学了三年舞蹈，去专业团体吧，人家不要，继续升学吧，学习成绩又差点儿。于是，工作就这样高不成低不就地悬着了。
> 后来，一家幼儿园来学校要一名有舞蹈特长的幼儿园教师，学校推荐了刘艳丽。她硬

着头皮去了幼儿园，当时还真是有些不甘心。但很快她发现这里适合自己，她喜欢上了孩子，喜欢上了幼儿园。她敬业乐群、虚心求教，用勤奋赢得了园长和其他教师的好评。她还利用业余时间补习幼教知识，逐渐适应了工作。同时，她发挥自己的专长，为幼儿园编舞蹈，为教师排节目，还代表幼儿园参赛表演，她很有成就感。

职业生涯规划既包括个人对自己进行的个体生涯规划，也包括企业对员工进行的职业规划管理体系。职业生涯规划可以使个人在职业起步阶段成功就业，在职业发展阶段走出困惑，到达成功彼岸。对企业来说，良好的职业生涯管理体系还可以充分发挥员工的潜能，给优秀员工一个明确而具体的职业发展引导，从人力资本增值的角度达成企业价值最大化的目标。可借助教育测量学、现代心理学、组织行为学、管理学、职业规划与职业发展理论等相关理论，结合企业管理实践和个人性格特征，形成比较成熟、完善的职业生涯规划体系。职业生涯规划不可能做到精确，也不能预言将来要发生什么，它是一种用来思考的工具——思考为了取得未来的结果现在该做些什么。我们今天站在哪里并不重要，重要的是下一步要迈向哪里。

中学毕业之际，比尔·拉福就立志经商。他的父亲是洛克菲勒集团的一名高级职员，父亲的生活熏陶了年少的拉福。拉福的父亲发现儿子有商业天赋，机敏果断，敢于创新，但缺少磨难，没有经验，更缺乏知识。于是，拉福父子进行了一次长谈，共同制订了计划，描绘出职业生涯的蓝图。拉福听从了父亲的劝告，升学时并没有直接去读贸易专业，而是选了工科中最普通的专业——机械制造。

他选择这个专业，是因为做商贸必须具备一定的专业知识。况且，工科学习，不仅是知识技能的培养，它还能帮助人建立一套严谨求实的思维体系，训练推理分析能力，使人有一种脚踏实地的工作态度。这些素质对经商帮助极大。

比尔·拉福就这样在麻省理工学院度过了四年。他没有拘泥于本专业，还广泛接触了其他课程，学习了许多化工、建筑、电子等方面的基本知识，这些知识在他后来的商业活动中也发挥了不可忽略的作用。

大学毕业后，比尔·拉福没有立即投入商海。按照原先的设计，他又考进芝加哥大学，开始了为期三年的经济学硕士课程。这样，几年下来，他在知识上完全具备了经商的素质。

但是比尔·拉福拿到硕士学位后仍然没有投身商海，而是去了政府部门工作，一干就是五年。这五年中，他从稚嫩的热血青年成长为一名老成持重、不动声色的公务员。

比尔·拉福已完全具备了成功商人所需的各种条件。于是，他辞职下海，去了父亲为他引荐的通用公司熟悉商务。又经过两年，他已熟练掌握了商情与商务技巧，业绩斐然。这时候，他不再耽搁时间，婉言谢绝了通用公司的高薪挽留，跳出来开办拉福商贸公司，开始了梦寐以求的商人生涯，正式实施多年前的计划。

比尔·拉福的准备工作太充分了，他几乎考虑到每个细节，学会了商人应学的一切。20年之后，拉福商贸公司的资产从最初的20万美元发展为2亿美元，而比尔·拉福本人

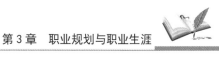

也成为一个奇迹。在记者采访时,他谈起自己的经历,认为他的成功应感谢他父亲的指导,他们共同制订了一个重要的职业生涯设计方案,这个方案使他最终功成名就。

人人都想取得成功,但人人都应面对现实。我们无法选择像比尔·拉福父亲那样可以帮助儿子策划人生的父亲,但可以面对自我的现实情况,正确把握自己的优点、缺点,以及能力、兴趣、爱好等,对自己将来可能在哪些方面取得成功的情况都要做到心中有数,以便扬长避短,在成功路上少走弯路。

3.2.2 职业规划的类型

职业规划于20世纪60年代在美国诞生,随后被引进到其他国家,并在加拿大、瑞士、法国、新西兰、澳大利亚和德国等经济发达国家得到迅速发展。目前,这些国家有很多工作人员直接受益于职业生涯规划。

在对职业规划进行分类时,最常用的是按照时间的长短将其划分为人生规划、长期规划、中期规划与短期规划4种类型,见表3-1。

表3-1 职业规划的类型

类型	定义及任务
人生规划	整个职业生涯的规划,时间长至40年左右,设定整个人生的发展目标
长期规划	5～10年的规划,主要设定较长远的目标,如规划30岁成为一家中型公司的部门经理,规划40岁成为一家大型公司的副总经理
中期规划	一般为3～5年内的目标与任务,如规划成为不同业务部门的经理,规划舍弃大型公司部门经理到小公司做总经理,等等
短期规划	3年以内的规划,主要是确定近期目标,规划近期完成的任务,如对专业知识的学习,掌握哪些业务知识,等等

2013年,26岁的亚历山德拉获得了教育学硕士文凭,可以轻易找到一个与教育相关的工作。可是,因为自己从小就有一个梦想——做一名模特,在舞台上尽情展示自己的美丽,所以毕业后,亚历山德拉拒绝了多家学校的邀请。

让亚历山德拉没想到的是,她跑了好多家模特公司,没有一家模特公司愿意接收她。几经碰壁后,她的生活陷入了困境,连基本的吃住都成了问题。最后,她只能来到当地的一家劳务公司,想找一份家庭老师的工作,先解决吃住的问题。

因为亚历山德拉有教育学硕士文凭,所以好多雇主对她都很有兴趣。这天,一家劳务公司打电话让她去签合同。

她提前了一个多小时到,正当她仔细看几家雇主资料的时候,从外面冲进来一个男人,一进来就着急地让工作人员马上帮他找一名当天晚上就能上班的清洁工。当工作人员向他解释找清洁工需要提前预约时,这名男子更着急了,他在房间里团团转。亚历山德拉不禁好奇地看了他一眼,她突然发现此人有点面熟,好像在哪看过。正当她疑惑的时候,那名男子在那小声地嘀咕着:"夏洛特明天早上就到家,如果今晚找不到人打扫卫生,那可怎么办?"

夏洛特!波兰著名的时装设计师!她突然想起此人是夏洛特的经纪人。

在那名男子失望地打算离开的时候,亚历山德拉上前拦住了他,她说自己愿意做清洁工,而且现在就去,并且保证今晚就把卫生打扫好。男子听后欣喜若狂。一旁劳务公司的工作人员听了忙劝她,说做清洁工一周的工资只有250英镑,这不仅比她当家教的工资低很多,而且也辛苦得多。谁知亚历山德拉笑了笑,没多说就和那名男子签了合同。亚历山德拉凭自己的勤劳和认真很快获得了夏洛特的认可和信任,每天打扫完卫生,她就在房间里偷偷练习走步。如果遇到模特公司负责人以及一些名模来访,她就悄悄留在客厅里,仔细倾听夏洛特和他们的谈话。慢慢的,她了解和掌握了很多自己以前所不知道的关于走T台和做模特的相关知识。

有一天晚上,她打扫完卫生,发现夏洛特无精打采地躺在沙发上,她上前关心地问夏洛特怎么了,有没有自己可以帮忙的。夏洛特懊恼地告诉她,自己最近专门为一个名模设计了一个夏季系列的服装,可没想到最后,那个名模却因为薪酬问题和主办方发生了矛盾,单方面毁约,不愿参加第二天的时装发布会。

那几套礼服亚历山德拉看过,好多次夏洛特不在家,她还偷偷地用手触摸过,想象着自己如果能穿着这些服装走上T台该有多好。亚历山德拉壮着胆子说,自己以前在学校曾多次参加服装模特大赛,可不可以让她试一下。听了她的话,夏洛特睁大了双眼,连声拒绝,并表示这场服装发布会的成功与否直接关系到自己的服装能否迅速打开市场,而其中模特起着举足轻重的作用,可不是闹着玩的。亚历山德拉并不气馁,她同意夏洛特的担心不无道理,但毕竟现在没有合适人选,可不可以给自己一次机会,现在可以先走一遍给他看看。夏洛特将信将疑地看了看亚历山德拉,终于点头应允。

几分钟后,当亚历山德拉穿着那几套夏洛特付出了好几个月心血的作品,迈着标准的猫步走出来的时候,夏洛特简直不相信自己的眼睛,因为不仅那些衣服穿在亚历山德拉身上就像量身定做一样,而且亚历山德拉的台风和走步与专业模特几乎没有什么两样。虽然存在一些小瑕疵,但只要稍加指点完全可以胜任此次服装发布会。第二天,夏洛特兴奋地把亚历山德拉推荐给了主办方,当亚历山德拉最后作为压轴模特出场的时候,全场所有的人都被她的魅力惊呆了,交头接耳后却发现没有人认识这个面容姣好、一头短发、身高1.8米的模特。发布会后,人们才得知她的身份原来是一名清洁工。

亚历山德拉毕业后虽然可以获得更高的教师收入,但她宁愿选择清洁工的职业,这是在为她人生的目标而寻找机会,而她也终于等到了机会。

3.2.3 职业规划的特征和要素

职业规则有着四大特征:

第一是个性化。个体的职业生涯规划是以个人为主导进行的,它没有一套固定的模式,只能由我们自己依据自身情况制定。

第二是可行性。规划要有事实依据,并非美好幻想或不着边际的梦想,否则将会贻误良机。

第三是适应性。规划未来的职业生涯目标，牵涉到多种可变因素，因此规划应有弹性，以增加其适应性。

第四是适时性。规划是预测未来的行动，确定将来的目标，因此各项主要活动何时实施、何时完成，都应有时间和时序上的妥善安排，以作为检查行动的依据。

我国认识科学研究者罗双平揭示出了职业规划的三大要素，如图 3-1 所示。

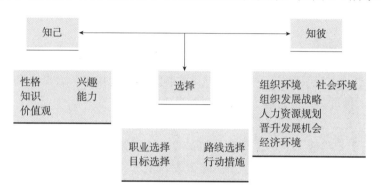

图 3-1　职业规划的三大要素

3.3　职业锚理论

3.3.1　职业锚的概念和作用

职业锚的概念是由美国的埃德加·沙因教授提出的。

他认为职业规划实际上是一个持续不断的探索过程，在这一过程中，每个人都在根据自己的天资、能力、动机、需要、态度和价值观等慢慢地形成较为明晰的与职业有关的自我概念。

职业锚又称为职业系留点。锚是船只停泊定位用的铁制器具。职业锚是指当一个人不得不做出选择的时候，他无论如何都不会放弃的职业中那种至关重要的东西或价值观，实际上就是人们选择和发展自己的职业时所围绕的中心。

> 古时有个读书人，总想做官，而一辈子都没有做官的机遇。一天，他走在路上，想到自己头发都白了，还没能如愿以偿，不禁痛哭流涕起来。
> 路人上前问他说："老丈，请问你为何如此伤心？"这个老人回答说："我求官一辈子，却始终没有遇到过一次机会。眼看自己已这样老了，依然是一身布衣，再也不可能有做官的机会，所以我伤心痛哭。"
> 路人又问："那么多求官的人都得到了官职，你为什么却一次机会也没遇上呢？"
> 老人回答说："我年轻时学的是文史，当我在这方面学有所成时出来求官，正好遇上

> 君主偏爱任用有经验的老年人。我等了好多年，发现喜好任用老年人的君主已经去世了，谁知继位的君主却是个喜爱武士的人。于是，我弃文学武。等我学武有成时，那个重视武艺的君主也去世了。现在继位的是一位年轻的君主，他喜欢提拔年轻人做官，而我，如今已经老了。我的几十年光阴转瞬即逝，一辈子生不逢时，没有遇到一次做官的机会，这难道不是十分可悲的事吗？"说罢，他又哭起来了。

这位读书人一直没有遇到一次做官的机会，这是多么可悲的事。现实生活中这样的人也很多，看到哪一行好就改行，结果到头来哪一行都没有做好。不慎重地改变目标，是没有办法取得好成绩的。

年轻人应该认准一个目标，并且脚踏实地、始终不渝地去努力拼搏，总是有成功机会的。在实际工作中，人们明确自己擅长所在及发展的重点，找准符合个人需要和价值观以及个人特质的工作，经过多次的选择和比较，找到职业定位。

> 李淑雅毕业于某职校，学的是文秘专业。毕业后，她参加了秘书高级培训班。就在参加完秘书高级培训班考试后的当天下午，她便去人才市场看了看。
> 一家集团公司招聘女秘书的展台引起了她的兴趣，抱着试试看的态度，她也去应聘了，并把刚参加完秘书高级培训班考试的准考证递交给了招聘方人力资源部经理。招聘方经理面试后，李淑雅当场被录用。进入公司之后听同事讲，当时有好几个大学生都在抢着应聘经理秘书的岗位，结果都没有被录取。后来经理也对李淑雅说，当时觉得她说话的语气、方式和别人不同，很自信，讲得也很好，虽然她只受过中等职业教育，但是他相信她是很优秀的，是可造之才。
> 李淑雅的成功就业路启示我们，每个人都应该不断地努力，不断地学习，提高自己的实践能力。

一个人对自己的天资、能力、动机、需要，以及态度和价值观有了清楚的了解之后，就会意识到自己的职业锚到底是什么。职业锚作为人们内心深层次价值观、能力和动力的整合体，在个人的职业生涯与工作生命周期中，在个人与组织的事业发展过程中，都发挥着至关重要的作用，主要体现在以下三个方面：

（1）有助于选择适合自己的职业发展道路　职业锚能够清楚地反映个人的价值观与才干，也能反映个人进入成年期的潜在需求和动机。职业锚定于某一锚位的过程，实际上就是真正认知自我的过程，认识自己具有什么样的能力、才干，自己最需要什么。通过对职业锚的认识，找到自己长期稳定的职业贡献区，从而决定自己将来的主要生活与职业选择。

（2）有助于确定职业目标，发展职业角色形象　职业锚清楚地反映出个人的职业追求与抱负。例如，技术型职业锚的人，其志向和抱负是在专业技术方面有所成就、有所贡献。同时，根据职业锚可以判断个人达到职业成功的标准。例如，对管理型的雇员来说，他衡量职业成功的标准是能否升迁至更高的管理层，获得更大的管理机会。因此，明确自己的职业锚，可以帮助个人明确职业成功的标准和职业成功要求的环境，从而确定职业目标，发展自己的职业角色形象。

（3）有助于提高个人的工作技能，提高自己的职业竞争力　职业锚形成后，个体便会从事相对稳定的职业。早日认清自己的职业锚位，将有更多的时间从事自己喜欢而且擅长的工作，在所在行业中赢得更多发展空间。通过工作经验、知识与技能的积累，职业技能将不断增强，职业竞争力也随之增加。

3.3.2　职业锚的类型

现在普遍认为存在八种职业锚类型，这八种职业锚类型可能存在交叉，但是每一种都有一个最突出、最鲜明、最易识别的特征。

1. 技术/职能型职业锚

（1）技术/职能型职业锚的特征　以技术能力为锚位的雇员，有特定的工作追求、需要和价值观，对某一特定工作有专长或强烈的兴趣，注重工作的专业化，强调实际技术。其成功更多取决于领域内专家的肯定和认可，以及承担该领域内富有挑战性的工作。

（2）技术/职能型职业锚的工作类型　工作对个人具有挑战性，体现个人的工作能力和技巧。典型的工作有技术主管和部门经理等。

（3）技术/职能型职业锚的激励方式　希望按照个人的技能水平来获得报酬，更注重绝对工资，希望走技术路线式的晋升，但重视报酬的公平性；偏好进一步学习和在专业上自我发展的机会。

2. 管理型职业锚

（1）管理型职业锚的特征　担负纯管理责任，而且责任越大越好。具有强有力的升迁动机和价值观，以提升、等级和收入作为衡量成功的标准。具有将分析能力、人际关系能力和感情能力进行特别合成的技能。具有强壮的神经和充沛的精力，尤其是在强大的工作压力和困难下仍能客观处理问题。

（2）管理型职业锚的工作类型　渴望承担更大的责任，希望充满挑战性、变化丰富的工作，有领导他人的机会。

（3）管理型职业锚的激励方式　以收入水平判断自己是否成功，重视靠结果和绩效来获得晋升，结果导向为主，最大的组织认同是晋升高位。偏好物质奖励，偏好头衔和身份象征。

3. 自主/独立型职业锚

（1）自主/独立型职业锚的特征　希望最大限度地摆脱组织的约束，追求能施展个人职业能力的工作环境。有职业认同感，把工作成果与自己的努力挂钩。不愿意被条条框框限制，喜好以自我的方式、节奏和标准做事。往往从事一些自主性较高的工作，如咨询师和教师，或在大型组织中从事研发工作。

（2）自主/独立型职业锚的工作类型　喜好有明确时限、能发挥个人专长的工作，偏好做项目类的工作。能接受组织交给的目标，但希望按自己的方式工作。

（3）自主/独立型职业锚的激励方式　偏好绩效工资、奖金、红利，晋升必须意味着更大的自主权，奖章、奖金、仪式比晋升和头衔更重要。

4. 安全/稳定型职业锚

（1）安全/稳定型职业锚的特征　职业和安全是这一类雇员的追求、驱动力和价值观。

倾向于按照要求行事,以维持稳定的工作、体面的收入、有效的退休方案、优厚的津贴等;对组织具有依赖性。典型的工作有银行职员和政府公务员等。

(2)安全/稳定型职业锚的工作类型　喜好稳定、可预测的工作。喜好能提供长期职位、很少裁员和福利好的组织。

(3)安全/稳定型职业锚的激励方式　提高薪酬、工作条件和福利对他们起的作用比其他方式更大。希望得到组织认可和有稳定的绩效,相信忠诚对组织有显著的功效。

5. 创造/创业型职业锚

(1)创造/创业型职业锚的特征　有强烈的创造需求和欲望,意志坚定,敢于冒险。有通过发展新产品或服务来创造自己生意的强烈愿望,把赚钱作为成功的衡量标准。这种愿望往往在职业生涯的早期就付诸行动。以自我为中心,在传统组织中不会待太久。

(2)创造/创业型职业锚的工作类型　着迷于创新性的工作,不喜欢墨守成规。适合做企业家,在自己的企业中不断地开发新产品和服务。

(3)创造/创业型职业锚的激励方式　需要拥有自己的企业,保持对企业股权的控制。需要自己积累财富,需要权利和自由来支配自己的企业。常常会在产品和公司名称中看到他们的名字。

6. 服务型职业锚

(1)服务型职业锚的特征　希望以某种方式改善自己周围的环境。选择帮助别人为主的职业,如医师、护士、社会工作者等。希望与他人合作。

(2)服务型职业锚的工作类型　喜欢从事符合自己价值观的工作,可以影响所服务的组织或社会政策。

(3)服务型职业锚的激励方式　希望根据自己的贡献得到公平的回报,晋升到有更大影响力和工作自由度的职位,需要来自上司和同事的赞扬和支持。

> 大连有一名公交车司机在行车途中突发心脏病,在生命的最后一分钟里,他做了三件事:第一,把车缓缓地停在马路边,并用仅有的力气拉下了手动刹车闸;第二,把车门打开,让乘客安全地下了车;第三,将发动机熄火,确保了车、乘客和行人的安全。他在做完了这三件事后,便安详地趴在方向盘上停止了呼吸。
>
> 这名司机叫黄志全,因为他在工作中的尽职尽责,所有的大连人都记住了他的名字。这就是人们对他的责任感的敬佩!

这是典型的服务型职业锚的表现:获得更多的赞扬和支持才能更好地体现自己在工作和生命中的价值。

7. 挑战型职业锚

(1)挑战型职业锚的特征　征服欲望强烈。对征服人和事的意向强烈。对成功的定义是克服非常困难的障碍,解决难以解决的问题,或征服难以征服的对手。此类人不在乎工作的专业领域。持有这种职业锚的人正在从事的典型职业有特种兵、高级管理顾问等。

(2)挑战型职业锚的工作类型　工作领域、组织类型、薪酬系统、晋升方式都必须服从于能否提供挑战自我的机会。

（3）挑战型职业锚的激励方式　自我激励意识强，对能够提供给他们挑战性工作的组织忠诚。和周围的同事相比，可能会曲高和寡，不易被理解。

8. 生活型职业锚

（1）生活型职业锚的特征　强调平衡融洽的工作生活气氛，强调工作必须和整体生活相结合。不仅仅是在个人和职业生活之间形成一种平衡，而是把个人、家庭和职业需要进行融合。

（2）生活型职业锚的工作类型　需要灵活的工作时间安排，如弹性工作制，需要更多的休息日、在家办公等。

（3）生活型职业锚的激励方式　反映社会变动的大趋势且灵活的政策和职业发展系统。

职业锚在职业规划过程中非常重要，它是以人们实际的生活工作经历和他人的反馈为基础形成的。即使面临非常困难的状况，职业锚在职业规划和选择的过程中也不会被放弃。所以它可以解释人们与公司之间如何以及为什么相互影响、相互作用。这就意味着人们不会放弃目前的工作，而转换到一份不能满足职业锚需要的其他工作。

3.3.3　职业锚的个人开发

职业锚是个人早期职业发展过程中逐步确立的职业定位。很多资深专家认为，在职业锚的选定或开发中，雇员个人起着决定性作用。

1. 提高职业适应性

一般而言，新雇员经过认识、塑造、充实、规划自我等诸多职前准备，再经过一定的科学的职业选择，进入企业组织，这本身即代表了该雇员个人对所选择职业有一定的适合性。但是这种适合性仅是初步的，是主观的认识、分析、判断和体验，尚未经过职业工作实践的验证。

职业适应性是职业活动实践中验证和发展了的适合性。每个人从事职业活动，总是处于一定的物质环境和心理环境之中，一个人从事职业的态度，受到诸多主客观因素的影响。例如，个人对工作的兴趣、价值观、技能、能力、客观的工作条件、福利情况，他人和组织对自己工作的认可及奖励情况、人际关系情况，以及家庭成员对本人职业工作的态度，等等。个人的职业适应性就是能尽快习惯、调适、认可这些因素，也就是雇员在组织的具体职业活动中，使职业的工作性质、类型和工作条件与个人需要和价值期望目标融合，使自身在职业工作生活中获得最大的满足。

> 李刚入职到一家新的用工单位，他的业绩是最好的，然而奖励却不是最高的。他的主管多次提醒他要遵守用工单位的作息时间和各项规章制度，可是他一直没有把主管的话放在心上。李刚以自己以前单位的习惯做事，认为销售员的任务就是完成销售任务，其他的全是可有可无的。直到有一天，主管把他叫到办公室，告诉他，用工单位决定辞退他。

不同的文化背景产生不同的规则、标准，不能一成不变地墨守成规。职业适应的结果能保证雇员个人在较长一段时间内从事某种职业活动，而且能保证雇员在职业活动中有较高的效率，有利于雇员个性的全面协调发展。雇员由初入组织的主观职业适合，通过职业活动实践,转变为职业适应的过程,即是雇员搜寻职业锚或开发职业锚的过程。职业适应性是职业锚的准备或前提基础。

2. 借助组织的职业计划表,选定职业目标,发展职业角色形象

职业计划表是一张工作类别结构表,是将组织所设计的各项工作分门别类进行排列,形成一张较系统反映企业人力资源配给情况的图表。

雇员应当借助职业计划表所列的职工的工作类别、职务升迁与变化途径,结合个人的需要与价值观,实事求是地选定自己的职业目标。一旦瞄准目标,就要根据目标工作职能及其对人员素质的要求有目的地进行自我培养和训练,使自己具备从事该项职业的充分条件,从而在组织内树立良好的职业角色形象。职业角色形象是雇员个人向组织及其工作群体的自我职业素质的全面展现,是组织或工作群体对个人关于职业素质的一种根本认识。

职业角色形象的构成主要有两大要素:

一是职业道德思想素质,通过敬业精神、对本职工作热爱与否、事业心、责任心、工作态度、职业纪律、道德等来体现。

二是职业工作能力素质,主要看雇员所具有的智力、知识、技能是否胜任本职工作。

雇员个人应当从上述两个主要的基本构成要素入手,很好地塑造自己的职业角色,为确定自己的职业锚而创造条件,打好基础。

3. 培养和提高自我职业决策能力和决策技术

自我职业决策能力是一种重要的职业能力。决策能力的强弱、决策正确与否,往往影响个人整个职业生涯发展乃至一生。在个人的职业发展过程中,特别是在职业发展转折关键期,自我职业决策能力非常重要。

例如,在首次择业、选定职业锚、重新择业等关键期,具有强大的职业决策能力和决策技术十分重要。

所以,个人在选择、开发职业锚时,必须着力培养和提高自我职业决策能力。

所谓自我职业决策能力,是指个人习得的用以顺利完成职业选择活动所需要的知识、技能及个性心理品质。具体而言,就是要培养和提高个人以下几方面的职业决策能力:

1) 善于搜集相关的职业资料和个人资料,并对这些资料进行正确的分析与评价。
2) 制订职业决策计划与目标,独立承担和完成个人职业决策任务。
3) 在实际决策过程中,不是犹豫不决、不知所措、优柔寡断,而是有主见性,能适时地、果断地做出正确决策。
4) 能有效地实施职业决策,能够克服计划实施过程中的种种困难。

职业决策能力运用于实际的职业决策之时,需要讲求决策技术,把握住决策过程。

首先,搜集、分析与评价各项相关职业资料及个人资料,这一工作即是对几种职业选择的后果与可能性进行分析和预测。

其次,对个人的预期职业目标及价值观进行探讨。个人究竟是怎样的职业价值倾向?由此确定的职业目标是什么？类似的问题并非每个人都十分清楚。现实中，经常会发现很多人都有价值观不清晰、不确定的情况。所以，澄清、明确和肯定个人主观价值倾向与偏好当为首要，否则，无法做出职业决策。

最后，在上述两项工作的基础上，将主观愿望、需要、动机和条件，与客观职业需要进行匹配和综合平衡，经过权衡利弊得失，确定最适合、最有利、最佳的职业岗位。这一抉择过程，是归并个人的自我意向，找到自己爱好和擅长的东西，发展一种将带来满足和报偿的职业角色的过程。

> 日本丰田公司在运用员工的"职业锚"方面给了我们有益的借鉴。丰田对于岗位一线工人采用工作轮调的方式来培养和训练多功能作业员，这样既提高了工人的全面操作能力，又使一些生产骨干的经验得以传承。员工还能在此过程中发现自己的优势在哪里，从而进行准确定位，找到真正适合自己的岗位。一旦员工确立了自己的职业锚，工作起来将会更具积极性和主动性，效率将会有很大提高。
>
> 丰田采取5年调换一次工作的方式对各级管理人员进行重点培养。每年1月1日进行组织变更，一般以本单位相关部门为调换目标，调换幅度在5%左右。短期来看，转岗需要有熟悉操作的适应过程，可能导致生产效率的降低，但对企业长久发展来看则是利大于弊。经常的有序换岗还能给员工带来适度的压力，促使员工不断学习，使企业始终保持一种生机勃勃的氛围。

3.4 职业规划的原则与方法

3.4.1 职业规划的原则

职业规划的原则是开展职业规划的指导思想和方法基础。为保证职业规划的有效性，我们必须坚持以下5个原则：

（1）可行性原则　在职业规划过程中，不能一味地进行封闭式"自我设计"，除了考虑自身的愿望和兴趣爱好之外，还必须考虑特定环境的需要，即特定的历史条件和时代要求，避免空中楼阁式的"自我设计"。

（2）胜任原则　每种职业都有职业要求，个人应该根据自己的知识水平、身体素质、个性特点、能力倾向等因素确定自己所能胜任的职务等级。否则，面对力不从心的工作，不仅效率低下，甚至会无法完成任务，并将使组织和个人都遭受损失。

（3）特长原则　每个人都各有所长亦各有所短，科学有效的职业规划就体现在能否充分利用长处、避开短处，最大限度地发挥潜能。

（4）发展原则　职业不只是生存的手段，更是人们寻求发展的方式。因此，在职业规划时，要考虑职业的发展前途、组织所提供的发展空间，以及群体的和谐性等各方面的因素，寻找适合自身发展的良好环境。

（5）灵活原则　个人和外部环境都在不断变化发展，特别是在科学飞速发展的年代，职业更新速度加快。面对动态的世界，个人应该不断积累知识和经验，及时调整职业发展道路，以便适应社会和环境的要求。

3.4.2 职业规划的方法

职业规划是一个发展的过程，职业选择的趋向性必须依赖个人的年龄和发展，不同的年龄和发展阶段的特征与职业生涯的选择和发展是一种相互依赖、相互作用的过程。总体而言，做好职业规划最重要的是既要充分发挥自己的性格特点、兴趣爱好、专业知识的优势，扬长避短，又要考虑社会和市场的要求，随时掌握最新的信息。许多职业心理学工作者在进行职业咨询时常常使用以下3种职业规划方法。

1. 5W 分析法

5W 分析法是五个"W"的归零思考模式，具体来说，就是要解决职业规划中的 5 个具体问题。

（1）Who are you　是指对自己进行一次深刻的反思，把自己的优点和缺点都一一列出来，对自己有一个全面、客观、清醒的认识。具体操作方法是：反思自己，真实地写出每一个想到的答案，并按重要性排序，比如自己的专业、家庭情况、年龄、性别、性格、动手能力、思考能力等。

（2）What do you want　是指对自己的职业发展有一个心理趋势的检查，知道自己需要什么样的职业和生活。具体操作方法是：详细回忆自己从小到现在所经历的事情，并将自己喜欢做的事情写出来。

（3）What can you do　是指要清楚自己能干什么或者可能有哪些方面的发展潜力。具体操作方法是：把自己有能力做的，以及通过潜能开发能够做的事写下来。

（4）What can support you　是指自己发展所需要的周围的环境资源，并通过对主客观因素进行深入调查，作出可行性分析。具体操作方法是：列出环境支持或允许自己做什么样的事，并将自己所处的家庭、单位、学校、社会关系等各种环境因素考虑进去。

（5）What you can be in the end　是指确立自己最终的职业目标，即确定自己的职业与生活规划是什么。

孙亦欣，32 岁，当国外有个律师事务所给他发出了邀请时，他在"出国"还是"留下"间使用了 5W 分析法进行分析，详细如下：

1.Who are you

是一家法律事务所的律师（任职 1 年多，做助理 3 年多，同事关系、待遇令人满意）；毕业于某名牌大学的法学院，成绩一直比较突出，多次获得奖学金，还被评为优秀毕业生。

父母都在老家，父亲（退休的公务员）和母亲（普通退休干部）身体都不是很好，需要时常回去看望他们；对生活要求不高，但需要体面而丰富的生活，姐姐前几年研究生毕业就直接出国留学了，有点羡慕；我很爱我的女朋友，我们准备结婚，但时机尚未成熟；身体健康，心理较正常；性格较外向，情绪较乐观；好奇心较强，学习能力不错。

2.What do you want

做一名律师；做一名法官；做一名法律学者；和妻子共同住在属于自己的舒适的住房里，每天开着自己的汽车去工作；在父母有生之年能够多尽一点孝心，可能的话把他们接到家里来住；有时想与人合伙开事务所，自己当老板，但现在的老板如果能吸收我做合伙人，并提供更大的事业空间似乎更好些。

3.What can you do

可承担更多的业务，并能协调律所各部门的关系；能讲一些法学课程；会开汽车；相信还可以学会很多东西。

4.What can support you

在当前单位升职，有可能最后获得合伙人身份；市内有多家同类事务所挖我去做项目负责人，薪酬比现在高一二倍，但是他们的事务所太小，不知能否办好，也不知他们能否兑现承诺；可以去大学深造；姐姐可以帮助我联系国外的大学去读书，但以后回来可能还要从头开始。

5.What you can be in the end

继续在现在的单位好好干，不远的将来能够晋升并获得重用；同时在职攻读硕士学位；买房、结婚、买汽车；经常去看父母，以后接他们来住；去其他律所做合伙人；出国读书。

经过分析，他最后放弃出国，并决定继续留在现在的事务所工作。结果不到三年，他成为律所内最得力的律师之一，得到老板重用；自己买了房子、车子，和女朋友结了婚，并利用业余时间完成了在职硕士学习；父母不久前来住了一段时间，嫌城市节奏太快、熟人太少，待不习惯而返回故里。

2．SWOT 分析法

SWOT 是 4 个英语单词的缩写：

S 即 Strength（优势）：学了什么、做过什么、最成功的是什么、忍耐力如何。

W 即 Weakness（劣势）：经验或经历中欠缺什么、最失败的是什么。

O 即 Opportunity（机会）：现在的就业形势、各种职业发展空间、社会最急需的职业。

T 即 Threat（威胁）：专业过时、同学竞争、薪酬过低。

根据家长、老师和同学们的评价，借助性格测验，判断自己是一个外向开朗的人还是内向稳重的人，对哪些问题较为感兴趣或擅长哪些技能，也可以分析出自己的一些弱点。

SWOT 分析法示意图如图 3-2 所示。

通过 SWOT 分析法，仔细分析就业形势与自己能力的匹配情况，规划好自己的职业生涯。

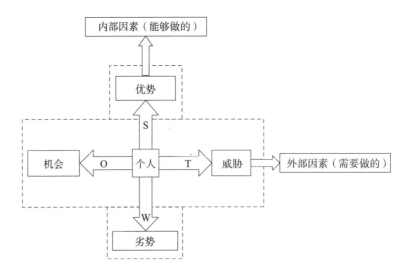

图 3-2　SWOT 分析法示意图

案例：职业定位与 SWOT 分析

基本情况：于启洋，男，1981 年出生，1999 年 9 月考入某大学信息管理系，2003 年 7 月毕业；2003 年 9 月考入中科院文献情报中心，专业方向是信息资源组织与管理，正在读研一。

1. 优势（Strength）

1）生活态度比较积极，善于发现事物和环境积极的一面。
2）待人真诚，放得开，并乐于与人交往和沟通，善于开导别人。
3）喜欢思考问题，有一定的分析能力，并有寻根究底的兴趣，一定要将事情想清楚。
4）有责任心、爱心，并且喜欢做相关的工作。
5）做事比较认真、踏实，有浓厚的学习兴趣和一定的实力，比如英语方面。
6）心思细腻，考虑问题比较细致。
7）逻辑性和条理性较好，有一定的书面表达能力。
8）喜欢能让自己静下心来的工作环境，以及能自己控制、安排的工作。

2. 劣势（Weakness）

1）竞争意识不强，对环境资源的利用不够主动，也就是与环境的交互能力不够。
2）口头表达有时过于细节化，不够简洁。
3）做事不够果断，尤其事前作决定的时候老是犹豫不决。
4）工作、学习有些保守，冒险精神不够，没有结合长远目标，并且创新能力有待提高。
5）组织管理人员的能力和经验欠缺。
6）做事有时拖拉，不够雷厉风行。
7）不喜欢机械重复的工作，也不喜欢没有计划和没有收获的忙乱，不喜欢应酬和刻意的事情。

3. 机会（Opportunity）

1）现在是一个信息爆炸的时代，各种渠道获得的各种类型的信息浩如烟海，对很多人来说，海量的信息只会让他们感到无所适从，而这也就产生了对信息进行组织和管理使之有序化的需求，因此从大的环境来说，这个专业方向是很有发展前景的。

2）中国的国际化形势给个人也提供了更多的机会，可以在更宽广的舞台展现个人优势，比如英语作为国际交流的工具发挥的作用就很大。

3）中科院这个环境给他提供了很好的软硬件条件，有机会参与一些科研项目，学以致用，也可以积累更多的实践经验，同时有很多的机会与行业高层人士接触进行交流、学习，提高自身素质。

4）身边很多优秀的同学，有很多向他们学习的机会，并且有构建良好人际关系的条件。

4. 威胁（Threat）

1）国际化的环境同时也意味着国际范围的竞争和挑战，对个人的素质要求也就更高了，对于英语来说，就不能只满足于读、听、写，表达能力也至关重要。

2）距离毕业还有一年半的时间，而离找工作只有一年的时间，并且找工作的时候并不是用人单位用人高峰期，就业的机会不是很多。

3）优秀的人很多，而机会不一定是均等的，这时就不单单是知识的比拼，更是对个人发现机会、展示自己并把握机会能力的考验。未来的最佳选择是与所学专业相关并能很好发挥与人沟通能力的职业，例如信息咨询、教育等行业的职位，这既满足个人爱好，又有待遇等方面的保障。现在应做的准备是从确定所要从事的行业开始，根据所从事行业的特性来判断自己是否有继续深造的必要，或者先工作两年，积攒更多的实战经验后，继而继续深造。

4）最后，重点培养自己表达及表现的能力。表达是人与人沟通最基础的表现形式，要善于表达自己的想法、需要，个人能力也要积极地展示，以得到更多人的认可和肯定。通过职业测评可以让我们更好地认识自己、了解自己。

3. 内外因分析法

人生的整体规划也要考虑个人所从事行业的发展和影响。时代是不断发展的，社会是不断进步的，整个社会的发展也包含着各行业的发展和变化。在职海中择业，有如下4个问题值得考虑：

（1）冷门还是热门　热门职业一般薪酬高，但我们决不能以此定职业，必须分析自己的能力和所长，对已经表露出来的职业兴趣和职业特长要特别珍惜，尽量寻找符合自己特长的职业。即使一时无法就职于自己喜欢的职业也没有关系，可以在以后的工作中逐步调整。

（2）稳定还是不稳定　中国有句老话："三十年河东，三十年河西。"有些以前很热门的职业，现在可能一点都不吸引人了。职业稳定的概念是相对的，计划经济时代，所有的职业都是稳定的，而现在，即使是公务员也有淘汰机制。所谓的不稳定，不是职业的不稳定，而是单位的不稳定。作为社会分工的各种职业，在社会上永远都是需要的。

（3）大公司还是小企业　大公司的优点很多，比如有良好的福利、晋升、培训体系，就职经历可为以后求职带来便利；但是其缺点也很明显，因为大企业人才济济并且分工过细、过于明确，个人长处就不易被发现，其他能力可能很难得到锻炼。相对于大公司，在小公司工作可能身兼数职，更能展示才能，职业发展空间可能会更广阔。

（4）大都市还是小城镇　人才结构呈金字塔形，高端人才少；人才分布呈山地形，有的地方人才多，是高地，有的地方人才少，是平地。东北振兴、西部大开发和中部崛起等的实施，使这些地区对中高级人才的需求都非常大。中西部地区更是求贤若渴，每年都会从省市甚至国外引进优秀人才。

3.5　职业规划的步骤

3.5.1　第一步：自我评估

自我评估是个人职业规划的基础，也是制订可行性规划方案的前提。通过自我分析评估，科学认识和把握自己，才能在职业规划中做出最佳决策。自我评估就是认识自己的生理和心理特点，客观地评价自己，也就是在弄清楚"我是谁"的基础上，找出"我想做什么""我能做什么"和"我怎么做"的答案，明确自己的职业锚。

一般来讲，自我评估可以从以下4个方面进行：

1. 自我现实分析

要正确地认识自己，有效地把握自我，对自己的理想、信念、态度、价值观等有充分的认识，对自己的知识、能力、个性等要有全面的了解。要把个人愿望和社会需求统一起来，寻求其内在的结合点，使自己成为社会所需的有用人才。

> 王强是某高职学院电气自动化专业三年级学生，学习成绩中上等，性格活泼开朗，人际关系良好，具有远大的理想和抱负，上进心强。
>
> 毕业前夕，班上的同学都在积极寻找适合自己的职业。王强感到自身条件较好，所以一心想找个工作环境好、收入高、发展空间大的理想的就业单位。可是半年过去了，王强寄发了200多份求职信，参加了7次大型人才招聘会，也与几家自己满意的单位进行了接洽，都没有被录用。到了临近毕业的时候，同意录用王强的几家单位都不能在某些方面完全满足他的愿望，于是他全拒绝了。结果到了毕业时，王强仍然没有找到他所要找的理想单位，此时他情绪低落，茫然不知所措。

每个即将踏入社会的大学生都怀揣梦想，但现实与理想的差距过大使得他们心理不适甚至自暴自弃，变得无所事事、没有动力。当理想与现实发生冲突时，积极的自我调适非常必要，必须重新调整和评估自己的理想。

> 有一个自以为是全才的年轻人，一直找不到理想的工作，他觉得自己怀才不遇，没有伯乐来赏识他这匹"千里马"，于是向智者求教其中原因。
>
> 智者听了，随手从脚下的沙滩上捡起一粒沙子，让年轻人看了看，然后就随便地扔在了地上，对年轻人说："请你把我刚才扔在地上的那粒沙子捡起来。"

"这根本不可能!"年轻人说。

智者没有说话,从口袋里掏出一颗晶莹剔透的珍珠,随便地扔在了地上,然后对年轻人说:"你能不能把这颗珍珠捡起来呢?"

"当然可以!"

"是啊,捡起一颗珍珠是很容易的,因为它太与众不同了。"智者接着说,"但你为什么不想一下,自己现在到底是一颗珍珠还是一粒沙子。如果你就是一个普通人,你又怎能苛求别人把你当成一颗珍珠呢!"

自以为是的年轻人,不能正确认识自己,不能对自己有着合理的评价,是他求职失败的最重要的原因。

2. 总结经验教训

要通过回顾以前的经历,对自己的想法和行为进行认真的思考。要冷静分析过去的经验和教训,找出成功的原因,也要分析失败的根源。

进入职场5年,肖铭先后换了6份工作。其实,他是那种能力挺强的人,但也可能正是因为他知道自己能力强,总有点自我感觉良好,跳槽也就比较随意,因为各种各样的理由而频繁跳槽。至今,他还不知道自己将来到底想做个什么样的人。而他的收入,比他第一份工作并没有增长多少。

肖铭不禁感叹,跳来跳去还是回到了原地。

肖铭在没有明确目标的情况下频繁跳槽,导致职业长期不稳定,不利于在一个职业上积累职业资本。对他来说,几次跳槽都只是一种逃避或只是换了一下工作环境,本质上并没有体现职业生涯的进步。所以,不要像肖铭那样轻易跳槽,而要客观公正地对自己进行一个全面的认识和总结。

3. 优劣势分析

要通过自己与他人的比较,尤其是与自己条件相似的人进行比较,来评价和判定自己。例如,可以通过与自己同学进行比较,来反观自己职业的规划和选择是否合适。还可以通过听取他人的意见和建议来为自己提供参考,看看老师、同学、朋友对自己的职业发展有什么建议。别人往往能够看到被自己忽视的东西。从别人的评价中,我们能够深化对自己的了解。

森林中,动物们在举办一年一度的比"大"比赛。老牛走上台,动物们高呼:"大。"大象登场表演,动物们欢呼:"真大。"这时,台下角落里的一只青蛙气坏了,难道我不大吗?它一下子跳上一块巨石,拼命鼓起肚皮,同时神采飞扬地高声问道:"我大吗?"

"不大。"台下传来的是一片嘲讽的笑声。

青蛙不服气,继续鼓着肚皮。随着"嘭"的一声,肚皮破了。可怜的青蛙,到死也还不知道它到底有多大。

青蛙鼓爆肚子是因为对自己能力分析不足所致,下面再看一个故事。

> 有一位登山队员，一次他有幸参加了攀登珠穆朗玛峰的活动，到了7800米的高度，他体力支持不住，停了下来。当他讲起这段经历时，我们都替他惋惜，为什么不再坚持一下呢？再往上攀一点高度，再咬紧一下牙关，就爬到顶峰了。
>
> "不，我最清楚，7800米的海拔是我登山生涯的最高点，我一点也不为此感到遗憾。"他说。

青蛙不了解自己，为此付出了生命的代价。而登山队员了解自己，所以他安然无恙。了解自己，是一种明智，是一种美好的境界。一个人对自己的评估过高或过低，不能全面而恰如其分地评价自己的心理、行为，将不能扬长避短，造成自己在人际关系方面的不适应，容易孤芳自赏、盲目自大。

4. 咨询与指导

如果觉得对自己的认识很模糊，或者对自己的评价没有信心，那么到职业指导或咨询机构进行职业咨询就是十分必要的。咨询人员可以通过心理测验、职业测评等科学的咨询技术和大量的职业指导经验来为个人提供服务，帮助其做出正确的职业选择。在咨询过程中，我们可以获得关于自我的相关知识和信息。

3.5.2 第二步：环境分析

> 有一天，妈妈带着儿子到杂货店去买东西，老板看到这个可爱的小男孩，就打开一罐糖果，要小男孩自己拿一些。但是这个小男孩却没有任何动作。
>
> 几次邀请之后小男孩始终没有去拿糖果，最后老板亲自抓了一大把糖果放进他的口袋中。
>
> 回到家中，母亲好奇地问小男孩，为什么没有自己去抓糖果而要老板抓呢？小男孩回答得很妙："因为我的手比较小呀！而老板的手比较大，所以他拿的一定比我拿的多很多！"

多么聪明的孩子，他了解自己的手比较小，而更重要的是，他知道别人比自己强。

古人云："知彼知己，百战不殆。"

在职业规划过程中，只是通过自我评估来了解自己是不够的，更重要的是要通过"知彼"才能发挥个人的优势，实现职业理想和目标。

作为社会生活当中的个体，环境对我们的影响和作用是毋庸置疑的，也是极其深远的。它为我们提供了活动的空间、发展的条件、成功的机会。如果我们能够充分利用外部环境，就会给我们的事业带来很大的益处；如果我们被环境所困，就会到处碰壁。因此，只有对外部环境有一个清楚的了解，才能在复杂形势中趋利避害，从而顺利发展。要评估和分析外部环境条件的特点、社会形势的发展趋势和需求变化状况，搞清自我在环境中的地位和处境，了解环境对自身的有利条件和不利影响等。

> 李大才是一个来自农民家庭的孩子,他被一所高职院校录取了,可到了学校以后发现学校与他理想中的大学相去甚远。为此他大哭了一场,之后他害怕与考到名牌大学读书的同学联系,也不愿与班里同学交往。
>
> 看着周围高兴的同学,李大才却丝毫也高兴不起来。他心中的结解不开,学习没有了动力,生活没有了目标,犹如大海上漂浮的小舟,完全失去了原来的方向。大学第一学期的期末考试,他竟有三门功课不及格。他并没有认真反思自己,而是破罐破摔。第二学期他迷上了网络,彻夜上网聊天打游戏,第二学期的期末考试竟有五门功课同时亮起了红灯,学校向他发出了退学通知。这一刻他才非常懊悔,深深自责。
>
> 个体的人生不可重来,而自我发展的不可逆转也要求每一位大学生要认真审视自我,并为自我发展留下空间,因为青春只有一次,大学生活对年轻学子也只有一次。珍视自我,开掘心灵的宝库尤为重要。

人不可能离开具体环境而存在,但是环境对人的影响却是不同的。只有通过具体的外部环境分析,才能理清思路,为自己找到合适的发展道路。

3.5.3 第三步:确立目标

1. 确立职业生涯发展路线

在做职业规划时,必须首先确定自己发展的路线,以便安排学习、培训和工作。不同的发展路线对个人素质的要求不同,对未来发展的影响也不一样。在确立发展路线时,一般要思考三个问题:

我希望向哪一条路线发展?
我适合向哪一条路线发展?
我能够向哪一条路线发展?

> 在美国,有一个花匠的儿子叫科波菲尔,他很喜欢打棒球,但他既没有钱,又没有受过职业训练。于是,他找到棒球队的教练员,说愿意为球队义务捡球,这个请求当然被接受了。这样,他从捡球做起,一步一步地成为美国著名的棒球运动员。

考虑职业生涯时首先要考虑自己的兴趣、爱好、理想等主观因素,确立自己的目标取向。其次要考虑自己的性格、特长、学历等客观条件,确立自己的能力取向,就像花匠的儿子科波菲尔在求职时那样,不急功近利,从底层做起,一步一个脚印。除此之外,还要考虑自身所处的社会环境,确立自己的机会取向。

在对这三方面因素进行系统、综合考虑的基础上,最后确定个人的职业生涯发展路线。职业生涯发展路线一般是由职业阶梯构成的。典型职业生涯发展路线的类型及其特征见表3-2。

表 3-2　典型职业生涯发展路线的类型及其特征

职业生涯发展路线的类型	典型特征	职业方向	典型职业发展阶梯
技术型	注重工作的实际技术和职能内容，在技术职能范围内不断提升，继续保持技术优势	工程、财会、销售、生产、法律等	财务分析员→主管会计→财务主任→财务副总裁
管理型	善于处理人际关系，喜欢管理工作，分析问题理智全面，善于管理他人	政府机构、企事业单位及其部门负责人	工人→生产组长→部门经理→行政主管→总裁
稳定型	希望工作稳定，害怕被解雇，按照要求工作，完成常规任务	教师、医生、研究人员、普通行政人员	助教→讲师→副教授→教授
创造型	喜欢施展自己的才能，要求有自主权，爱好冒险，求新求变	发明家、风险投资家、产品开发人员、企业家	职业不定，处于经常变换之中

2. 确立职业发展目标

一个没有目标的人生就像一场没有球门的足球赛，球员和观众都会感到兴致索然。职业目标是职业规划的核心，是职业发展的驱动力。个人的职业成功与否，在很大程度上决定于是否具有良好的目标意识，有无正确的职业目标。在确定职业目标时要从以下几个方面进行考虑：

1）职业目标要符合社会和组织发展的需要。符合社会需要的职业目标才有发展前景，符合单位要求的目标才会得到支持和鼓励。如果一个软件工程师的目标是造飞机，那么单位就会考虑该让他回家去专心设计飞机，而不是占据软件开发的岗位。

2）职业目标要适合自身的特点，以自身优势为基础。虽然劣势可以逐渐转换，但在高节奏的现代社会，没等你转变过来，别人就可能已经超过了你。一个不善言谈的人要想成为营销专家，总是比别人有更多的困难。

3）职业目标要高远，不要只盯住自己的脚背，不要过于看重眼前利益。一个人的目标越高，动力就越大，发展可能也就越快。不要被自己的地域、学历、出身等客观条件所限制，要大胆追求自己的理想。但同时也要注意，切忌好高骛远，要脚踏实地，一步一个脚印往前走。

4）职业目标不宜太宽泛，最好选择相对较小的领域，目标要简单、具体、明确。道路要宽，目标宜窄。个人的精力、才能和力量都是有限的，只有这样才能集中优势力量，打好"歼灭战"。一个期望到处都有所作为的人，最终可能无所作为。

5）职业目标要做到长期和短期相结合。一个人一生中可能在不同时期有不一样的短期发展目标，但是这些目标要围绕一个内在的主线，要有一个共同的主题，也就是要符合长期目标，这样才可能取得更大的成绩。只有短期目标，没有长期目标，会让人陷入具体事务，东一榔头西一棒子，最终碌碌无为。只有长期目标，没有短期目标，也会让人因为看不到希望而失去兴趣和信心。因此，长期目标是发展的方向，短期目标是发展的基础。

6）职业目标要和个人的生活目标、家庭目标相适应，有机结合，协调发展。个人是社会的一分子，家庭是社会的细胞。脱离个人生活实际和家庭实际的职业目标是无源之水、无本之木。

> 珍妮·古道尔（Jane Goodall），英国生物学家、动物行为学家和著名动物保育人士，是20世纪的一位最具有传奇色彩的女性。她对黑猩猩乃至世界上所有生灵都怀有炽热的爱，从二十几岁便来到非洲黑猩猩生活的原始森林，在那里度过38年漫长的野外考察生涯。兴趣所在，痴迷一生。古道尔花了大半辈子的时间与猩猩在一起，她甚至能够按猩猩的方式思考。
>
> 虽然很多人声称古道尔的研究不会坚持三个月以上的时间，但她不仅在非洲丛林深入下来，而且取得了惊人的发现。她第一个揭开了黑猩猩神秘王国的奥秘，弄清了黑猩猩群体内部的复杂结构，它们的亲缘关系、等级关系。她发现黑猩猩有许多和人类相似的行为，其中诸多具有重要价值的研究成果为日后进行灵长类动物的研究奠定了基础。
>
> 她的工作纠正了学术界对黑猩猩这一物种长期以来的许多错误认识，揭示了许多黑猩猩社群中鲜为人知的秘密。1965年，她获得剑桥大学动物行为学博士学位。1995年，她被英国女王颁发不列颠帝国勋章。

许多人将兴趣与职业发展有机结合，运用自己的实际能力，调动自己的潜在能力搞发明、创造，以至于如痴如醉地沉迷一世，就像古道尔一样。所以，兴趣是造就成功的一个动力。

3.5.4 第四步：制订行动计划

职业目标确定以后，就要制订相应的行动计划和方案来加以实施，把目标变为现实，也就是要制定落实目标的具体措施，主要包括教育、培训、实践等方面的措施。在制订行动计划时首先要分析下列问题：

1）实现目标要达到什么要求？
2）达到这种要求要具备什么素质和条件？
3）具备这些条件必须通过什么途径？
4）个人还有哪些潜能可以开发？
5）采取什么措施来开发这些潜能？
6）个人还有哪些缺陷和不足？
7）参加什么培训和学习来弥补这些不足？
8）是否还有其他方面的障碍和困难？
9）怎么解决这些障碍和困难？

对这些问题要做出明确具体的回答，并且在实施过程中要不断检查和督促自己发现新的问题。

一套完整的行动计划一般包括职业发展路线、教育培训安排、实践计划等方面的措施。在学校学习期间，一般处于职业规划的初期，主要是职业目标确定和知识能力储备阶段，可以采取以下行动步骤：

首先，初步了解自己想要从事的职业，以及它与自己专业之间的关系，或者按照自己的专业来寻找相应的职业，加强和高年级，特别是毕业班同学的交流，了解就业情况和社会发展状况，提高人际交往和沟通能力，考虑是否要转专业、辅修其他专业或者参加其他形式的学习培训。

其次，参加社会实践活动，或者加入学校各种社团组织，培养和提高自身素质，锻炼能力。

再次，可以在业余或假期从事兼职工作，积累职业经验，了解自己的职业爱好和兴趣，逐步形成职业取向。在掌握专业知识技能的同时，对英语和计算机能力进行强化训练。

最后，要确定下一步发展方向，是就业、深造还是其他选择。对就业者而言，要形成比较明确的职业意向，掌握求职技巧，准备求职材料，参加招聘活动。在实践中调整和修正自己的职业意愿，并根据就业单位的要求，做好就业前的知识技能准备。

第 4 章 创业素质与训练

创业是极具挑战的社会活动,对创业者的智慧、能力、气魄和胆识有着全方位的考验。正如孟子所言:"天将降大任于是人也,必先苦其心志,劳其筋骨,饿其体肤……"在创业之前做好身体上、技能上和心态上的准备,以便能形成创业中坚强的意志力、巨大的承受力、快速的学习力和百倍的自信力。这也是创业前期必要的准备。

> **学习要点**
> 1. 了解创业者基本的素质。
> 2. 训练自己的创业意识,形成自己的创业性格。
> 3. 做好创业前的风险与目标规划。

4.1 创业者的必备素质

4.1.1 基本素质

创业是创业者对自己拥有的资源或通过努力能够拥有的资源进行优化整合,从而创造出更大经济或社会价值的过程。创业素质是在创业过程中所呈现出的一种能力,它是包括知识、技能、经验和人格在内的综合结构,也是毕业生综合素质的集中体现,还是素质教育的基本要求。

对创业者来说,创业能够让个人实现从"职业"到"事业"的转型,创业素质比技术、项目和资金具有更加重要的意义。大凡成功的企业家,必然具有良好的基本素质、深厚的人文底蕴和高尚的道德素养。很多企业的员工之所以死心塌地地跟着企业家一起拼搏,不是因为羡慕其领先的技术、特殊的才干、优越的待遇,而是认同他们所信奉的价值原则。这些原则实质上就是建立在基本素养基础之上的个人价值观的具体体现,以及所形成的优秀的、聚集人心的企业文化。

1. 思想道德素质

良好的思想道德素质是创业者取得成功的必备条件。创业活动是社会生产劳动的一部分,对社会的稳定、发展和进步具有经济上和道德上的责任。通过创业活动,既能够带来个人经济利益的增长，也可能带来整体社会效益的提高。不仅如此，创业者的品质对企业发展的方向具有重要的导向作用。只有那些为社会带来更多福利、创造更多社会价值的创业者，才能够长久地被社会所认可和接受。而那些道德败坏、品质恶劣、坑蒙拐骗、制假售假的创业者，最终将受到市场的惩罚。

2. 社会知识素质

社会知识内容十分广泛，包括哲学、历史、文学、社会、政治、艺术等。作为一名21世纪的大学生，作为一个即将开创自己事业的创业者，基本的社会知识有利于开阔视野、活跃思维、激发创新灵感，并能够升华人格、提高境界、振奋精神。加强文化素质教育还是学会做人的关键。只有学会了做人，才能学会做事，才能做好生意。

3. 市场经济知识

任何一种创业活动都离不开市场，经济利益和价值增值都要借助市场才能够实现。要想在创业中取得成功，必要的市场经济基本知识是不可缺少的。要对商品生产、商品流通、价值规律、市场调节和市场运行机制等方面内容有所掌握，从而更好地在市场竞争当中发展自己的创业项目。

4. 管理知识

在创业的过程中，经营管理的水平是决定创业成败的关键。只有对劳动人事管理、资金管理、生产管理、物资管理、财务管理和营销管理等方面进行全面的学习，才能改进管理方法，丰富管理经验，不断提高管理水平，真正做到"管理出效益"。

5. 法律知识

创业的过程中难免出现这样那样的纠纷，遇到形形色色的法律问题。在法治社会中，了解基本的法律知识，对创业活动是大有裨益的。现在的高职高专学生可能不缺乏法律意识和观念，但是很多人对具体的法律知识却知之甚少。因此，创业者要对工商注册登记、经济合同、税务、劳动等方面的知识有所了解，以免盲目经营。

6. 专业知识

专业知识是创业的起点，在创业知识结构中处于核心地位。对从事科技创业的高校学生来说，专业知识和才能是创业之源。如果没有丰富的专业知识作为基础，很多创业项目就成了"无源之水、无本之木"。只有掌握专业知识，才可以把握技术研发的内容、进程和关键环节，形成自己企业的核心竞争力，从而在商战里占据主动地位。

4.1.2 创业意识

创业意识是创业实践活动中对人起动力作用的个性倾向。它源于对现实条件和就业状况的客观分析，是对成功的渴求和对现状的不满而激发起的强烈的事业心和使命感，以及由此产生的更高的人生价值追求。增强创业意识，能够使毕业生更深入地思考人生的价值并选择合适的人生发展方向；可以激发学习的积极性，努力吸收各方面知识；可以根据自身实际有针对性地加强锻炼，提高综合素质；可以开阔视野，拓宽知识面，在进行文化学习和专业训练的同时，积极谋求新的发展，培养自信、自主、自立、自强的创业精神。

1. 创新意识

> 验证"哥德巴赫猜想"曾经是许多科学家梦寐以求、日夜思索的目标。我国著名数学家陈景润也把这颗数学领域"皇冠上的明珠"作为自己研究的课题。正是在强烈的创新意识的鼓舞和推动下,他才投入了常人难以想象的精力和热情,取得了丰硕的成果。
>
> 因此,创新意识是人类意识活动中一种积极的、富有成果性的意识形式,是人们进行创造性活动的出发点和内在动力。

创新意识同样是创业意识的核心,是个体从事创新活动的主观意愿和态度,只有具有强烈创新意识的人,才能产生强烈的创业欲望,并把它转变为创业行为。培养创新意识,就是要树立推崇创新、追求创新、以创新为荣的观念和思想。只有在强烈的创新意识引导下,才可能产生强烈的创新动机,树立创新目标,充分发挥创新潜力和聪明才智,释放创新激情,实现创业目的。

经济学家约瑟夫·熊彼特认为,创业是实现创新的过程,而创新是创业的本质和手段。创业者的职能就是实现生产要素新的组合。

创新的特点表现在独创性和灵活性。具有创新意识的人能够突破传统的影响,打破旧的思路,提出新的观点,做出新的发现,实现新的超越。他们还能够不被固定的模式、框架和方法所局限,做到灵活多变,因地制宜,因人制宜,因事制宜。

创新意识离不开创新思维。创新思维是创造活动的核心,是有创见性的思维,通过这种思维不仅能揭示客观事物的本质及其内在联系,而且能在此基础上产生新颖的、独创的、有社会意义的思维成果。它能够保证人们顺利地解决新的问题,深入地掌握新的知识,并把这些知识广泛地迁移到学习新知识的过程中,使学习活动顺利完成。因此,创新思维是整个创新活动智能结构的关键,是创新意识和创新能力的核心。一个成功的创业者必须具备这种可贵的思维品质。

2. 商业意识

商业意识是人们在经营活动中,通过获取信息来把握市场趋向的一种思维活动方式,它要求创业者在经营活动中要按照市场经济的运行规律来认识市场,要随时寻找、发现和创造新的商机,是培养和形成人们商业意识的客观条件。同时,个人对商业活动的关注、对生产经营活动的倾向是商品意识形成的主导因素。

商业意识可以通过对商品经济活动的耳濡目染来培养,也可以通过学习商业知识来培养,更主要的是要在经营实践当中不断提高。只有把握市场的运行规律和方式,观察市场的发展和变化,随时了解市场动态,收集商业信息,分析其中包含的商业机会,才能逐渐提高商业意识。

商业机会的存在不同于一般商品,可以看得见,摸得着,是存在于市场变化过程当中的,是诸多事物和现象共同作用的结果。它不会主动告诉创业者自己在哪里,需要创业者通过细致的分析和研究才能了解。尤其是在现代社会,大量信息中都包含着各种各样的商机,因此收集、整理和提炼信息的水平,往往是一个创业者商业意识高低的具体体现。

经验证明，依靠等来的商机进行创业是不可能成功的。愿不愿意寻找商机，善不善于寻找商机，是对创业者商业意识的考验。只有那些脑勤、腿勤、手勤，学识、才干和胆量过人的人才会不断地得到机遇的垂青，甚至能主动创造大量的机遇，在创业的道路上走向成功。

3. 经济意识

所谓经济意识，就是创业者根据市场经济运行规律，对自己的经济行为能否创造更大效益进行分析、判断和决策的思维能力，并按照决策结果，对所支配的经济资源进行投入，以期获得更大收益的行为。

创业活动的一个重要动机就是通过创造劳动成果来获得经济效益。经济效益的高低也在一定程度上反映了创业者的创造能力和水平。造成创业者经济收入差异的原因有很多，其中一个重要方面就是创业者是否具有良好的经济意识。在经济学家身上，经济意识表现为能够对宏观经济发展有正确的判断，对微观经济问题有自己的见解。在创业者身上，经济意识则表现为对经营某一行业或某一具体经济活动有良好的把握，对在经济活动中实现价值增值具有信心，对实现预定经济目标有所准备。他们对利益得失具有长远的认识，能够对未来经济活动的效益做出比较准确的判断和预测。

因此，良好的经济意识对创业者具有极其重要的作用，能够使他们在激烈的市场竞争中处于优势地位，立于不败之地。

4. 风险意识

创业者为了发现机遇、寻找机遇和创造机遇，需要向危机挑战，向困难挑战，并承担创业所带来的一切风险。风险和财富是一对孪生兄弟。一个真正的创业者，不是尽量消除危险，躲避危险，而是迎着危险而上，并发掘自己的潜力和才能，以迎接更大的挑战。

创业总是要承担一定风险的，只有具有这样的风险意识，才能在创业伊始合理防范风险，才能使企业度过创业初期的艰难时刻，迅速发展壮大，才能为社会提供新产品和新服务。

但是，风险意识并不等于鲁莽、冲动和孤注一掷。对于违反国家法律规定的行为，无论有多大的利润，也不能冒险去干。例如，走私贩私、贩运毒品和军火、捕猎珍稀动物等，都绝对不能沾染，以免"一失足成千古恨"。

5. 竞争意识

> "经营之神"松下幸之助说过："今天市场上的胜者，谁都不敢保证明天他还是赢家。睿智的创业者应该时刻都保持谨慎的危机感，警觉到明天可能出现的不利因素。对于此刻就能充分准备以应付竞争的任何工作，都要立刻去做，不要稍有犹豫。须知延误片刻工夫，就可能造成莫大的遗憾。"

竞争是企业生存和发展的必要手段，也是创业者立足社会、争雄市场不可缺少的精神。现代经济活动的最大特点就是要按照市场经济的规律和市场运行的机制参与竞争。只有竞争才能带来最后的胜利。在当今越来越激烈的市场竞争中，如果缺乏竞争意识，实际上就是放弃了取胜的机会，也就是放弃了企业的生存机会。

要成功不仅要敢于竞争，还要善于竞争。竞争不是蛮干，有勇有谋，巧妙应对，才能战胜对手。

在当今信息时代，创业者的每一步都可能被别人学习和模仿，每一个新领域都可能有无数的后继者。因此，创业者要做好心理准备，那种以为一次创业就可以万事大吉的想法是要不得的。创业者还要做好和自己竞争的准备，不断超越自己，及时迈出新的步伐，开辟新的创业天地。

4.1.3　创业能力

创业能力是指一种能够顺利实现创业目标的特殊能力，它是一种综合能力。创业能力的高低直接决定着创业实践的成败。创业能力是在后天的学习培养和社会实践双重作用下逐步养成的。

1．创新能力——核心

创新能力是人们在具体的社会实践过程中不断发现新问题、提出新想法、创造新事物和新价值的能力，它包括了知识创新、技术创新和管理创新，是人们从事创业活动的基础，是在激烈的市场竞争中取得胜利的有力武器。

在科技飞速发展和竞争日益激烈的今天，必须对新事物和新进展高度敏感，及时提出新方案，开拓新局面，探索新道路。创业者只有通过发挥创新能力，不断对产品进行更新换代，不断寻求市场的热点，才能够立于不败之地。

苹果的品牌影响力很大程度上来自于乔布斯的传奇故事。1997年，苹果几乎破产，作为创业者的乔布斯重返公司，把苹果彻底改造为面向消费者的厂商。

把想法变成现实，正是苹果的看家本领。它的优势在于能把自己的新想法和其他人的技术结合在一起，然后用一流的软件和时髦的设计包装新产品。iPad就是这样一个实践的产物。

iPad源自苹果雇佣的一个咨询顾问的想法：把一些市场上已经有的零部件拼装在一起，再使用一个简单易用的软件。iPad使用的是已有的iTunes自动播放软件，这也不是苹果的原创，而是它买来后加以改进的。总的来说，苹果是一个技术的整合者，它不惧怕从外面引入技术，但总会在其中加入自己的想法，最终成就了独一无二的苹果。

"把想法变成现实，是苹果的看家本领"，也是创业者必备的素质。

假如不能把自己的想法变成现实，创业就无从谈起。从另一方面来说，这也意味着创业者必须有自己的想法，哪怕是模仿别人，只要加入自己的一点创意，就会得出属于自己的东西。另外，你的想法不一定会得到身边众人的一致赞同，这就需要创业者不因别人的劝说或看法而动摇自己的目标和想法，要能承受一般人所不能承受的压力，才能获得一般人所不能获得的成功。

2．决策能力——支柱

决策能力是创业者根据市场变化，因地制宜地确定创业的方向、目标、战略和实施方案的能力。在信息时代进行创业,必须重视商机的把握。合适的机遇能够赢得发展的机会,贻误时机则有可能使企业蒙受巨大的损失,因此洞察和决策能力十分重要。

3. 组织协调能力——基础

作为一个创业者,不管他的企业是大还是小,人员是多还是少,都必须具备一定的组织指挥才能。要根据企业生产发展的变化,确定企业的组织结构,设置相关的工作岗位,配备必需的工作人员。要做到人尽其才,物尽其用。要善于用人,择优录用,量才使用,性格搭配,合理分工,优势互补,形成合力。要优化资源配置,"好钢用在刀刃上"。还要统筹兼顾,全面安排,组织有序,指挥得当。

4. 交往应变能力——保证

创业者离不开与各个方面、各种人等进行交往与沟通,如投资商、代理商、消费者、合作伙伴、政府部门、新闻媒体等。他需要具备良好的人际交往能力来妥善处理这些关系,利用一切有利条件,争取各界支持和援助,借助不同的力量为创业服务。只有这样才能化消极因素为积极因素,变不利方面为有利方面,创造一个和谐安定的环境。要学会在复杂多变的社会环境中处理各方面关系,解决各方面矛盾,克服各方面困难,才能最终顺利达到预定目标。

面对瞬息万变的市场以及随时可能出现的机遇和挑战,创业者必须保持冷静的头脑,沉着地分析新形势和新趋势,深入细致地思考应对的策略。在遭遇不利时,要抓紧时间调整生产,想方设法寻找新的增长点,尽可能把损失减少到最小。在遇到有利形势时,不可自以为是、盲目自大,要把握机会,实现效益的最大化。

5. 专业知识能力——关键

知识产业化是当今经济发展的趋势,把高新技术和产业发展结合起来,是创业的重要方向。创业者具备了专业能力和职业技能,才能找到知识与产品、技术创新与市场需求的结合点,激发内在的创业愿望和激情,使科技转化为生产力。

4.1.4 创业性格

有句话叫"性格决定命运"。对创业者来讲,成功的道路可能不同,但他们却具有许多共同的性格特征,有人从中提炼出如下最为重要的10条:

1. 冒险

一个真正的创业者一定是一个爱冒险的人。创业者与普通人的不同之处在于,他们的梦想往往超出他们的现实,需要打破现在的立足点,打破眼前的樊笼,才能够实现。创业者都是不安分的,他们的梦想是高于现实的,需要踮起脚跟甚至跳起来才能够得着,所以需要冒险。而冒险往往伴随着行动力和牺牲精神,这不是普通人能够做得到的。整天畏首畏尾、胆小怕事的人,因循守旧、作茧自缚的人,很快会被市场抛弃。只有敢于进取、不怕挫折、敢为天下先的人才是真正的实干家。

不少大学毕业生都有一定的学识、足够的能力以及资源来开创一番事业,但是却没有梦想,也不敢冒险。成功创业者的冒险,许多来自于现实生活的刺激,是在外力的作用下产生的。因为想得到更大的发展,所以要去创业,要靠创业改变身份、提高地位、积累财富。

创业者需要有冒险精神,但是不能是冒进的,因为会有很大的风险。

> 葛某从事药厂生产管理已经近7年，后来看到做代理商的朋友们发财了，于是就和几个朋友合伙做起了地区代理，因不熟悉市场，产品选择不当，葛某不仅在此项目中一无所获，2年中还赔了10多万元，加上自己的机会成本共损失近30多万元。
>
> 眼看着做代理行不通，葛某不甘心，又打算与几个朋友合伙做餐饮。他们每个人都拿出一些钱，商量着开一家酒楼。但等到200万元资金到位准备装修时，才发现200万元根本不够，无奈又各自借了很多钱。原来，大家只是想象着干餐饮"有多赚钱"，但真正懂行的却没有一个。由于先期没做任何预算，又对餐饮行业太过陌生，酒楼勉强经营了一段时间，不但没挣到钱，还欠了很多外债，几个要好的朋友也不欢而散。无奈，葛某只好再次放弃餐饮业，重新进入一家保健品公司做起了老本行。

三百六十行，行行出状元。任何行业都是行家才能挣到钱，不要眼红其他人的收益，对自己不熟悉的行业尽量不要参与。比如，此案例中的葛某，做熟了生产管理，却因听说做代理赚钱而改行，可是刚刚入门的他看不懂产品，也找不到合适的进货渠道，等他弄懂产品摸清行情时，很可能市场已被他人捷足先登，甚至还有可能已买进了大批滞销产品，所以会赔得一塌糊涂。所以，创业者在选择行业的时候，一定不要像案例中的葛某一样，而是要选择自己有所了解的行业。冒险创业，本身就需要承担很大的风险，在自己不了解的行业更是很难成功。

那么，怎么才能知道什么是合理的冒险，而不是冒进呢？下面的小故事能给大家一点提示。

> 一个人问哲学家，什么叫冒险，什么叫冒进。哲学家说，前面有一个山洞，山洞里有一桶金子，你想进去把金子拿出来。假如那山洞里有狼，你这就是冒险。假如那山洞里有老虎，你这就是冒进。
>
> 这个人表示懂了。哲学家又说，假如那山洞里只有一捆木柴，那么，即使那里只有一只狗，你这也是冒进。也就是说，冒险是这样一种东西，你经过努力有可能得到，而且那东西值得你得到。否则，就只是冒进。

2. 忍耐

对一般人来说，忍耐是一种美德，对创业者来说，忍耐却是必须具备的品格。

古语有云："嚼得菜根，百事可为。"古语又云："艰难困苦，玉汝于成。"

如果有心自己创业，一定要先在心里问一问自己，面对从肉体到精神上的全面折磨，有没有那样一种宠辱不惊的"定力"与"精神力"。如果没有，那么一定要小心。对有些人来说，一辈子给别人打工，做一个打工仔，是一个更合适的选择。

3. 眼界

广博的见识，开阔的眼界，可以有效地拉近自己与成功的距离，使创业活动少走弯路。创业者最初的创意基本上来自于职业、阅读、行路、交友4个方面。在自己熟悉的行业进行创业，这样的创业活动成功的概率就会很大，这是最常见的一种创业思路的来源。开阔的眼界意味着你不但在创业伊始可以有一个比别人更好的起步，有时候它甚至可以挽救你和企业的命运。眼界的作用，会一直贯穿于创业者的整个创业历程。

机遇只垂青有准备的头脑。让自己"眼界大开"就是最好的准备。"一个创业者的眼界有多宽，他的事业也就会有多大。"

4. 明势

一个创业者要研究政策，跟对形势。国家鼓励和限制发展什么，对创业之成败具有莫大影响。市场上现在流行什么，人们现在喜欢什么，就表明了创业的方向。创业者在选择创业项目时，一定要找那些适合自己能力，契合自己兴趣，可以发挥自己特长的项目，这样才有利于做持久的全身心的投入。

创业者还要懂得人情事理。古语有云："世事洞明皆学问，人情练达即文章。"创业是在夹缝里求生存的活动，所以创业者要先顺应社会，不但要明政事、商事，还要明世事、人事。

5. 敏感

创业者的敏感，是对外界变化的敏感，尤其是对商业机遇的快速反应。良好的商业感觉，是创业者成功的最好保证。很多人认为机遇是可遇不可求的东西。事实上，机遇是可以预测的，但它只属于那些时刻关注它的人。同时，机遇大多数时候是无声无息的，需要像孙悟空的"火眼金睛"那样能识别机遇的慧眼。许多IT精英之所以成功，是因为他们瞄准了高科技这个机遇。他们不是靠运气，而是靠经济知识和时代智慧来掌握机遇，成就大业，成为新一代"知本家"。

6. 人脉

创业的人脉资源，即创业者构建其人际网络或社会网络的能力。每一个人创业，都必然有其凭依的条件，也就是其拥有的资源。一个创业者的素质如何，看一看其建立和拓展资源的能力就可以知道。一个创业者如果不能在最短时间之内建立自己最广泛的人际网络，那创业一定会非常艰难，即使其初期能够依靠领先技术或者自身素质，比如吃苦耐劳或精打细算，获得某种程度上的成功，也可以断言他的事业肯定做不大。

7. 谋略

商场如战场，创业者的智谋将在很大程度上决定其创业成败。一个有勇无谋的人，早晚会成为别人的盘中餐。尤其是在目前产品日益同质化、市场有限、竞争激烈的情况下，创业者只有出奇才能制胜。谋略，说白了就是一种思维的方式，一种处理问题和解决问题的方法。对创业者来说，谋略是不分等级的，它没有好坏、高明不高明的区别，只有好用不好用、适用不适用的问题。能把事情做好就是好谋略。

8. 胆量

创业是最需要强大心理承受能力的一项活动，冒险精神是创业家精神的一个重要组成部分。但创业毕竟不是赌博，创业家的冒险，迥异于冒进。无知的冒进只会使事情变得更糟，其行为将变得毫无意义，并且惹人耻笑。

9. 分享

作为创业者，一定要懂得与他人分享，这是一种智慧。一个不懂得与他人分享的创业者，不可能将事业做大。真心分享，公平分配利益，这种一个"窝头大家掰着吃"的坦诚，会产生很强的凝聚力，同时也保护了自己。对创业者来说，对外部的分享有时候同样重要，即俗语所说的"有钱大家赚"。

10. 反省

反省其实是一种学习能力。创业既然是一个不断摸索的过程，创业者就难免在此过程中不断地犯错误。反省，正是认识错误、改正错误的前提。对创业者来说，反省的过程，就是学习的过程。有没有自我反省的能力，具不具备自我反省的精神，决定了创业者能不能认识到自己所犯的错误，能不能改正自己所犯的错误，是否能够不断地学到新东西。

4.2 创业规划

4.2.1 创业动机

现在是大谈创业的时代，问 10 个人就有 10 种创业动机，正所谓"条条大路通罗马"，创业的选择也是多种多样的。那么，怎样开始创业？从事何种事业开始创业？

1. 做自己喜欢做的事情

曾经有一首流行歌曲叫《最近比较烦》，生活中也有不少人整天喊工作太累，原因在于许多人有着自己的梦想和志向，却又离不开对世俗生活的向往，在理想和现实之间彷徨。虽然可能对工作有怨言、对单调的日子有些厌倦，虽然可能早已不情愿，但为了生计，为了理想的报酬、舒适的上班环境或优厚的福利，人们还是选择了忍受。

要改变这样的状态，就意味要选择自己喜欢的事业，按照自己喜欢的方式，做自己喜欢做的事情。创业是一种最好的方式。

在自己的企业里，为自己工作，为体现人生的意义而工作，为创造人生的价值而工作，为实现人生的理想而工作。

世界上还有什么样的工作比这更让人快乐呢？正如搜狐的创办者张朝阳所说："重视自我，自我内心的感受重于一切，这是我创业的根本原因。"

做自己擅长的事，把其他工作交给别人做，提高自己的专业能力才是创业的王道。

耐克正式命名是在 1978 年，到 1999 年时，它的销售额已达到 95 亿美元，跨入《财富》500 强行列，超过了原来同行业的领袖品牌阿迪达斯、锐步，被誉为世界上最成功的消费品公司之一。

耐克成功的重要因素之一，是它的中间商品牌路线。为了显示自己在市场方面的核心优势，它不建立生产基地，自己也不生产耐克鞋，而是在全世界寻找条件最好的生产商为耐克生产。它选择生产商的标准是：成本低、交货及时、品质有保证。这样，耐克规避了

> 制造业公司的风险，专心于产品的研究与开发，快速推出新款式，大大缩短了产品生命周期。耐克的另一成功要素是传播。它利用青少年崇拜的偶像，如迈克尔·乔丹等，进行传播，还利用电子游戏设计耐克的专用游戏。每当推出新款式，就请来乐队进行演奏，传递出一种变革思想和品质。耐克的传播策略使其品牌知名度迅速提升，从而建立了具有高度认同感的品牌资产价值。
>
> 耐克的成功在于：它专注于做自己最擅长的事——设计和营销，把不擅长的事——生产和物流交给别人去做。

无论你的创业项目是什么，你都应该自己问自己这样一个问题："这真的是我所擅长的吗？"做自己擅长的项目，才更容易成功。

2. 做自己能够做的事情

一个人想做的事情可能很多，但真正能够做好的事情却不会太多，选择自己能够做的事情非常重要。从小学开始，经过多年的学习，完成了学业，进入工作岗位。有的人能得到与自己专业相符的机会，有的人却得不到。有的人得到了工作机会，却不管怎么努力也不能把它做好。因此，学会放弃就意味着给自己一次重新开始的机会。

选择创业，做自己能够做的事情，就意味着迈出了成功的第一步。

3. 做市场需要的事情

随着社会的进步，人民群众对物质和文化生活水平的要求越来越高，市场上的产品和服务也越来越丰富，给我们提供的机会也越来越多。在创业活动中，市场与技术的结合才能创造最佳的经济效益，离开市场的创业只能是一厢情愿。对创业者来说，拥有善于发现市场的眼睛和敢于创造市场的胆魄比什么都重要。

成功的创业者总是能看见别人看不到的东西，发现巨大的市场潜力。

4. 做创造效益的事情

> 创业到底是为了什么？是为了得到越来越多的金钱吗？可能多数人都这样认为。据一项对英国800家盈利小企业的调查，98%的人回答这个问题时，将"个人获得成功的满足感"作为首要的推动力，88%的人认为"按自己的方式做事"非常重要，只有大约30%和15%的人分别认为"收入"和"留给子女的产业"非常重要。

就像上文中的调查显示的那样，如果认为创业仅仅是为了赚钱是非常片面的。但在一个相对贫穷和落后的地区，在许多人生活水平还很低、生活质量也不高的状况下，通过创业来获取最大的经济效益，改变个人命运和现实生活，改善家庭与子女的生活状况，也是情理之中的事情。从长远发展看，没有好的经济效益，企业无法维持，更谈不上发展。

同时，社会上更多的人投身创业，还可以改变整个国家和民族的面貌。

4.2.2 创业风险

> 有一只小猴子,在山里过着快乐的生活。一天,它看到一只细颈玻璃瓶,里面装着一些花生米。馋嘴的小猴子挣扎着把手伸进去,抓到了一把花生米,可是握着花生米的手无论如何也不能从瓶里抽出来。
>
> 这时候猎人出现了,小猴子见了撒腿就跑,可是由于手里套着个瓶子,总也跑不快,最终落入猎人之手,被关进笼子里,失去了自由快乐的生活。
>
> 创业也是一样,虽然有风险,但如果总是患得患失,不愿舍弃蝇头小利,就无法到达成功的彼岸。

风险是指在失控的条件下,由于各种因素复杂性和变动性的影响,实际结果与预测结论发生背离而导致利益受损的可能性。创业风险就是在创业活动中,创业环境的不确定性、创业机会与创业企业的复杂性,创业者、创业团队与创业投资者的能力与实力的有限性等诸多原因造成的风险。创业风险分为机会风险、市场风险、资金风险和技术风险。

1. 机会风险

当一个人选择了创业时,就意味着放弃了原来的职业或丧失了其他选择机会,这就是机会成本的风险。尤其是对于目前具有稳定工作、良好福利的人们来讲,机会成本的风险更大。

一个人抛弃现有的一切去开始创业,成功就有了自己的事业,可以实现自己的理想;失败则不仅失去了几年的福利待遇和资历,随着年龄的增长还会减少新的机遇。

因此,机会风险值得每个创业者认真考虑。当时机来临、技术上有创新或市场成熟时,就要痛下决心,果断出击,实施创业。如果机会不合适或自身尚未准备好,就可以在正常工作之余多加留心,学习创业的知识和经验,切不可勉强或仓促上马。

2. 市场风险

所谓市场风险,是指在经济活动中面临的亏损的可能性。

首先,市场的类型很多,有处于萌芽时期的早期市场、快速成长中的主流市场、完全竞争的成熟市场。创业者要考虑哪一种类型的市场适合自己创业。不同类型的市场具有不同的特点,面临的风险也截然不同。主流市场和成熟市场不确定风险低,市场需求相当明确,但竞争者众,先行进入者已经稳居市场优势。早期市场竞争者非常稀少,但市场前景不确定因素很多,需求也不明确,目前没有明显的利润。由于新创企业很难在主流市场形成竞争优势,所以,往往比较关注早期市场的发展。

其次,市场的需求直接决定了生产的发展。在创业初期科学估计市场容量是十分必要的。如果容量太小,不仅生产规模上不去,而且短期内无法收回投资。

最后，市场对产品的接受程度要求创业必须有合适的创业时机。落后于时代或过分超前于时代的产品，市场都不会认可。世界著名的贝尔实验室在20世纪50年代就推出了图像电话，但直到20年后才有了商业应用。

3. 资金风险

资金风险是指因资金不能及时供应而导致创业失败的可能性。

对创新企业来讲，往往会出现资金紧缺的问题，如果不能及时解决，极易造成前功尽弃。另外，由于资金不能及时到位，还会推迟产品上市的时间，给竞争对手提供机会，使自己的投入化为乌有。通货膨胀也是造成资金风险的重要因素，它会带来利率上升、成本增加或由于银根紧缩而无法得到充足的贷款。

4. 技术风险

技术风险是指因为技术因素导致创新失败的可能性。

任何一种技术要转化为生产力都不是轻而易举的，任何一个环节或局部存在的问题，都可能使产品开发与创新流于失败。新技术的不完善性和效果的不确定性，也会给创业带来直接威胁。有的产品生产出来以后，达不预期的功效，市场反应不佳，企业会因此而陷入困境。

4.2.3 创业目标

创业目标是指创业者在创业过程中努力争取达到的预期结果。

有诗言："一个浑身有几何，学书不就学兵戈。南思北想无安著，明镜催人白发多。"

人的精力和生命是有限的，只有执着于某项事业，才能取得成功。创业也不例外，也必须要有明确专一的创业目标才能取得成功。

创业目标一般包括做什么、怎么做、结果如何三方面内容。

1）做什么，即创业的具体目标，是确定创业目标的逻辑起点。

如果这个"点"选准了，创业就有成功的希望；如果选得不够准确，创业活动就会走弯路；如果完全选错了，创业就会失败。

庄子说过："吾生也有涯，而知也无涯。以有涯随无涯，殆已。"

因此，在确定创业目标时，应该慎而又慎，争取做到不走回头路、少走弯路，最好直接到达目的地。

2）怎么做，也就是创业的具体措施。

对"做什么"这个问题的回答就如同选择要过一条河，对"怎么做"这个问题的回答，就是要求我们还要找到过河的那条"船",也就是要找到过河的办法。因此,在确定创业目标时,先问自己,是否能够实施这个目标,是否具有实现这个目标所需的条件、资源和关系。太容易过河,往往说明发展目标太保守、太小,轻而易举不费力气就能实现,不利发展;想方设法都过不了河,说明目标太大,难以完成。

创业是一项极富挑战的系统工程,创业者需要在市场研究、商业计划、团队建设等许多方面做好充分的准备,要系统思考自身的资源及实施创业目标的措施、方法和步骤。只有在创业目标实施时措施得力、方法科学、步骤合理,创业才有可能成功。

3) 结果如何,也就是创业实践的最后归宿。

在对创业结果进行预测时,应将可能出现的各种结果考虑周全。同时,要有全面的心理准备和相应的对策,既要向最好处努力,也要做最坏的打算。创业做的都是别人没有做过的事业,有成功的希望,自然也包含失败的可能,一定要有清醒的认识。

4.2.4 一般性的原则

有目标才会有压力,有压力就会产生动力,有动力才可能获得成功。那么,在成千上万个社会行业中,究竟选择哪一个行业作为自己的创业目标呢?尽管不同的人有不同的人生观和价值观,但确立创业目标还是需要遵循一般性的原则。

1. 目标明确

高等教育培养的是适应生产、建设、管理第一线需要的高等技术应用性人才。作为学生,只有根据这一目标来确立自己的创业目标,才符合国家要求、社会需求和个人发展的实际。

2. 社会需要

创业目标的确立应以社会需要为前提。社会是创业的舞台,要想在社会舞台上获得创业的一席之地,创业目标必须与社会需求保持一致,必须与当地宏观经济政策相一致。只有这样,社会才能支持你的创业行为,认同你的创业成果。若创业者所确立的目标与社会需要相悖,即使在短期内能获得暴利,也必然要遭到社会的否定。比如,制造假药、假酒、假种子,制造毒品或贩卖毒品等,都是社会不允许的,到头来既危害社会,又断送了自己。

3. 量力而行

俗话说得好:"没有金刚钻,别揽瓷器活。"

不同的行业因其性质、特点不同,对创业者的能力要求也不同,而任何人都不是全能全智的,精于此,往往疏于彼。因此,在选择创业目标时,应考虑自己的学识水平、身体素质、能力高低等是否符合实际需要,而不能盲目攀比、好高骛远。对于力所能及的目标,人们干起来往往得心应手、驾轻就熟、心情舒畅,而且能充分发挥自己的积极性和创造性。而对于自己不能胜任的目标,干起来则力不从心、困难重重,不仅效率、效益低,甚至可能发展不下去。

4. 符合兴趣

有的学生在选择创业目标的时候根据自己的兴趣而定,这种选择是比较合理的,这无疑对自己是一种开发和展露,对工作也是一种促进。兴趣是干好每一件事情的动力,根据自己的兴趣确立创业目标而成功的例子不胜枚举。当然,人的兴趣并不是绝对固定不变的,而是可以培养的。由于诸多原因,有时创业目标的确定与自己的兴趣不完全符合,在这种情况下,就应当从与自己兴趣相近的职业中选择,并培养起自己的职业兴趣。否则,完全拘泥于自己现有的兴趣,反而会作茧自缚,不利于创业目标的开展。

5. 性格匹配

从管理心理学的角度讲,不同性格类型的人适合于不同的职业,不同的职业对人有不同的性格要求。外向的人易于去从事社交性的工作,而内向的人则更适于从事文字性和安稳性的工作。因此,在选择创业目标时尽量不要悖逆自己的性格,否则,当创业越来越难以开展时,不仅会感觉到痛苦,也会让别人怀疑你的能力。比如说,性格外向,善于处理人际关系,胆大而富于激情并有自己的信念,能吃苦,有恒心,意志坚定,心理稳定,能承受压力,有主见,有责任心,喜欢决策和支配他人,喜欢干有一定挑战性的事情,这种类型的人应当选择带有创造性的工作去磨炼自己。

6. 专业对口

成功创业者告诉我们,专业是事业的原始积累。因此,在选择创业目标时,创业者采取与专业一致的选择,将"专业对口"作为创业的起点,追求学以致用和才能的施展。这样,对所从事的行业了如指掌,很容易成为行业内的专家并取得成功。否则,就容易出问题。如某同学毕业后一时没有具体的创业项目,家人一致动员他去学木工手艺。迫于家庭压力,他干了两年木工,但始终提不起精神,原因是他所学的应用美术专业没有派上用场。后来,经过反复思考,他毅然放弃了木工行当,选择了广告制作。由于他具有业务专长,又善于钻研,在不到两年的时间就顺利地打开了创业局面,承揽了干不完的广告制作业务,其创业成效令人刮目相看。

7. 发挥特长

虽然从总体而言,人和人之间没有多少根本性差别,但是就具体的个性特点、能力倾向等,人和人之间还是有很大不同的,即每个人都有所长,也会有所短。在选择创业目标时,只有扬长避短,才能最大限度地发挥潜力,有所成就。

> 美国当代最有影响的企业明星之一李·艾柯卡,原来是学工程的,获得工程硕士学位后,在福特汽车公司当了一名见习工程师。不久,他发现自己并不善于工程技术工作,真正的特长是与人打交道。于是他放弃了原来的职位,在该公司接受了一个职位较低的推销员工作。
>
> 由于李·艾柯卡经营有方,功绩卓著,连连受到提拔晋升,最终登上了福特汽车公司总裁的宝座。
>
> 后来,他又出任克莱斯勒汽车公司总裁。
>
> 这就是一个很好的发挥特长并取得成功的例子。

4.3 创业计划训练

4.3.1 创业计划

古语有云:"凡事预则立,不预则废。"创业绝不是无风险的行为,任何一个创业者在投资前都应该有一个详细的创业计划,准备好应对困难的投资策略,未雨绸缪,方能临危不乱。很多创业者仅凭自己的"经验",就贸然投资创业,这样做的风险实在太大。经验不等于计划,经验只是对过去的总结,而计划则是在经验基础上的展望。在资金不足的情况下,创业计划显得尤为重要。

> TCL 之所以多年来能高速成长,一条重要的经验就是企业计划。TCL 有计划、有步骤地将全国的市场细分,逐步构筑了全国的营销网络,取得了一次又一次市场战役的成功。
>
> TCL 有一条广告是这样的,荧幕上,一匹矫健的黑马奔跑在无垠的原野上,然后出现一句话:"因为有承诺,我们义无反顾,马不停蹄;因为有梦想,我们披星戴月,只争朝夕;TCL,成就天地间。"这一广告昭示了 TCL 集团多年发展的轨迹。企业的竞争,实际上是效率的竞争,也就是单位时间内投入产出比的较量。速度是其中一个非常关键的因素,它牵引着企业的运行效率。
>
> 一个没有速度的企业,是很难在现代竞争中生存的。TCL 的发展曾遭遇无数次"恶战",他们大多数都能够以较快的速度做出反应,进而掌握主动权。这都需要先前制订好企业计划,没有先前的企业计划,也许事情就不会如此顺利。这也就是商战中的"凡事预则立,不预则废"。

创业成功的过程,是积跬步以至千里的旅程,没有计划是不行的。TCL 从无到有,从小到大,其所形成的独具特色的创新发展模式、经营理念、多元化战略、企业文化,吸引了一批又一批经济和管理的专家、学者的关注和研讨。多年的风雨兼程,没有完善、精湛的计划显然是行不通的。有了计划之后,还必须立足"现在"认真执行,集中精力关注发展之路。制订一份合理的创业计划,并且脚踏实地地去落实它,企业抗风险的能力将会增强很多,创业成功的可能性也会大得多。

要想成功创业,需要做好以下 4 步准备:

1. 把握创业机会

创业需要机会,机会需要发现。在现代创业大潮中,有的创业者盲目跟风,别人干什么自己也干什么;有的创业者却能不断发现新的机会,永远处于"领跑者"的位置。

不怕没机会,就怕没眼光。成功的创业者具有冷静的头脑和敏锐的眼光,机会总是为他们准备的。没有市场机会的创业是不会成功的,把握时机对于取得良好的收益具有重要的意义。对不同的创业类型而言,其看重的市场机会是不同的,如图 4-1 所示。

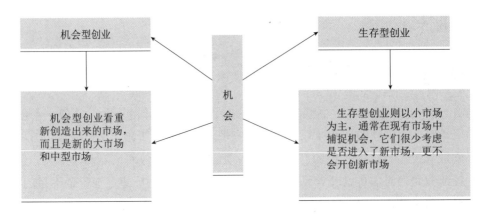

图 4-1　创业类型和创业机会

如果创业活动都集中在现有市场寻找机会，那么只能加剧现有产业的竞争程度，最后可能带来两败俱伤的结果。因此，要努力增强创业者开创新市场、创造新机会的能力。那么，创业的新机会到底在哪里？

（1）在变化中把握机会　改革开放以来，无论是衣、食、住、行各方面，还是各行业，都出现了崭新的景象。变化带来繁荣，变化也带来良机。像产业结构的调整、科学技术的进步、生活方式的更新等方面的变化，都带来了新的机会。

（2）在特殊性中寻找机会　实际上每个人的需求都是有差异的，如果我们时常关注某些人的日常生活和工作，就会从中发现某些机会。细分市场，认真研究各类人员的需求特点，就会发现新的创业机会——提供特定的产品和服务。因此，要习惯把顾客分类，把市场分类，把产品和服务分类，在特殊性当中找到我们需要的普遍性，这就是创业机会。

（3）在问题中创造机会　所谓问题，就是那些大家都知道而又都未能解决的事情，是令人苦恼和困扰的事情，是人们迫切希望解决的事情。当我们在这些问题上找到解决的办法，实际上就是找到了新的机会。

（4）在交往中发现机会　社会交往是人们彼此传递信息、交流感情、表达思想，相互之间产生影响和作用的过程，是最常见的发现机会的活动方式。越善于进行广泛的交往，就越能获得更多的支持，吸取更多的信息，捕捉更多的机会。

发现机会是一回事，把握机会是另外一回事。机会多少是一回事，机会大小是另外一回事。要抓住机会，就必须学好本领，时刻等待；就必须看准时机，迅速行动；就必须敢于竞争，勇于冒险；就必须突破传统，跳跃思维。只有这样，机会才能为我们所用。

2．选择项目

虽然可以选择的项目很多，但是也并不意味着"捡到篮里都是菜"。创业计划能否顺利实施，能否取得成功，和项目本身是否能够具有市场、是否能够吸引风险投资有关。因此，在选择项目时还必须慎重考虑。

（1）必须坚持新颖、独特的原则　创业项目的发展前景和预期收益是决定投资商是否投入资金的关键因素。一个具有较大发展潜力、较高新技术含量的项目，不仅能够生产出满足市场需求的产品，而且还能给投资者带来较大的价值。如果选择平常的项目，面对的是遥遥无期的回报，或者进入的是已经比较成熟的市场，甚至是开始衰退的市场，面对极低的利润和获利能力，那么不仅对投资者没有吸引力，创业者本人也会失去创业的兴趣。因此，新兴的产业、独特的项目是创业成功的保证。

（2）必须坚持符合政策导向的原则　我国的产业结构和生产方式呈现多元的局面，既有工业化初期的社会化大生产，也有知识经济时代的高新技术产业，传统的农业生产也依然处于十分重要的地位。但是国家政策对于不同的产业，给予了不同的扶持和帮助。对于创业者来说，只有使自己创业的项目符合国家政策的导向，才能够提高成功的机会。

（3）必须坚持单一、集中的原则　在创业初期，面对激烈的市场竞争，选择专一的发展方向和集中优势资源加以保障是十分必要的。这是提高企业竞争力的重要措施。经营项目的选择必须单一化，不要什么钱都想赚。"四面开花"的结果只会是"四面楚歌"。要避免企业资源配置过于分散，集中优势"兵力"打好"歼灭战"，把每一个项目做好、做成功。因为企业只有把资源集中运用到有限的经营范围之内，才有可能获得较大优势，同时也增强抵抗风险的能力。

（4）坚持"不熟不做"的原则　创业不同于一般的就业，它面临着极大的风险。创业失败不仅会导致经济的损失，还可能给个人的信心和未来发展造成影响。因此，在创业项目选择上必须谨慎行事。一般来说，首次创业就贸然进入一个完全陌生的领域是不妥当的。适合创业者发展的项目应该是有一定熟悉和了解的项目。例如，自己曾经有过相关的工作经历，对业务比较了解；或者自己的专业具有一定的相关性，对技术比较了解；或者自己对同类项目比较关注，对市场比较熟悉；或者自己对项目具有比较好的物资、人力方面的资源优势等。只有这样，才可能为做好创业项目奠定基础。

3. 市场调查与分析

古语有云："知彼知己，百战不殆。"只有了解市场、熟悉市场和把握市场，才能真正利用市场规律，在市场竞争中无往而不胜。任何一个创业者都不能忽视市场调查的作用，凭空想象进行创业必然会失败。

市场调查包括市场信息的收集等，以便确定诸如谁将购买该产品或服务，潜在市场的规模大小，定价策略的考虑，分销渠道以及促销策略，机会、威胁与风险等。对创业者来说，首先必须列出一个市场调查的信息清单。

基本的信息来源是已有数据或资料。这些信息可以来自商贸企业、图书馆、政府机构、大学或专门的咨询机构。从这些资料里可以查找到已经发表的关于行业、竞争者、顾客偏好的趋向、产品创新等信息,甚至也可以获得有关竞争者在市场上所采取的战略等方面的信息。

收集第一手资料主要是指观察、上网、访谈、问卷等数据收集过程。观察是最简单的一种方法。创业者可以通过对潜在顾客的观察,记录他们购买行为的一些特点。上网是一种从该领域的专家那里获得第一手资料的非正规方法,也是了解市场的一种有价值而且低成本的方法。访谈是收集市场信息最常用的方法,可以通过面谈、电话或信件等不同途径进行。创业者在使用问卷时,应该针对研究目标来设计特别的问题,问题应该是清楚而具体的,并且要容易回答,不应对回答者造成误导。

收集完资料后的任务是分析并解释结果。根据样本的规模,创业者可以把结果列表显示或输入到计算机中,并根据目标市场对结果进行评价和解释。

市场调查是了解市场需求的最有效途径之一,是创业者进行市场预测和创业目标决策的前提,也是制定市场营销策略的保证。

4. 制订创业计划

简单地说,创业计划就是要详尽地描述什么是创业的目标(What)、为什么创业(Why)、怎么创业(How)等问题。

如果创业者的企业计划被风险投资者所认可,并决定向该创业者投资,那么创业者和风险投资者就开始了真正的联合,一个新的企业也随之诞生。创业计划书的内容包括以下几个方面。

(1) 标题页

必须标明创业企业的基本信息。

(2) 目录

对所有内容进行排序并标明页码,为阅读者提供方便。

(3) 执行总结(对创业计划进行一到两页的文字概括)

①创业计划的创意背景和项目的简述。

②创业机会概述。

③目标市场的描述和预测。

④竞争优势和劣势的分析。

⑤经济状况和盈利能力的预测。

⑥团队概述。

⑦预计能提供的利益。

(4) 产业背景和公司概述

①详细的市场分析和描述。

②竞争对手分析。

③市场需求。

④详细的产品（服务）描述。

⑤产品（服务）如何满足目标市场顾客的需求。

⑥进入策略和市场开发策略。

（5）市场调查和分析

①目标市场顾客的描述与分析。

②市场容量和趋势的分析、预测。

③竞争分析和各自的竞争优势。

④估计的市场份额和销售额。

⑤市场发展的走势。

（6）公司战略（主要阐释公司如何进行竞争）

①在发展的各阶段如何制定公司的发展战略。

②通过公司战略来实现预期的计划和目标。

③制定公司的营销策略。

（7）总体进度安排

①收入来源。

②收支平衡点和正现金流。

③市场份额。

④产品开发介绍。

⑤主要合作伙伴。

⑥融资方案。

（8）关键的风险、问题和假定

①关键的风险分析，主要包括财务、技术、市场、管理、竞争、资金撤出、政策等风险。

②说明将如何应对或规避风险以及解决问题（应急计划）。

（9）管理团队

①介绍公司的管理团队，其中要介绍各成员与管理公司有关的教育和工作背景（包括管理分工和互补）。

②介绍领导层成员、创业顾问以及主要的投资人和持股情况。

（10）公司资金管理

①股本结构与规模。

②资金运营计划。

③投资收益与风险分析。

（11）财务预测

①财务假设的立足点。

②会计报表。

③财务分析。

（12）假定公司能够提供的利益（这是创业计划的"卖点"）

①总体的资金需求。

②这一轮融资中的资金需求。

③如何使用这些资金。

④投资人可以得到的回报，还可以讨论可能的投资人退出策略。

（13）附录

包括个人简历、推荐信、意向书、租赁契约、合同及其他有关文件。

4.3.2 SYB 培训

　　国际劳工组织为了促进就业，支持发展中国家中小企业的发展，以创业促就业，实现就业的倍增效应，专门组织开发了"创办你的企业"（Start You Business，SYB）培训项目与专门教材。这项培训集合了世界 27 多个国家有关专家学者的智慧和实践经验。到目前为止，其教材已经被翻译成 40 多种语言并在全世界 80 多个国家使用。

　　劳动和社会保障部与国际劳工组织在 2001 年底合作开展"中国城市就业促进试点项目"，开始引进 SYB 项目。在引进过程中，中方专家根据中国的实际情况对教材进行了大量改编并提供了宝贵的意见，形成了中国版的 SYB 培训教材。

　　SYB 培训就是让有创业意愿的人自己来演练实施开办企业的各个步骤，完成自己的创业计划书，并提供后续支持服务，帮助他们创建有生存能力的微型和小型企业。世界上许多国家的经验表明，微型和小型企业的发展，不仅为本国经济发展做出了重大贡献，而且也为需要工作的人们提供了众多的就业机会。处于经济转型时期的中国也不例外。在国有大中型企业进行体制改革和结构调整之时，微型和小型企业的发展为中国的经济发展注入了活力。微型和小型企业的发展依赖开办这些企业的企业家的不断成长。企业家的成功需要相应的扶持与帮助，尤其重要的是需要接受创办企业的知识与技能培训。

1. SYB 培训的内容

（1）创业意识培训　创业意识培训的内容分以下两步：

第一步：告诉你什么是企业，创办企业所需的素质是什么，让你衡量自己是否适合创办企业。

第二步：告诉你如果你自己适合创办企业，那么你想创办什么企业，你有没有自己的构思，如果没有，怎样去发现并开发你的企业构思。

（2）创业计划培训　具体指导怎样把自己创办企业的构思变成现实，也就是告诉你怎样去创办企业，将自己的创业构思，用系统的知识去计划、演算，形成自己的创业计划书。具体内容如下：

①告诉你在有了自己创办什么企业的构思后，要评估你的企业有无市场、潜在顾客、竞争对手，以及确定企业营销计划并预测销售量。

②告诉你预测了你的产品销售量后，怎样组织人员去生产。你要明白怎样组织和安排企业的人员。

③告诉你办企业必须合法，要选择一种法律形态。介绍适合创办微小企业的各种法律形态，教你选择适合自己企业的一种法律形态。

④告诉你企业要承担相关的法律责任，你的企业只有登记注册，才能受国家法律保护。你的企业要遵守国家的税法、公司法、劳动法、环境保护法等相关法律法规。

⑤预测启动资金。告诉你办企业需要启动资金，启动资金包括投资（固定资产）和流动资金。你应该根据自己企业的规模，即前面预测的销售量计算出自己需要的启动资金数额。

⑥制订利润计划。告诉你办企业必须赢利，这是企业成败的关键。要懂得什么是成本，怎样定价，怎样才能赢利，现金流量对维持企业正常运转与赢利的重要性。要能够制订自己企业的赢利计划和现金流量计划。

⑦制订企业计划。通过前面的模拟练习，你就可以把对自己企业的各项考虑和练习填入创业计划书中，形成自己的创业计划。通过制订创业计划，衡量自己的企业是否能够创办下去，同时，根据自己的创业计划，制订创办企业的行动计划，如申请贷款、申领营业执照等。

⑧开办企业。有了可行的创业计划，就得行动起来，把企业办起来。当企业开办起来之后，还有很多管理工作要做。

2. SYB 培训对社会的作用

SYB 培训项目不同于传统就业工作的"造血式"就业项目，而是一种"输血"和再生，是当前解决就业和再就业问题新的增长点，可以改善政府就业服务方式，完善就业服务机制。通过培训，可以帮助创业者了解就业形势和创业环境，掌握申办各类新型经济组织的方法，熟悉有关政策和法规，激发自主创办小企业的信心和力量。可以使学员掌握企业经营和企业管理必备的创业知识，提高自身创业的综合素质。在开业过程中，积极为创业者排忧解难，提供相关帮助，协助创业者顺利开业。培训还可以提供后期支持，组织专家学者为创业者开展咨询、跟踪辅导、开业指导等服务，使之成功创业。同时，提供必要的优惠政策。

SYB 项目的实施是个系统工程，从创业培训、开业指导、信用担保、贷款服务、后续扶持到金融、经贸、税收、工商等多个部门配合支持。协调好各方面的关系，是项目成功的重要基础。

4.3.3 创业实战

社会实践是高校学生在校期间，通过参与一定的社会活动，接触社会、了解社会、服务社会、增强实践能力的一种重要形式。组织高校学生参加社会实践是中国特色社会主义高等教育的重要组成部分，是全面贯彻教育与社会实践相结合的教育方针，推进素质教育的重大措施和不可缺少的环节，是促进科技、教育与经济结合的重要形式和途径，更是培养创新意识和创业能力的现实途径。

1. 高职高专学生社会实践的意义

1）社会实践巩固了专业知识，提升了学习效果。高职高专学生通过积极参与社会实践，在亲身体验当中，对所学各类知识进行复习、应用和完善，并在实际运用中使其得到巩固，知识结构趋向合理。社会实践可以使学生认识到社会对人才的需求和社会对人才素质的要求，在成功体验中发现自我，感受社会的承认，从而激起努力学习、提高实际工作能力的热情；也可在失败的体验中反省自我，发现自身知识能力现状与社会要求的矛盾，从而促进知识的更新、深化，增强学习的原动力，注重全面发展。

2）社会实践培养了创新精神，提高了实践能力。社会实践活动是大学生培养创新精神和实践能力的基础，同时又能在实践活动中得到具体的检验，还能在实践中不断发展和飞速提高。社会实践的过程使学生把理论应用到实践中去进行检验，也使学生学会从具体事例出发归纳抽象理论，从而提高创造性思维能力和从事实践活动的能力。社会实践可以让学生在帮助企业进行科研开发和市场调研中，学会企业经营管理的知识，提高组织协调的能力，培养创新能力和创业精神。社会实践还能使学生发现理论与实际的不协调，认识到市场存在的不足之处，发现实际当中亟待解决的问题，为确立科研开发项目和寻找创业目标打下基础。

3）社会实践凸现了高校学生的主体地位，促进学生个性发展。良好的心理素质与个性品质是高职高专学生全面发展的重要组成部分。传统的课堂教学对学生个性心理的培养作用是有限的。社会实践则提供了一个很好的训练途径和场所，可以让学生根据自己的兴趣、爱好、特长和能力，选择适合自己的形式，发挥自己的才干，在社会大舞台上展示自己，做到自我教育、自我管理、自我服务。高职高专学生在社会实践中，经受现实生活的磨炼，在陌生的环境中学会独立分析和处理问题，面对各种困难，完成各项工作任务。社会实践培养了学生的独立精神和自主意识，增强了学生的实际应用能力、社会适应能力和应变能力，真正学会做人、学会做事、学会发展，使学生真正成为实践活动的主体，积极性、主动性和创造性得到充分发挥，体验和感受创造的快乐。

4）社会实践有利于学生顺利融入社会，实现创业目标。外面的世界很精彩，让学生走出去，在社会实践中积累工作经验，在社会实践中展示自身综合素质，在社会实践中处理各种社会关系。这可以使他们接触社会、开阔眼界、增长知识；让他们懂得人生艰辛、幸福不易，要珍惜机会，珍惜劳动成果；也能使他们了解社会、体验人生、加快成熟；还能使他们养成正确处世和开展社会活动的能力，学会建立良好的人际关系，为今后的求职就业和创业打下良好的基础。具备了这些条件，一旦创业机会来临，就能够比较顺利地实现创业目标。

2. 学生社会实践的形式

高职高专学生社会实践形式多种多样，内容丰富多彩。近年来，随着社会发展和科技进步，社会实践的形式不断更新，内容也逐渐深入，层次日益提高。过去的社会实践以参观、调查、访问为主，主要是为了了解社会、考察民情、加深认识。现在则转向结合专业实际，发挥科技文化智力优势，作为新形势下大学生参加社会实践的有效形式，包括开展科技咨询、科技创新、科研攻关、技术推广与技术服务、产品开发与生产、市场调查、商业实践、管理实践、勤工助学、社区援助、顶岗劳动、挂职锻炼、知识培训、便民服务等多种形式。

1）以教学实践、专业实习为主要内容的实践教学。实践教学是课堂教学的重要组成部分和巩固理论教学成果的重要环节，学生在参与实践教学的过程中，能够深刻体会蕴涵在各门课程中反映人类文明成果、弘扬民族精神、体现科学精神、揭示事物本质规律的内容，培养大学生的创新精神和实践能力。实践教学的要求要落实到每一个部门、每一门课程和每一位教师，体现在专业培养计划、课程教学大纲和教师的岗位职责中。

2）军政训练。军政训练要作为必修课，纳入学校整体教学计划，认真组织实施，使学生在军政训练中提高思想政治觉悟，增强国防观念和国家安全意识，培养爱国主义、集体主义和革命英雄主义精神，加强组织纪律观念，发扬艰苦奋斗、吃苦耐劳的作风。

3）社会调查。要围绕经济社会发展的重要问题，开展调查研究，提出解决问题的意见和建议，形成调研成果。要加强对大学生社会调查的选题、途径、过程的管理和指导，开设社会调查课程或讲座，帮助大学生正确认识社会现象，掌握科学研究方法，提高分析问题和解决问题的能力，努力把握事物的本质和规律。

4）生产劳动和社会服务。要创造条件，引导大学生参加生产劳动，培养大学生的劳动观念和职业道德。大力倡导大学生参加志愿服务等公益活动，引导大学生运用所学知识和技能服务人民，奉献社会，培养为人民服务的道德观，弘扬社会主义道德风尚。要拓展社会服务的新领域、新载体、新形式，鼓励大学生参加志愿服务西部计划、贫困地区支教计划、青春红丝带志愿行动等活动。

5）科技发明和技术服务。引导大学生在社会实践中参与技术改造、工艺革新、先进适用技术传播，为经济社会发展献技出力，不断提高大学生的科学素养，培养良好的学术道德，弘扬求真务实、开拓创新的科学精神。要规范和促进大学生科技成果转化，鼓励大学生开展创业实践，提高创业技能。

6）勤工助学。要为大学生参加勤工助学创造条件，建立规范有效的勤工助学管理制度，鼓励大学生在完成学业的同时，积极参加勤工助学活动。各级政府要广开渠道，努力帮助经济困难的大学生参加勤工助学，取得合理的经济收入，增进对社会和国情的了解。要加强大学生参加校外勤工助学活动的管理，维护大学生的合法权益。坚决禁止大学生参与传销等非法活动。

7)"红色之旅"学习参观。要组织大学生到革命纪念地、改革开放前沿和经济社会发展成效显著的地方学习参观，了解中国革命、建设和改革开放的历史和成就，增强大学生对党的感情，对中国特色社会主义的热爱，激发他们实现中华民族伟大复兴的责任感。要充分发挥博物馆、纪念馆、展览馆、烈士陵园等爱国主义教育基地的教育作用。

第 5 章

创业项目与风险

创业项目分为很多种,而每种创业项目又各有自己的特点,了解这些特点有助于该种项目创业成功。当然,创业也有各种各样的风险,了解规避创业风险的方法也是很有必要的。

> **学习要点**
> 1. 了解做创业项目的方法。
> 2. 了解规避创业风险的方法。

5.1 创业项目

5.1.1 做商业性项目的方法

大学生有创业的优势,但也有局限性。他们思维活跃,充满活力,喜欢接受新鲜事物,学校的学习使大学生具备了一定的专业知识,但由于没有进入社会,商业意识、社会经验、企业管理、财务及营销等方面都比较欠缺,因此大学生在创业方向的选择上应扬长避短,寻找适合自己发展的道路。

1. 适合大学毕业生的商业性项目

一般来说,适合大学毕业生创业的商业性项目有如下几种:

(1)电子商务 电子商务成本低,不受时间、空间限制,大学毕业生一般都能使用计算机,他们可以用自己的知识技能进行网上创业,做电子商务。在这方面大学毕业生不应停留在网上开店、买卖传统商品上,而应该结合自己的特点提供一些网上智力服务,或一些有创意的电子商务。比如,学国际贸易的可以通过网络寻求国际订单,为传统行业提供网络销售,为要走出去的中小企业提供外部信息,建立虚拟办公服务等。

(2)创意小店 大学毕业生多数比较喜欢时尚的东西,此类小店的经营相对简单,对社会经验、管理、营销、财务要求不高,因此,大学毕业生可以发挥自己的特长,开一些有创意的小店。比如,创新的蔬果店、甜品店、幼儿绘画坊、成人老年人玩具吧、绣品工艺品店、个性家饰、饰品店、美容美发吧等。

(3)连锁加盟 连锁加盟是一种成功的商业模式。发达国家的连锁加盟在商业经营中占有很高的比例，在我国连锁加盟的比例还不高，还有很大的市场空间。连锁加盟可以为加盟者提供成功的模式和经验。对毕业生来说，通过连锁加盟的形式创业，可以弥补自身的不足，快速掌握经营所需的经验和知识，降低风险，提高创业成功率。

通过连锁加盟创业的关键，是要寻找一个连锁加盟体系相对完善、适合自己的项目。

以上所说的一些创业方向，比较符合大学生的特点。随着大学教育向大众化转变，大学生的就业也将从学历就业转变成能力就业，创业也将成为就业的一种选择。生存型的创业也将逐步成为我们的一种选择。因此，为了明天更美好的生活，大学生应做好全方位的准备。

2. 商业性项目的选址需要注意的问题

商业性项目在不同区域有着不同的特点。例如，繁华商业区和沿街店铺客流量大，但租金成本较高；人口密集的大中型居住小区客源稳固，但经营方向有所局限；郊区住宅社区的配套商铺位置稍偏，但有较大的价格优势和发展潜力。

因此，创业者在选择开业店铺时，不能抱着急于求成或盲目跟风的心态，而应根据自己的创业项目和经济实力来确定最佳开店地点，并在选择中注意以下几点：

（1）"客流"就是"钱流"　在车水马龙、人流熙攘的热闹地段开店，成功的概率往往比普通地段高出许多。对经营小型商铺的创业者来说，客流的大小更是直接影响到收入的多少。但好地段也意味着房租较高，竞争激烈。比如下面的例子中，宜家店的客流直接成了周边家居店的客流，直接影响着周边家居店的生意。

> 一般消费者去了宜家店以后，就会到附近的家具店寻找一些和宜家里面的产品相似但更加便宜的商品。像床垫，宜家的价格大约在2000元，而其他的专卖店只卖1000元左右。
>
> 可自从宜家店搬家后，该地区大部分的家居店都搬走了，只剩下几家服饰店和餐馆，显得有些冷清。而在一街之隔的宜家店旁边的家居店，却又是另外一种景象：除了人群熙熙攘攘之外，商家还应景地把自己店铺的关门时间推迟到了晚上9点，以配合宜家店的关门时间。

再如，要开一家小酒店，店址一定要考虑三个方面：一是街面店，至少也应在靠近大街的位置；二是公司写字楼较集中的地方；三是居民住宅较集中的地方。当然，三者都集中的地方更好。如果做餐饮生意，特别是小酒店，最讲究店家附近有足够的人流，有人流才有客流，有客流才会有"钱流"。

可见，开不同的店，应该根据各自店铺的特点来选址。

（2）"黄金市口"不一定都赚钱　并不是所有的"黄金市口"都一定赚钱，遇到市政规划变动，有些热门地方也会变成冷门地方；相反，一些正在开发中的地段却有着极大的发展空间。因此，创业者在选址时要眼光放远些，多了解该地区将来的发展情况，以及该地区未来同业竞争的情况。

（3）注意铺位的性价比　不同的地理位置、周边环境、交通条件、建筑结构的店面，铺位的价格会有很大出入，有时甚至相差十几倍。创业者不能仅看表面的价格，而应考虑租金的性价比。例如，对月收入在2万元左右的饮食店，其月租金在3000～5000元比较合适，能保证一定的毛利。

对进驻商业广场的创业者来说，铺位的租金价格很重要，但整个商场的管理经营更为重要。好的商家并非将铺位成功卖出或租出后就大功告成，后期的经营管理，以及保证投资者有钱赚是一个长期的运营过程，因此创业者必须把商家的后期运营操控重视起来。

（4）联盟创业"化整为零" 目前，在一些城市里，十几平方米的小商铺很抢手，租金也因此水涨船高，而新建社区在开发时预留出的底层大型商铺常常因为面积过大而很难出租，这里的大商铺在租金价格上会有一定的下浮。在这种情况下，几个创业者以团体租赁的方式租下一二百平方米的大商铺然后再进行分割，细算下来可以节省不少费用。

（5）实地考察不可少 在初步选定开店的地点后，还应作一个全面考察，对相关的情况作一定的调查分析后再作决定。一般来说，考察应关注两个方面：

一是同业情况。考察同一地段同类商店的经营业绩，可初步测算租下此店面可能产生的利润状况；而考察商品价格水平，是为了据此确定自己今后的商品价位。

二是房东背景。了解产权所有者的背景情况，建议选择那些直接租房者，而非"二房东""三房东"之类的转租者，这样才能有效控制租金成本。

5.1.2 做生产性项目的方法

创业者如果有符合市场需要并具有竞争力的实物产品，也不妨创办一个生产型企业。不过，建立一个生产型的企业要比开一个店铺要复杂得多，创业者一定要了解生产型企业的特点。大学生刚开始创业时，做生产性项目的风险相对较大。

1. 生产型企业的特点

通常来讲，生产型企业通常具有以下几个特点：

（1）岗位数量多，人员庞大 生产型企业至少要包括以下岗位：生产岗位、辅助岗位、管理岗位、销售岗位、后勤岗位等。一个生产型企业至少需要几十名员工。目前，我国大多数生产型企业现代化水平不高，很多工作环节需要人工操作。新创企业由于受资金和人才等方面的限制，不可能采用高度机械化作业，只能通过多招工人来完成生产作业任务。

（2）员工整体素质水平低，管理难度大 尤其是一线操作工人，学历水平一般集中在初中、高中、技校毕业，员工在理解力、接受能力以及一些基本素质方面较为欠缺，管理难度相对较大。

（3）生产环节专业化程度高 除了人力资源、行政管理、财务等职能性岗位具有一定的通用性，属于生产环节的岗位更多表现出专业化的特性。因此，只有在本岗位实际工作过的人员才能够胜任相关职位。

2. 创办生产型企业

所以，在创办生产型企业时，创业者应做到以下几点：

（1）为企业建立和完善内部管理体系 管理多人企业，制度一定要完善，管理不能有随意性。否则，对于一个新创企业来说，后果不堪设想。所以，各个岗位都要制定严密的管理制度。大学毕业生创业者由于缺乏经营生产企业的必要经验，所以一定要聘请有经验的人来协助自己管理企业，制定企业的管理章程。

（2）精心构造组织结构 企业在运行过程中，最重要的一点是要保证组织运转流畅。所以，企业的设计一定要合理。初创企业的部门不宜过多，每个部门一定是不可缺少的，可有

可无的坚决不设。有些创业者在进行企业组织结构设计时，喜欢"麻雀虽小，五脏俱全"，一二十人的小企业，部门竟多达近十个，这样必然造成人力资源的浪费，并极大地增加了管理难度。

（3）选人一定要精　每个岗位的员工必须能完全胜任自己的职责，不能有滥竽充数的人存在。要记住，企业多一个人，就增加一分管理难度。

3．产品的设计、生产、销售

生产型企业的产品在设计、生产、销售时，应该做到以下几点：

（1）提供强劲的购买理由　消费者也许没有兴趣或能力了解一个产品更多的信息，但购买前对其表面的价值认同是必需的。所以，在产品设计时，一定要设计出产品上市的理由，如我的产品为什么好，好在哪里，消费者为什么需要它。

（2）个性化定位　无论是营销还是广告策划，都要为产品寻找个性化与差异点，与竞争品牌形成鲜明的区分是最高明的战略。如果品质上有优势，而且这一优势又是消费者买此类产品时十分关注的要素，那么这样的产品将具有极强的感染力和促销力。

（3）获得高溢价　高品质产品的价格要高于一般同类产品。溢价部分产生的超额利润，企业可以用其反哺于产品研发、品牌建设与传播，提升产品与品牌的感知价值，从而不断获得高溢价，最终形成企业赢利的良性循环。

（4）增加通路拓展的底牌　高品质的产品受消费者的欢迎程度自然要高，而经销商当然要卖畅销产品来赢利，品质认可度高的产品就会受经销商欢迎。此外，经销商自身的形象也有赖于其出售的产品。所以，生产企业在招商时，一定要招有实力的经销商，同时制定好销售政策，比如先打款后发货、按销量大小给经销商不同奖励等。不能仅仅为卖产品而降低政策标准。

4．设施选址

生产性项目一般包括很多设施，比如办公楼、车间、设备、仓库等物质实体。

设施选址一般要包括两个层次的问题：

第一，选位。即选择什么地区设置设施，沿海还是内地，南方还是北方，等等。

第二，定址。地区选定以后，具体选择在该地区的什么位置设置设施。也就是说，在已选定的地区内选定一片土地作为设施的具体位置。

对一个生产型企业来说，设施选址是建立和管理企业的第一步，也是事业扩大的第一步。设施选址的重要性显而易见。其重要性主要在于：选定的地址对设施布置以及投产后的生产经营费用、产品和服务质量以及成本都有极大而长久的影响。一旦选择不当，它所带来的不良后果不是通过建成后的加强和完善管理等其他措施可以弥补的。因此，在进行设施选址时，必须充分考虑到多方面因素的影响，慎重决策。在选址问题上，创业者可以参照以下技巧：

（1）选择交通便捷的地方　生产型企业的选址一般来说会考虑是否位于地铁沿线、高速公路附近等比较容易到达的地点，以及到机场的距离等。交通便捷的办公地点能给客户提供方便，提高物流的速度，而且对员工来说，提高了他们上下班的效率，在一定程度上影响其业务发展以及员工的稳定性。

（2）不做第一个"吃螃蟹"的人　创业者在选址时，一定要先选择一个企业做参照物，以便考察配套环境。有些创业者为图便宜，选择偏僻地区建立企业，结果企业一运转才发现，许多水、电、气、环保等配套设施跟不上，结果造成半途而废。

（3）租与售的选择　如果创业者的项目规模较少，而且资金有限，可以选择租赁一家停产的企业，少交纳些租赁费；而有相对长期的投资，并有较充裕的资金的创业者，一般选择购买场地，自己建设厂房设施。

（4）办公地点的选择　创业者选择办公地点也有两种方式：

一种就是将办公地点设置在生产厂区内，这样相对便宜对一些资金相对紧张的创业者来讲，面对写字楼租金的快速增长、成本的不断上升，可作出这样的选择。

另一种则是在市中心租写字间办公。对一些与客户联系密切的创业者来说，这种选择有时也是必要的。但是写字间也有高档和中低档之分，地点也有市中心和非中心地段之分，一切都要根据公司业务情况和经济条件而定。

（5）办公地点要有稳定性　若一家公司将办公地点从市区的写字楼搬回到位于市郊的生产厂区内，在员工中会引起过一些不安，客户也不免怀疑：这家企业是不是不行了。这个例子说明，办公地点的稳定能给员工、客户和合作伙伴以信心。试想，一家搬来搬去的公司怎么可能向顾客传递财务稳健、长期服务的信息呢？所以，办公地点一旦选择好，切忌随意搬动。

（6）全面的成本测算　创业者在选择企业地址时，一定要作一个全面的成本测算。成本测算包括营业内的所有可能出现的与选址有关的费用，如场地购置费、建设费、租金、维护管理费、保险费、装修费、停车费、水电费、税费以及恢复原状等所涉及的全部费用，然后根据业务开展和赢利情况决定取舍。

5.1.3　做服务性项目的方法

1. 适合大学毕业生做的服务性项目类型

随着市场经济的变化，服务业所占的比重越来越大，目前大学毕业生做得比较多的服务性项目主要有以下几种类型：

（1）科技服务　大学毕业生根据自己的兴趣爱好，结合专业，可以取得一些科研成果，但这些科研成果往往难以转化成商品，更无法将它们直接用于创业；而一些企业，特别是一些大中型企业会有许多科技难题，大学毕业生可以通过老师、学校加强与企业联系，将企业难题作为科研课题，为企业提供科技服务。如果某项科技服务成果能成为大企业的一个长期的配套产品或服务，将为创业者奠定了一个稳定发展的基础。

（2）智力服务　随着社会经济的发展，服务业在我们的生活中已占有越来越重要的地位。大学生创业应发扬自己的知识优势，选择一些需要知识和专业的智力服务，如翻译、计算机维修维护、家教、培训等，或把软件设计应用到一些传统行业、中小企业、商务及商业连锁领域中。

（3）家政服务　中国的家政市场非常庞大，并且正在快速持续的发展。时下，一些创业者正涉足家政服务或为服务提供中介，规模小的公司只有两三名员工，规模大的也不过10多名员工。

家政市场普遍存在很多问题，如：企业规模小，经营不规范；家政服务员整体文化素质偏低，家政服务机构档次不高；缺乏有效的法律规范，家庭用工安全隐患大；家政服务员社会地位低,导致家政服务市场供求关系的失衡。一些大学毕业生创业者开始实行"员工制"的模式,家政公司与当地政府"联姻",员工由社区推荐,一般的家政服务员每天(或每周几天)到公司"上班",然后进入居民家中服务。上岗前要经过严格的技能培训。员工由公司付给工资,享受各类保险。

(4)饮食、娱乐服务 饮食、娱乐服务业是我国较早兴起的行业,经过多年的市场竞争,这类行业的门槛越来越高。不过由于这类行业有着巨大的消费人群,每年仍有不少创业者投入到这类行业。

2. 服务性项目的选址

服务性项目的选址可以参照商业性项目的选址方法。

在众多的街道上,如何才能选择到合适的店铺呢?以下技巧值得借鉴:

1)与其选择现在被商家看好的店址,不如选择在不久的将来会由冷变热,而目前暂时未被别人看好的店址。这样位置的店铺费用较低,而潜在的商业价值却很大。因此,应特别留心城市建设的新发展将会带来什么样的变化。

2)选择靠近大公司、大企业的街道一边。这一方面是因为大公司、大企业的出入者可以成为顾客,另一方面是来过的顾客便于向别人介绍说"在某某大公司的旁边有一家店铺如何",这样就比较容易指引他人光顾。

3)选择靠近人口将会增加的地方。比如,新住宅区的发展及新机构的设立等,都会给店铺增添顾客,使其今后的发展更具有潜力。这需要你有一定的眼光,随时关注某地将建住宅小区或将设立新机构等消息,多关注媒体的报道。

4)选择与经营方向相辅相成的店铺做邻居。比如,要开一家儿童服装店,最好靠近一家妇女服装店,而不应靠近修理店或酒吧。因为与周围商店的经营方向相互协调、相互补充,附近店铺的顾客就很容易也成为这家店铺的顾客。

5)选择店铺位置时,还应重视店铺所在建筑提供的销售、展示、储藏等设施是否符合经营要求,否则会给经营带来不便;建筑物的朝向是否较少受气候影响,比如冬天面向刮大风方向就不妥。

6)在同一条街道两侧选择店铺时,以客流量多、能见度高、交通不易堵塞的位置为佳。客流量少,就缺乏"人气",影响收入;能见度低,即使有"人气",人们也不容易发现你的店铺;如果交通不畅,人们就不愿意来。

7)有时与其定好经营方向再去选择店铺位置,倒不如先找到一个地点适中、价格较合理的营业场所,再根据当地情况确定一个有发展潜力的经营方向。就是说,开店铺不一定要在经营方向上"先入为主",找好位置往往更重要。

5.1.4 做创新性项目的方法

学管理的大学生创业者徐运生当初和很多大学生一样,觉得要干就干大事。他和几位硕士毕业生拿到了一项老师的科技专利,凑了七八万块钱开始创业。做着做着,发现创业并不简单,需要跟许多部门打交道,一个个回合下来,时间耽搁了很久,而公司的事却没做多少。很快又发现，他们对这项专利理解并不深，这项专利跟市场有些偏离。紧接着，与投资公司谈判也不顺，4个月后，他们的创业计划流产了。

后来，徐运生和几名同学又组建了一家管理咨询公司，由于当地整个咨询业市场不旺，咨询公司运作还是不理想。

半年后，徐运生接下了一所在大学校园内营业的娱乐厅，这所娱乐厅经过他的创意改造，加入了浓厚的文化色彩，引起校园内教师、员工和学生们的注意，生意十分火爆。

这时，徐运生才有了实实在在创业的感觉。徐运生终于总结出什么是创新性项目："这种以市场为支点的创业项目，才是真正的创新性项目。"

创新理论的创始人熊彼特认为，所谓创新，就是指"企业家对生产要素的新组合，即建立新的生产函数"。在熊彼特看来，这种创新可以通过五种途径实现：

一是引入一种新的产品或提供一种产品的新数量。
二是采用一种新的生产方法。
三是开辟一个新的市场。
四是获得一种原料或半成品的新的供给来源。
五是采用一种新的企业组织形式。

按照熊彼特的创新理论，只有创新成果被商业化并实现了商业价值，这才算得上是创新。一些并不涉及技术创新，而仅仅是基于工艺创新而创造出的新产品，或企业组织管理体系创新、市场途径创新，同样属于创新性创业活动。所以，真正的创新性项目的特点应该包括如下方面：

第一，创新不是创"高"。新是老和旧的对应，只要没有出现过的、没有被使用过的就是新的，并不是说只有创造出微电子、生物技术、宇宙技术那种改变世界的技术才叫创新。

第二，创新并非是要创前人、古人没有之新。其他地区有，本地区没有，融会到本地的，也可以称为创新；别的行业有，引进到本行业的，也可以称为创新。当然在引进和融会中要注意知识产权问题。

第三，创新性项目还包括形式的创新。市场经济下，产品的包装、造型非常重要。

第四，还有模式的创新。比如在营销方面，新的营销网络的组建，新的促销手段的应用，都要算作创新性创业。

第五，重视制度的创新。创新不仅表现在技术、产品上，也涉及产权制度、人事制度、薪酬制度，这种创新也必然能增强企业的竞争力。

就大学毕业生而言，创新性项目一般会有以下的特点和实施步骤。

1. 创新性项目的特点

（1）创新就是变化　市场经济条件下，任何变化都能带来商机。

（2）满足了用户的特殊需求　消费者的共同需要容易认识，但剩余商机不易寻找。只有瞄准目标人群的特殊需要，寻找差异性，才能捕捉商机。这就是创新性项目达到的效果。

> 比如上海自改革开放以来，人口结构发生了变化，大批海外人士进入上海。这些外籍人士进入上海后，迫切希望融入上海。入乡随俗的最好方式是学习汉语，但目前，除了正规高校外，大多数担任外籍人士汉语教师的人都是业余兼职，既无教学规划，又无教材。一些大学生开始创办外籍人士家教公司，统一教学规划和教材，招聘在校大学生做兼职教师，受到了外籍人士的欢迎，成功率很高。

（3）提高了生产效率　通过创新组织管理体系，可以提高企业的生产效率，进而增强产品的竞争能力。

（4）开拓了新的市场空间

> 据说有两个推销人员到一个岛上去推销鞋。一个推销员到了岛上之后，就发现这个岛上每个人都是赤脚。他气馁了，没有穿鞋的，怎么推销鞋，这个岛屿上的居民根本没有穿鞋的习惯。推销员马上通知公司，鞋不要运来了，在这个岛上没有销路的。
> 第二个推销员来了，高兴得几乎昏过去了："不得了，这个岛上鞋的销售市场太大了，每一个人都不穿鞋啊，要是一个人穿一双，那要销售多少双鞋出去！"他让公司赶快空运鞋过来，然后他聘请当地人做模特，进行穿鞋表演，并开展了一系列促销活动。空运来的鞋销售一空。同样一个问题，只要思维变换一下，就打开了一个巨大的市场空间，可见创新有多重要。

（5）品牌靠创新性来支撑　一种商品或服务能够树立起品牌，原因就是它的创新性，或者品质不同一般，或者有好的包装和创意。

人们经常讨论的是，创业主要靠什么来取胜？有人说要选取好的项目，有人说雄厚的资金最重要，也有人说创业团队是关键。当然，这些因素都是创业所必需的，但最重要的是创新。创新应该体现在创业的各个方面，有了这些创新，创业项目才能称得上是创新项目。

2．创新性项目的实施步骤

（1）选择有市场前景的项目是关键　创业成功人士在选择创业方向的时候，都会尽量选择市场前景广阔的项目，而不是以技术高低作为参照点。有时发明者认为是很好的产品，在市场上其实是可有可无的，这样的项目就不能算作是创新性项目。还有，技术时刻在更新，技术超前太多不行，技术落后更不行，正所谓"技术后浪推前浪，前浪死在沙滩上"。如今的风险投资公司在选择投资项目时，看的不是创业者的技术有多先进，而是看产品市场前景如何。

（2）创业者要学会开发市场　创业者要想取得成功，除了拥有好的项目，还要会开发市场。有些新产品研发出来了，也很有市场潜力，但是现实的市场却开发不出来。潜力与现实毕竟不一样，如果不能将潜在的市场变成现实的市场，这个项目在你的手中一样不具有创新性。一些技术素质很高的创业者喜欢埋头苦干，把产品做到尽善尽美，这种精神对创业者来说是必要的，但这不是全部，创业者更需要的是抓住机遇开拓市场。所以，创业者要在每个阶段都有明确的计划。选项目的时候，要根据市场的变化，不断地修改计划；产品选定或开发出来之前，一定要做好市场调研，开始组建营销网络，并制订营销计划。成功人士认为，创业者应该尽快完成从创业者到企业家的角色转变。

（3）创造需求差异是创新的重要途径　创新性项目应该开始于产品策划阶段，在这个阶段，你要选择的产品，或你要研发的产品，一定要保证能创造出需求的差异。20世纪90年代初，中国化妆品的年销售总额不足百亿元。巨大的市场容量、较低的进入门槛、相对可观的利润，使化妆品行业成为各方投资高手追逐的热门行业。

如今，在商品日益同质化的今天，差异化是寻找新的市场机会最好的方式。

（4）创意是创新的基础　创新性项目源于创意，一个好的创新性项目背后都有一个好的创意。

要使新品上市并不难，难的是新品上市后能长久存活。

5.2　创业风险

5.2.1　行业风险不可避免

刚刚走出校门的大学毕业生要加入创业行列，首先面对的是对行业的选择。所以，选择一个投资少、利润高、风险小、前景好的行业是创业者创业成功的第一步。

哪些行业适合大学毕业生创业呢？目前，计算机、互联网、生物科技、管理咨询等都已被列入创业者们的候选名单。事实上，任何一个行业都存在着风险，风险的大小由该行业在市场中的地位决定，又因人而异。

> 有一位青年创业者是学历史的，对历史文物非常感兴趣，大学阶段在这方面下过不少功夫。他在毕业前就设想搞一个文物鉴定的小店。毕业后，在家人和朋友的帮助下，文物鉴定小店开业了，结果是门庭冷落、无人问津。
>
> 懂文物的谁也不相信他这个年轻人，认为他没有经验；不懂文物的本来卖的就是水货，更不会光顾他这里。家里支持的几个钱很快全部花完，他不得不重新思考自己的出路。这时他看到一份资料，说有一位学交通管理的大学生跑到非洲找工作，看到尼龙袜子非常好销售，马上跑回上海向母亲借了3000元，买了几大包尼龙袜带到非洲去卖，结果非常成功；又把非洲的奇石带回上海，两边都可以赚钱。
>
> 他这才一下子明白过来：项目的选择必须经得起市场检验，不是自己想搞什么项目就能搞成什么项目；以前在校园里待得时间太长，不了解市场，只是凭自己的兴趣和想象来决定创业行业，甚至仅仅是凭一时心血来潮就决定干哪一行，那当然会碰得头破血流。

在决定进入某一行业时，一定要像选择自己未来的生活伴侣那样来考察这一行业是否适合自己安身立命，才能规避常见的行业风险。

1. 考察行业产品或服务的市场饱和度

在选择进入某一行业之前，调查了解该行业产品或服务在市场的占有率是否已经饱和是必要的环节。如果真的已达到饱和，后来者要想介入，肯定会有相当大的难度。比如在目前国内的大城市中，彩电、冰箱的经销市场已经十分成熟，从事经销者大都已在市场和顾客中建立起了一定的声誉，要想从其手中抢夺利润和市场份额，绝非轻易之事。若后来者在其他方面没有特别的竞争优势,到此便应打住。如若在某些偏远地区,市场还未达到饱和,则还可以一试。

2. 与行业竞争者比较竞争优劣

把自己计划经销的产品或服务项目与其他行业竞争者进行比较,从质量、性能、功用、造型、吸引力等方面进行全方位的对比分析。如若两者相差无几,自然不具备竞争力,因为竞争者是先进入市场的,顾客没有必要弃旧用新;但若创业者能对产品或服务项目进行一些改进,并符合顾客的要求,则又另当别论。当然,若是自己拟经销的产品在各个方面或大部分领域都优于行业竞争者,那就应毫不犹豫地开始自己的经销事业。

3. 抓住顾客心理

创业者无论进入哪个行业,都离不开产品或服务。顾客购物的心理是十分复杂的,他们固然喜欢质量可靠的名牌产品,可也乐意接受充满温情的经销形式和优质服务。

质量是硬性的、显性的,而服务则是软性的、隐性的。在产品的质量相差不大时,经销商在经营形式和服务方法上的改进会为消费者提供更进一步的方便和帮助。因此,后入市场的创业者应该在顾客心理上多下功夫。

4. 选择产品或服务的前提是赚钱

创业者在进入一个行业时,千万不要让所谓超前意识所蒙蔽,尽量不要选择过分生僻、过分前卫的产品,而要考虑产品无论新老,一定要有切实的消费者和利润。

> 选择某些产品或服务时,可以引导消费但不能领先太多,比如VCD还没流行起来时去卖DVD,坐便器还未普及却卖整体浴室,这种创业的结果只能是用自己的心血为后来人做嫁衣。
>
> 因为,引导消费需要一个过程,营销要眼光超前,但行动不能太超前。所以,创业者要着眼于行业市场及网络的培养,一旦发现某一品类产品或服务开始有旺销的苗头,马上动手,凭自己的实力抢先一步,拔得头筹。

5. 不要被眼前的现象所迷惑

有些企业在推出新品时,非常善于炒作,这时创业者一定要睁大自己的眼睛,千万不要被那些赚一把就走的厂商所欺骗。回顾一下中国的市场营销历史,暴起的产品一定暴跌,产品寿命很难超过两年,因为这个产品是靠机遇和炒作起家的,在产品质量、品牌、销售能力上都无深厚积累。

> 比如,葡萄酒行业推广的"红酒+汽水"的中国特色饮品,靠媒体的炒作,一夜之间成为市场热点,不仅国内数以千计的厂家一哄而上,海外的大量舶来品也凑这个热闹。而半年之后,各个厂家仓库中的产品就开始大量积压。

如果创业者准备进入流通行业,在决定经销一个产品之前一定作产品的品质分析,要将该产品与其当地市场的主要竞争产品作一个详细的比较,包括产品质量、包装、价格、渠道及促销的比较。

还有,一些投资和人手配备要求不高的加盟项目或许风险少些,想从小本经营开始的创业者不妨一试。但是也要注意，千万不要让那些恶意诈骗者钻了空子，最好选择运营时间在5年以上、拥有10家以上加盟店的成熟品牌。

5.2.2 市场风险不可避免

创业者在创办自己的企业时，最需要关注的就是市场。如果企业生产的新产品或服务与市场不匹配，不能适应市场的需求，就可能面临巨大的风险。这种风险具体表现在以下几方面：

1. 市场的接受能力难以确定

由于实际的市场需求难以确定，当创业者推出自己的新产品或服务后，可能由于种种原因而遭到市场的拒绝。如南方某企业针对瓜果农药超标的问题，从中国科学院购买一种清洗瓜果蔬菜的洗洁剂的专利，但是产品却没有在市场上推广开。其主要原因就是，这种产品在使用中需要将洗液滴在水中，然后将瓜果蔬菜浸泡一段时间，这与一般的清洗剂比起来，使用较为麻烦，所以没有受到百姓的青睐，也就没有市场需求。

2. 市场接受的时间难以确定

创业者如果推出的是新产品，产品推出后，顾客由于不能及时了解其性能，常常对新产品持观望、怀疑态度，甚至作出错误的判断。因此，从新产品推出到顾客完全接受之间有一个时滞，如果这一时滞过长，必将导致创业者的开发资金难以收回。

3. 竞争能力难以确定

绝大多数产品常常面临着激烈的市场竞争，这种竞争不仅包括现有企业之间的竞争，同时还有潜在进入者的威胁。创业者的企业可能由于初期生产成本过高，或缺乏强大的销售系统，或新产品用户的转换成本过高而常常处于不利地位，严重的还可能面临生存危机。

4. 规避风险的方法就是市场调研

遇到上面这些问题，规避市场风险的办法就是在产品和服务推广之前，一定要作好市场调研，研究、分析市场，并制订出切实可行的营销战略规划。研究、分析市场是帮助创业者擦亮眼睛，认清自己，准确找到市场定位，研究消费人群，为有目标地投放市场提供有效依据。

1）市场调研的具体内容包括以下几个方面：

①消费者调研：主要了解消费者的具体特征、变动情况和发展趋势，分析购买动机、购买行为、购买习惯，以及新产品进入市场时消费者的购买原因和反应等。

②需求调研：可以了解现有市场特性、产品的占有率，以及不同细分市场的需求状况，分析企业产品市场的进入策略和时间策略。

③产品调研：针对需求所作的调查，主要包括新产品市场开拓调查、旧产品改良调查、单纯的产品竞争调查和品牌转移调查等。

④广告调研：主要包括广告诉求研究、效果研究、媒体研究和受众研究等。

⑤价格调研：主要有产品定价研究、价格组合策略研究等。

⑥销售调研：针对产品在各通路的销售数量进行的调查与分析，主要是分析产品各个时期的销售变动规律及销售环境、经销渠道等。

2）市场调研还应注意以下几个问题：

①调研必须具有延续性。一次调研不能解决市场中出现的所有问题，如果创业者希望把自己的产品做大，就必须进行长时期的市场跟踪调研，这样才能真正把握市场，找寻到市场中出现的各种机会，避免危机的出现。

②降低调查"水分"，避免企业失误。创业者在进行调研时，要避免将自己的想法带到调研之中，影响调研的客观性，加大调研结果的水分。如果有条件，可以聘请第三方进行市场调研。

③避免过分相信调查数据。市场调查的结果并非是100%正确的，它只是对市场情报的收集与总结，制定企业的产品营销战略以及战术要以调查的结果为依据，进行科学、深入的研究后方能确定。

总之，市场调研是帮助企业产品打开市场的关键一步。精明的创业者只有在竞争激烈的市场中眼观六路、耳听八方、知己知彼，才能处于不败之地，持续发展。

日本企业战略专家中西元男说过："现在是方向决定一切，而不是不顾一切，只要努力就能成功的时代了。"

第 6 章 创业团队

创业团队是由少数具有技能互补的创业者组成的团队，为了实现共同的创业目标而努力。当下的创业时代创造出一大批个人创业英雄，但我们不得不相信，在这些人背后，有着一个强大的创业团队，因为创业时代将是人类开始合作共存的时代。团队是人力资源的核心，一个企业要有"主内"与"主外"的管理人员、耐心的"总管"、具有战略眼光的"领袖"等不同的人才，通过团队成员之间的技能互补可提高驾驭环境不确定性的能力，从而降低新创企业的经营失败风险。更重要的是，共同创业具有更强的资源整合能力，能同时从多个融资渠道获取创业资金等资源，以保证创业企业的成功。

> **学习要点**
> 1. 了解创业团队的优势与不同成员的协助、管理。
> 2. 了解小企业创业团队的组建过程。
> 3. 了解小企业创办的过程。

6.1 创业团队概述

6.1.1 团队创业的优势

创业者开办企业的过程就是创业者为了实现特定的创业目标对现有人力、物力和财力等资源进行重新整合的过程。

1. 创业团队的特点

在这个创业整合过程中，一个良好的创业团队应具有以下特点：

（1）以创业机会为线索　何谓创业机会，就是指创业者可以利用的商业机会。有的创业者认为自己有很好的想法和点子，对创业充满信心。其实有想法、有点子固然重要，但并非每个大胆的想法和新异的点子都能转化为创业机会。许多创业者因为仅凭想法去创业，最终以失败告终。

（2）以凝聚力为核心　创业团队的凝聚力，不仅是维持团队存在的必要条件，而且对团队潜能的发挥有很重要的作用。一个团队如果失去了凝聚力，就不可能完成组织赋予的任务，本身也就失去了存在的条件。团队凝聚力是团队对成员的吸引力、成员对团队的向心力，以及团队成员之间相互的吸引力。团队中每个成员都是紧密相关、不可分割的利益共同体，企业的成功既是成员共同努力奋斗的结果，也是成员获取收益的保障。

（3）以合作精神为纽带　合作精神非常重要，一个团队是否有合作精神要看创业者有没有开放的胸怀，是否善于跟别人合作。好的创业团队应该是一个优势互补的团队，是由研发、技术、市场、融资等各方面组成的一流的合作伙伴，团队成员相互配合，取长补短，形成合力。无数事实证明，合作是创业团队取得成功的保证，不重视合作的创业团队是无法取得成功的。

（4）以完整性为基础　完整性是创业团队的重要特征之一，是影响创业绩效的重要因素。成功的创业团队，也都是个完整的团队，完整团队拥有的资源能够支撑创业的成功开展，能够抵御创业的风险。

因此，组建的创业团队要具备高的职能完整性、技能完整性和资源充实性。其中，职能完整性是指推进创业实施的所有相关职责被团队成员全面负担的程度；技能完整性是指团队成员基本具备实施某项创业所需技能的程度；资源充实性是指团队拥有创业所需资源的充实性程度，包含团队成员之间资源共享的程度、团队成员意愿为队伍贡献资源的程度和资源满足创业需求的程度。

（5）以长远目标为导向　一个组织的兴衰存亡取决于其团队的敬业精神，新创企业也不例外。一支敬业的团队，其成员会朝着共同的梦想，满怀激情地为企业的长远目标而努力，而不会指望一夜暴富，只注重短期行为。他们将在长远目标的指导下分解目标，以短期实现中期，以中期实现长远，经过不断奋斗，实现终极目标。

（6）以价值创造为动力　在"大众创业、万众创新"的号召下，创业成功和失败的故事在天天上演。时代对于创业者的要求在提高，检验一个项目成功的速度在加快，真正创造价值、提高效率的项目才会存活。创业团队成员都致力于价值创造，竭尽全力把蛋糕做大，从而使所有的人都能获利。

（7）以公正性为准则　尽管法律或道德都没有规定创业者在企业收获期要公平、公正地分配所获利益，但越来越多的成功创业者都关注共同分享收获。只有这样，团队才会形成强大的凝聚力与一体感。

2．创业团队的优势

优质的创业团队对新生企业的存在与发展具有非常明显的作用，如团队成员专业技能的融合、各类资源的共享和智慧的凝聚等。

（1）优势互补　创业是一把双刃剑，既是"梦的开始"，又是"困难的开始"。人们都会认同一句话，即"没有完美的个人，但可以有完美的团队"。一个人无论多么睿智或勇敢，无论专业素养有多强，他的整体能力也是有限的。但团队则不同，团队中的每一位成员身上都蕴含着巨大的力量，而当这些力量碰撞到一起时，必然会产生绚烂的火花。企业在其整个生命周期中需要创立者投入多方面的智慧，如项目的分析、产品的设计、技术的完善、市场的开发与稳固、企业的管理、风险的评估等，所有这些工作都需要投入巨大的心力，它绝对不是一个人能完成的。但如果将这些工作分配给拥有对应专业特长的成员，那么这种"不可能"就会变为"可能"。

（2）资源共享　创业团队的一个重要价值在于成员之间资源共享。创业者在创业的过程中必须要经历许多阶段，如制定创业目标、寻找创业项目、筛选创业项目、分析项目价值、评估项目市场、撰写创业计划、获取启动资金、创办新企业等。而这些阶段都需要创业者拥有大量的各类资源，如信息资源、资金资源、技术资源、人才资源、人脉资源、渠道资源等。一个人同时获得这么多种资源的概率是非常小的，但一个团队可以做到。团队成员各自掌握着不同的资源，当这些资源汇集到一起时就可以满足创办企业的需要，将创办企业的想法变成现实。

（3）激发智慧　俗话说："三个臭皮匠，赛过诸葛亮。"这句话不是指人多力量大，而是指人多智慧多。当创业团队的成员就某一问题寻找解决方案时，每个人都会从自己习惯的角度去思考问题，因此每一个人给出来的解决方案都暗藏着一个独特的切入点。当所有成员都提出了各自的观点之后，这些观点又会对其他成员产生一种刺激，进而形成更具创新性的想法。这个过程就是团队成员之间的头脑风暴，它能够帮助创业者激发更大的智慧。

（4）降低风险　通常情况下，创业团队都是由熟悉的人组成的，他们或者是同学，或者是战友，或者是亲人，或者是一起长大的朋友，他们有着相似的价值观和一致的目标。这样的团队构成使得成员之间都非常了解，大家对彼此的个性、喜好、坚持、厌恶等都非常清楚。团队成员之间相互理解、信任，能够很快地融合，可保证在创业道路上能够很快做到步调一致。例如，比尔·盖茨就是与自己的同学兼好友保罗·艾伦一同开创了商界神话。因此，团队成员之间的"熟悉"可以在很大程度上降低企业运营因人而产生的风险。

人的潜力是无限的，而多人团队的潜力也是如此，上下齐心的团队更是可以完成许多看似"不可能"的事情。

6.1.2　创业团队成员的内涵

创业团队就是由两个或两个以上有一定利益关系，在创业过程中以开创新的事业为目的，拥有共同的价值定位、价值追求和发展战略目标，并共同承担责任，共享创业收益，紧密协作的群体。要理解其内涵，可以从特殊群体和团队目标两个方面入手。

1. 特殊群体

创业团队的构成与一般团队构成不同。创业团队是以创业者为核心的一群合作伙伴，团队成员在创业初期把创建新企业作为共同奋斗的目标，大家在集体创新、分享认知、共同承担风险、协作奋进中形成了特殊情感，并创造出高效率的工作流程。

2. 团队目标

创业团队在创业活动中应该制定一个共同目标，该目标应成为创业团队为之奋斗的理想和追求，并把这一目标与创业成员发展结合起来，组成命运共同体，形成你中有我、我中有你的关系。团队的目标离不开创业成员的努力，创业成员价值的实现离不开团队这个载体。

6.1.3　创业团队的组成要素

1. 人（合作伙伴）

创业团队构成的是以创业者为核心的一群合作伙伴，人是新创企业中最活跃、最有价值

的核心资源，也是推动新创企业发展的根本动力。创业者不仅自身有知识、能力和素质，在选择团队成员时，还要考虑团队成员各方面的综合因素，使创业团队成员结构合理且能够优势互补。创业者必须以人为本，加强与团队成员的沟通协调，通过共同目标和价值观来凝聚团队成员。

2. 战略规划

创业团队在创业活动中应有一个创业战略规划目标，该目标应成为创业团队的奋斗理想和使命，缺少共同目标和使命的创业团队没有凝聚力和战斗力。因此，创业团队组建时，要制定创业战略规划目标并把这一目标与创业成员发展结合起来，组成一个命运共同体，为一个共同的理想事业去拼搏奋斗，而不仅把创业活动作为一个发家致富的工具。创业团队通过制定科学的短、中及长期发展规划，进行科学、系统的分步实施，从而有效指导团队的创业活动。因此，创业团队成员追求的最高目标应该是自我价值和社会价值，以及较高的成就感、使命感，而不仅仅是眼前利益。

3. 团队定位

团队定位主要指创业团队的发展方向，也包括团队成员在创业活动中具体做什么工作，即分工定位的问题。合理定位能够充分发挥团队成员的优势，使他们的工作能力达到最大化，潜质得到充分释放，并形成 "1+1>2" 的合力，推进新创企业健康成长。

4. 团队制度

团队制度是团队运行的规则，决定团队工作的稳定及发展，决策、工作运行、权力结构等都要靠制度约束与激励。例如，根据责权利统一的原理，必须赋予每个成员一定的权力，承担相应的责任，获得一定的利益。这不仅有利于凝聚员工，使其以权行事，参与创业管理，并且在规定的权限下进行决策，也有利于提高新创企业的工作效能。因此，为了有效地推进创业进程，创业团队应有明确的战略规划，人员配置合理，定位准确，责任明晰，按各项规章制度办事，这样才能使团队建设及创业活动达到较好的工作效能和创业效果。

6.1.4 创业团队的运营管理

1. 创业团队的发展阶段管理

创业团队是一种为共同目标而组建的团队，也是一个有生命的组织。著名的塔克曼团队发展阶段模型认为，任何团队的建设和发展都需要经历初创阶段、震荡阶段、规范阶段、成熟阶段和解散阶段等五个阶段。虽然不同阶段之间并不一定界限分明，但每一阶段创业团队成员呈现出的心理特征还是有明显差异的，因而创业团队各阶段管理的侧重点也就有所不同。根据各个阶段的发展规律来看，制定创业团队管理的策略和办法，应根据不同的阶段进行不同的策略调整，只有这样才能有效地解决创业团队在发展过程中存在的各种问题，从而提高创业团队的运转效率。

（1）初创阶段　这一阶段创业团队成员处于不稳定的状态，成员对自己在创业团队中的角色和职责、创业团队的目标、其他成员及未来的同事关系等都表现出极不稳定的情绪，因此这一阶段应该做好以下几方面的工作：

①应该积极讨论并明确各项工作制度。当创业团队成员明确项目目标要求及各自的分工和职责后，新创企业应在公平的环境下让创业团队成员共同讨论并明确需要共同遵守的各项

制度，如所有权分配机制、绩效考核和薪酬体系等。值得重视的是，这要取得创业团队成员的共识，它是确保新创企业生存和发展的制度保证。

②明确创业团队成员的共同目标。创业者在组建团队的时候，需要设定切实可行的奋斗目标，该目标激励着团队成员把个人目标升华到共同目标中去，使成员们相信他们处在一个命运共同体中。如果缺乏共同的目标，会使团队没有凝聚力，容易发生分裂。

（2）震荡阶段　这一阶段创业团队成员的心理处于一种剧烈动荡的状态，团队成员的情绪特点是紧张、挫折、不满、对立和抵制。这时就需要积极应对和解决出现的各种问题和矛盾，需要充分容忍不满的出现，解决冲突和协调关系，消除创业团队中的各种震荡因素，引导创业团队成员调整自己的心态和角色，使每个成员能够更好地了解自己的工作和职责以及自己与他人的关系，只有这样才能使创业团队的成员顺利地度过这一阶段。为此，这一阶段应做好以下几方面的工作：

①对创业团队的成员要理解、支持和包容。创业团队管理大体上可以采用柔性管理的模式，创造一种和谐而快乐的工作环境，大家一起讨论问题、处理问题，这样能增进各专业之间、各成员之间的了解，减少冲突的产生，使创业团队成员能够在创业团队精神的带领下工作。在创业团队之间建立高度的理解和信任，遇到问题和发生冲突时，积极解决问题，无顾忌地说出建议，最终解决矛盾。所以，新创企业要全面推崇这种开放、诚实、协作的办事原则，培养成员间的信任。

②鼓励创业团队成员参与管理、共同解决问题。鼓励创业团队成员参与管理、共同决策，可以提高创业团队的应变能力，更好地应对新创企业生产经营中的突发性事务，也可以提高对项目决策的承认和接受程度，培养坦诚开放的创业团队精神。

（3）规范阶段　规范阶段是创业团队经历了震荡阶段考验后的正常发展阶段。这一阶段创业团队成员对工作和环境已经接受并熟悉，成员之间的关系已理顺，创业团队的文化氛围和凝聚力已经形成，相互间的信任、合作和友谊的关系建立，各项规章制度正常运行。在这一阶段，新创企业应督促创业团队成员按照规章制度的各种规范去改进和规范自己的行为，使全体成员拥有一定的凝聚力、归属感和集体感，从而提高整个创业团队的绩效。

（4）成熟阶段　这一阶段创业团队积极工作，不断取得成绩，创业团队成员之间相互信赖，关系融洽，凝聚力更强，工作绩效更高，创业团队成员的集体感和荣誉感更强，更具有项目认同感，能够发挥个人潜力，提高工作效率。在这一阶段，新创企业要对每个创业团队成员进一步授权授责，以使创业团队成员更好地自我管理和自我激励。

（5）解散阶段　团队的高度凝聚力也有其负面作用，比如对团队以外的世界或者新加盟的团队成员缺乏开放性，容易对有助于事业成功的外部环境失去所应有的焦虑感和高度的敏锐性。当外部环境风云变幻，特别是在市场、竞争者或者技术方面发展变化时，那种具有高度凝聚力和高效率的团队组织就无法及时做出反应，他们可能会继续采用过去的理想和思维来看待世界并采用相应的行动，团队也就渐渐地陷入一种群体思维陷阱，并形成某种"组织惰性"。为防止新创企业团队解散，在这一阶段新创企业应提高对外部环境的应变能力和创新精神。

2. 创业团队的管理技巧

（1）有一个可以实现且能引发团队共鸣的发展目标　目标是方向，是灯塔，指引着企业团队持续不断地发展。一个企业能走多远，关键看它有什么样的发展目标和愿景。在制定发展目标的时候，应注意以下几点：

①根据企业和团队自身的实际情况,以及所处环境与未来趋势。
②忌太空洞、不切合实际,但也要避免过于狭隘。
③听取核心团队的建议,核心团队要达成共识。
④要有凝聚力和很强的指导性。

目标的实现是个长期的过程,对创新型企业来说,可能会有相当大的难度,应该坚持到底。

(2) 留住人才　管理是一门艺术,管理人更是一门艺术。留住人才,不是留住所有的人,而是"取精华,弃糟粕""远小人,近贤臣",宁缺毋滥。建议如下:
①短期留人靠工资,中期留人靠奖金,长期留人靠股份,永远留人靠思想。
②了解员工,想其所想,进行期望管理。
③言必行,一诺千金,承诺的必须兑现。
④核心团队成员要给予一定的股份,让其明白是在做自己的事业,而不是在打工。
⑤如果做不到,必须要讲到。比如在工资滞后发放,奖金少发或不发,承诺因客观原因未兑现时,必须给团队解释。沉默会使团队成员感觉你不关心这些,感觉你认为这些是应该的。
⑥以宽广的胸怀对待员工和大小股东。
⑦当有团队成员离开时,要分析团队存在的问题,这样才能促进团队的建设。
⑧以德服人。

(3) 增强团队的凝聚力　团队的战斗力来自于团队的凝聚力,各自作战,其力甚微,小业绩靠个人,大业绩靠团队。团队作战才能发挥创业团队成员的积极性,燃烧团队成员的激情。增强团队凝聚力可以从以下几方面做起:
①形成团队共识和乐于接受的团队文化与目标。
②创造和谐互助的团队氛围。
③进行一些团队拓展活动。
④定期组织团队成员共同参与的、有意义的活动。
⑤建立团队合作协调的工作流程。

(4) 提高团队的执行力　再好的策略和方案不去执行,都等于零。想了许多,也讲了许多,就是没有去执行,工作不会有任何成效。思想没有了载体,寸步难行。要提高执行力,必须做到以下几点:
①职责明确,责任到人,让每个人都知道自己应该去做哪些事情。
②奖惩分明,执行到位要奖励,执行不力必惩罚。
③进行过程控制与监督,把工作分解,分步骤去完成。
④限定完成工作的时间,到期必须完成。
⑤监督工作的质量。

(5) 激发团队的创造力　创新型团队的特点就是创造力强,有许多思想的碰撞,而如何更好地发挥这个优势,产生更大的成果,是创业者非常关心的事情。要激发团队的创造力,首先,创造一个适合的环境和氛围,让团队成员有更大的创造空间和平台;其次,对团队的新成果有一定的奖励措施;最后,对团队成员进行引导,多给予一些方法指导。

3. 创业团队的激励

在新创企业中,必须关注创业团队成员,特别是经理人员及关键技术人员的激励问题。

其目的是最大限度地激发创业团队成员的积极性和创造性，进而实现新创企业的共同目标。对创业团队成员的激励有以下几种方式：

（1）认同激励　认同激励是指团队成员认同核心创业者的创业目标与思路，并愿意为之不懈努力，共同铸就其未来成功的激励方式。从某种程度上讲，认同激励是各种激励方式中最重要的，因为只有创业者的目标与思维具有一定的信服度，才能得到他人的认同，其创业活动才有一定的号召力和凝聚力，进而才能组建起一支优秀的创业团队。核心创业者必须明白，在创业活动的过程中，他既要激励自己，又要激励团队、激励员工，用人格魅力让团队和员工能够预期到创业的前景，建立收益制度，保障团队成员和企业员工的劳动所得。但是，所有这些工作的前提必须是自己的目标与思路能够得到大家的认同，并将他们牢牢地凝聚在自己周围。

（2）产权激励　新创企业给予管理人员及核心员工以产权激励是十分重要的。因为产权激励能够使人产生"企业有我的一份，自己在与企业同步成长"的感觉。给予管理人员及核心员工（如关键技术人员）以产权激励时应采取期权激励的方式。一些企业实行这些制度，目的是促使持有者的未来收入与其努力程度及能力挂钩，以消除其行为的短期化。目前，有不少国家将公司的高层管理人员及核心员工持股作为一种长期的激励方式，与工资、福利、津贴等短期激励方式共同构成了使企业高层管理人员、核心员工与股东利益相一致的管理模式。其中，股票期权这一由企业所有者向高层管理人员及核心员工提供的工具正在被广泛使用。

（3）兴趣激励　兴趣激励就是创业者要为团队成员寻求工作的内在意义，让团队成员做自己感兴趣的事情。任何一种兴趣都是因为参与了某种活动而使身心感到满足的结果，这种满足伴随着一定的情感过程，由此产生的内在激励会更持久、更经济、更有效。

在企业内部，责任与兴趣相伴而生。兴趣主要为实现这个目标，责任则为企业创造价值，当两者可以通过激励机制得以融合时，团队成员就会被巨大的使命感所驱动，以积极奉献的精神投入到企业的工作过程中，从而使人才资源得到合理利用。兴趣的影响渗透在各种软性激励因素之中，以兴趣为代表的内在需要的满足已经成为激励团队成员的关键，从团队成员在工作中努力实现自身价值、追求自主工作和自我发展要求中表现出来。

（4）信任与位置激励　信任与位置激励是指充分信任管理人员及核心员工，并使他们处于适当的管理或技术岗位。在企业中，人人都想有合适的位置。某个人在企业的位置合适，他才能充分发挥自己的创造性，充分调动自己的工作积极性。

（5）工作环境激励　工作环境激励就是要为核心员工创造条件，提供优越的工作环境，其中包括硬件环境和软件环境，而这种工作环境在其他企业往往无法实现。

合理恰当的激励是企业团队不断发展和成长的动力。给予每个成员适当的激励，既能够刺激创业者发挥最大的能效，获得更多的收益，还有助于增强创业团队的稳定性，因为单个创业者在团队中能获得期望的收益才会更加努力地工作。然而激励的方式并非一成不变，创业企业在不同的生命周期内，团队成员所需要和追求的利益会随之改变，因此要根据实际情况调整激励方式，从而使团队成员在各个时期都能尽最大的能力为整个团队和企业的发展做出贡献。

4. 创业团队的风险管理

（1）创业团队的风险因素　在企业创办过程中，无论企业的商业机会是好是坏，也无团队成员是否密切合作，总会遇到一些问题，比如企业可能尚未成立就四分五裂，可能在成立初期就夭折，或者陷入长期而烦恼的分裂冲突和争权夺利中无法自拔。有些问题即使不会摧毁一个企业，也必定会严重地伤害其发展潜力。这就是创业团队风险，它在一定程度上成为创业的最大风险。对于创业团队的风险因素，归纳起来有以下几点：

①信任缺失。在创业过程中，创业团队成员容易出现不信任，这种不信任既包括人格的不信任，也包括能力的不信任。创业团队的领导者，如果对其他人不信任，轻则会导致团队成员积极性下降，重则会导致团队溃散。这种信任危机遇到利益分配、认知不同等情况时，便会使矛盾激化，很可能导致团队溃散的破坏性后果。

②分配不公。在整个创业过程中，团队成员都希望自己的贡献与得到的回报相匹配，希望在利益分配方面体现公平性。但是，创业团队成员所做贡献和得到的回报总是处于动态变化之中，在创业的不同阶段，创业亟需的资源可能会有很大不同，每个创业团队成员所拥有的资源也会发生动态变化。这种变化将直接影响创业团队成员所做贡献的最佳组合方式，也影响着每个人对于贡献大小的判断和回报的期待。创业之初，创业团队成员通常能够为了共同的理想和奋斗目标一起奋斗，很少计较获得什么样的回报。但是，随着事业的发展，他们越来越关心个人所获得的回报。许多创业团队的散伙就是因为在创业初期没有制订明确的利润分配方案，从而导致日后在分配利润时出现争议。

③个性冲突。个性是一个人区别于他人的，在不同环境中显现出来的，相对稳定的，影响人的心理特征的总和，包括需要、动机、兴趣、理想、信念、能力、气质和性格等。现在有很多创业团队是由一些因为私交很好而在一起的伙伴来组成的，组成团队时并不会注意成员的个性特征。在创业初期，大家同甘苦共患难，怀着满腔的创业热情，在这种情况下，团队成员在性格上的差异和处理问题的不同态度就容易被掩盖。而一旦企业发展到某个阶段，由于个性冲突导致的矛盾就会激化，使创业团队出现裂痕，严重的还会导致团队分裂。

④理念差异。提高团队效率的关键在于团队成员要有一致的创业目标、创业利益、创业思路，一致的行动纲领和行为准则。但事实上，就特定的创业团队而言，关于这些问题，创业之初可能是清楚、一致的，也可能是不清楚、不一致的。在不清楚、不一致的情况下，共事一段时间之后，部分人就会发现原来大家没有共同的价值观，这时创业团队就有可能解散。这种情况是非常普遍的。

⑤缺乏沟通。创业团队成员间的沟通非常重要，成员之间的人际关系融洽有利于做出能被广泛理解和接受的决定，并形成合力来完成共同的任务，最终有利于提高团队绩效。相反，创业团队成员之间缺乏真诚的沟通，则会导致情感冲突和人际关系冲突。在创业过程中，由于缺乏完善的沟通渠道，特别是在创业领导者存在"家长制作风"和团队成员缺乏沟通技能的情况下，沟通不善便会埋下团队分裂的隐患。

⑥失去信心。当创业团队成员遭遇重大挫折，对未来失去信心时，创业项目可能因此而终止。当找不到新项目和出路时，创业团队便会因此而解散，团队成员各奔东西。同时，在创业过程中，创业团队成员还会产生更高层次的需要，如果他们认为未来无法满足这些需要，他们也会选择离开。特别是在竞争激烈的情况下，如果团队成员的心理抗风险能力弱，过多地考虑自身的劣势，对外部可能产生的风险估计过高，对创业团队的未来没有信心，缺乏必胜的信念，而且没有提供及时、有效的激励时，那么必然会危及团队的存续。

⑦自我膨胀。自我膨胀是指表现出来的自信心超出本人的实际情况，进而演变成盲目自

大和自负。当团队成员认为离开团队也照样能够创业成功,不再需要其他人的配合时,就会产生甩开其他团队成员、独自创业的想法,最终可能导致创业团队分裂。特别是核心团队成员更容易因自我膨胀而"自立门户"。

⑧外部诱惑。在激烈的市场竞争中,人才的竞争更是激烈。一旦创业团队出现上面提到的问题,在团队成员遇到更好的待遇或发展机会时,流失的现象就可能发生,尤其是掌握了核心技术和重要资源的成员流失,将会给团队带来致命的损失。

(2)创业团队风险的防范对策　从管理角度讲,创业团队风险是系统性风险,是可以控制的。为此,在创业团队组建后,要保持团队的稳定性,规避创业团队风险,同时还需要注意以下方面:

①统一认知。在管理创业团队时,需要明确的第一件事就是统一认知、统一思想,关乎团队成长、企业建设的核心问题必须有一致的认识。例如,团队应采取何种决策模式,是大胆放权的民主式,是小心谨慎的集权式,还是取两者之长的适度放权式。创业团队必须对诸如此类的关系企业生存发展的重大问题有足够的"默契",才可以保证团队的稳定运转和企业的快速成长。

②责权明确。企业的建设是一项系统工程,要完成这一工程,团队成员需要协同作战,不仅要有共同的愿景,还必须根据各自所长承担相应的责任,以保证团队责权明确。在划分团队责权时必须保证总量一致原则,即团队中所有成员承担的责任无重复、无漏洞,每一位成员承担的任务加总刚好等于团队的总任务量。团队成员责权明确,各司其职,才能保证企业稳步成长。

③有效沟通。保证创业团队高效运作的一个关键因素是团队成员之间能够进行有效的沟通。只有有效沟通,团队成员之间才会产生一致的认知,才能激发新颖的想法,才能去除误解和矛盾。

④充分信任。创业的道路无比艰辛,一个人能力再强、本事再大,也无法以一己之力成就一番事业。因此,团队创业更容易成功。但团队的运转和管理却也面临着信任危机。毫无疑问,彼此之间缺乏信任的团队是走不远的,而一个人能让自己得到信任的前提是勇敢地选择相信别人。对有责任感的创业者来说,信任本身会形成一股强大的力量促使团队成员为团队做出更大的贡献。

⑤共同成长。优质的创业团队是有生命的,它会经历稚嫩、成长和成熟等不同的发展阶段,而在这一系列变化过程中,团队成员一定是共同成长的,包括在专业能力、心理承受能力、彼此的信任与默契、风险的预测和预防等方面。团队的成长会带来企业的成长,相反,团队的停滞也会导致企业的萎缩。因此,创业团队必须营造出一个良好的氛围,以保证成员可以不断地学习、不断地前进、不断地成长,不可安于现状或故步自封。

6.2　创办小企业

6.2.1　组建创业团队

创业者应该在即将注册公司时就组建创业团队。研究者认为,企业的成功需要三方面优秀的人才,即优秀的管理者、优秀的技术者和优秀的营销者。

现代创业，需要的是少走从前的弯路，即从一开始就走规范化管理的道路，因此创业初始就应该组织起优秀的创业团队。创业者在组建创业团队时，不但要考虑成员的能力，还要考虑成员的志向与兴趣、品德。

很多时候，由于开始时的创业激情高涨，很难理性地将合作成员间的管理权限、利润分配等问题协商清楚，但公司一旦越来越好，许多问题就会爆发。所以，在创业之初，一定要将核心团队的管理权限、利润分配等问题协商清楚。

6.2.2 筹措创业资金

创业资金来自以下渠道：自己的积蓄，向亲朋好友借，以入股的方式募资，吸收风险投资，向银行借贷等。最主要的是创业启动资金。而且创业资金不一定要一次募足，一般企业处于创业阶段时，资金永远都显得紧张。另外，对创业者来说，最重要的是要抓紧时间，在有准备的情况下，时间是非常重要的。因此，当有了一定的启动资金后，就可以开始运作了。

有些开始创业的小企业，在没有成立时就获得了客户的订单和预付款，这样自己只需要很少的创业资金就可以创建公司了，启动后，再逐渐吸收资金。

6.2.3 选择经营场所

建立企业，尤其是进行生产或者做零售生意时，需要有一个场所来经营，可以根据本书第 5 章中的内容进行选址，此处只简单介绍一些不同位置经营场所的行业确定。

1. 店址的选择

（1）商业活动频繁的地区　在闹市区，商业活动十分频繁，把店铺设在这样的地区其营业额就会很高。这样的店址可谓"寸土寸金"，比较适合那些有鲜明个性特色的专门经营店铺发展。相反，如果在非闹市区开店，虽然租金较低，但街道冷僻，客流量很少，营业额也很难提高。在市郊地段开店时，要有针对性，主要向驾驶各种车辆的人提供生活、休息、娱乐和维修车辆的服务。

（2）人口密度高的地区　居民聚居、人口集中的地方是适宜设置店铺的地方。在人口集中的地方，人们有着各种各样的对商品的大量需求，如果店铺能够开设在这样的地方，致力于满足人们的各种需要，那就会有很多生意可做。而且，由于消费群体的需求比较稳定，销售额不会大起大落，可以保证商店的稳定收入。适宜在居民区开设的店铺一般为洗衣店、维修店、杂货店、食品店、服饰店、童装店、五金店、药店、餐饮店、美容美发店、洗涤店、化妆品店、娱乐厅等。

（3）面向客流量大的街道　因为商店处在客流量最大的街道上，受客流量和通行速度影响最大，可使多数人就近买到所需的商品。大多数店铺都适宜在这样的地方开设。

（4）交通便利的地区　旅客上车、下车最多的车站，或者在几个主要车站的附近（以500m 左右以内为宜），尤其适合发展饮品、食品、生活用品和具有鲜明地方特色的土特产商店。

（5）接近人们聚集的场所　如剧院、电影院、公园、风景区、体育馆等场所附近，这样的地段属于娱乐和旅游地区，顾客的消费需求主要在吃喝玩乐和休闲，故适合饮品、食品、娱乐、生活用品等店铺发展。但这些地段有时间性强的特点，高峰时人如潮涌，低峰时门可罗雀。当然，如果靠近居民区和商业区的话，则另当别论。而在大工厂、企事业单位附近，适宜开设办公用品、生活用品、咖啡厅、快餐店等。因为这样的地段是上班族集中之地，其特点是午饭和晚饭时间为营业高峰期，周末和节假日生意清淡。

（6）同类商店聚集的街区 "同行密集客自来"，这是古已有之的经营之道。店铺相对集中才会热闹，才能形成气势。商业吸引商业，人流吸引人流，生意要大家做，才能造成一方繁荣的景象，比如各大都市的"食品一条街"的生意就很火爆。大量事实证明，对于那些经营耐用品的商店来说，若能集中在某一个地段或者街区，则更能招揽顾客。因为经营的种类繁多，顾客在这里可以有更多的机会进行比较和选择。在这样的地方特别适合开设家用电器、家具、计算机、时装、饰品、古董等商店。

2. 厂（场）址房屋租赁合同的签订

经营场所确定后，应到所在辖区内的登记注册机关登记注册。登记时，用房属自己的，应提交房屋产权证或能证明产权归属的有效文件；用房是租用的，还应提交与房屋产权所有人签订的一年以上租期的租赁协议书或合同，以及能证明出租人拥有房屋产权的有效文件。签订租房合同时，应特别注意以下几个方面的问题：

1）房屋面积是否确实。常有这样的情况，租房后实际测量的面积比合同上少。遇到这种情况，可以按单位面积扣款，明确载于合同上。

2）在合同上明确注明租金以外的其他一切费用由哪一方交或共同以什么比例分摊。

3）明确注明租房的起止日期和款项的具体缴纳办法。

4）要在出租方的各种物品交接清单上签字。

5）注明押金。押金的意义作为房租迟缴、不缴或损害建筑及物品等情况发生时的风险费用。合约期满后，若未发生以上情况，押金应退回给承租方。

6）须说明天灾及不可抗拒的因素造成合同终止的情况不需由承租方负责。

7）核实出租方是否为真正的房屋拥有者。

6.2.4 登记注册

按照大学生创业的特点，以下几种形式比较适合学生在创业之初选择：个人独资企业、合伙企业、有限责任公司。

个人独资企业是指依照《中华人民共和国个人独资企业法》在中国境内设立，由一个自然人投资，财产为投资人个人所有，投资人以其个人财产对企业债务承担无限责任的经营实体。

合伙企业是指自然人、法人和其他组织依照《中华人民共和国合伙企业法》在中国境内设立的普通合伙企业和有限合伙企业。普通合伙企业由普通合伙人组成，合伙人对合伙企业债务承担无限连带责任。有限合伙企业由普通合伙人和有限合伙人组成，普通合伙人对合伙企业债务承担无限连带责任，有限合伙人以其认缴的出资额为限对合伙企业债务承担责任。合伙协议依法由全体合伙人协商一致、以书面形式订立。合伙企业及其合伙人的合法财产及其权益受法律保护。合伙企业应当依据其合伙企业类型在其名称中标明"普通合伙""特殊普通合伙"或"有限合伙"字样。

公司是指依照《中华人民共和国公司法》在中国境内设立的有限责任公司和股份有限公司。公司是企业法人，有独立的法人财产，享有法人财产权。公司以其全部财产对公司的债务承担责任。有限责任公司的股东以其认缴的出资额为限对公司承担责任；股份有限公司的股东以其认购的股份为限对公司承担责任。

个人独资企业、合伙企业、公司的登记注册程序和所需材料以当地相关部门的要求为准，按照其规定办理。

第 7 章
择业与就业心理

大学生的择业心理,会很好地体现在求职过程中。在从学生转变为社会人的关键时刻,调整好择业心态,积极地参与竞争,勇敢地迎接挑战,在择业过程中是非常重要的。

> **学习要点**
> 1. 了解寻找就业信息的渠道。
> 2. 了解关于大学生就业的相关政策与法规。
> 3. 全面学习自我推荐、面试及笔试技巧。
> 4. 根据自我心理的辨识,找到合理的解决办法。

7.1 寻找就业信息

7.1.1 了解就业现状及趋势

为适应我国经济社会发展需要,高等院校从 1998 年开始扩招,在校生逐年攀升,毕业人数也不断上涨,随着近几年就业形势愈发严峻,对 2022 年的大学生就业形势格外关注。

根据教育部发布的最新信息,2022 年高校毕业生人数达到 1076 万人,超越 2021 年的 909 万人,这也是高校毕业生首次突破千万人。

高校毕业人数创历史新高,如果加上中职毕业生和 2021 年尚未就业的学生,今年待就业的人数加在一起数量惊人。

当前阶段的就业有以下几个趋势:

1. 就业城市选择向省会城市及二线城市转移

长期以来,毕业后能留在北京、上海、广州、深圳这些大城市工作往往是大部分应届毕业生的梦想,这些城市因政治、经济等因素形成罕有的顶端优势资源,且足以让父母亲属们倍觉脸上有光。然而,随着近几年这些大城市为解决"大城市病"而推出的控制人口规模等政策,毕业后在"北上广深"这些大城市工作变得越来越难。

当然，这其中有学生因为北京这样的大城市房价高企以及其他生活成本昂贵等原因自动放弃在北京就业等因素，但北京日益收紧的人口政策也是毕业生选择离开北京的主要原因。过去几年来，大城市管理者试图通过减少毕业生落户以调控城市人口规模的意图也愈发明显，随之而来的是，省会城市和二线城市变得热门。

2. 应届生创业成为一种解决就业的迂回道路

在大学生就业形势愈发严峻的情况下，越来越多的毕业生选择了创业这条路。其中，餐饮行业、零售、个体服务业等行业已经成为应届本科毕业生创业最集中的行业，甚至超过了互联网创业所占的比例。

大学生创业越来越被视为一种解决就业的迂回道路，各级政府部门出台了一系列相关政策鼓励大学生创新创业，力图通过高校、政府、社会三方建立有效机制，引导大学生创新，支持大学生创业实践。

3. 经济下行的压力集中在传统和能源行业

整体的经济下行首先会抑制市场对人才的需求，另一方面人才供给却是线性增长。这样的经济态势下，也会深入推进结构调整，这也会影响就业市场。

7.1.2　了解就业政策和规定

为了引导和鼓励就业，消除部分地区与行业间的不均现象，国家从 2009 年就召开常务会议，专题研究部署高校毕业生就业工作，明确要求把高校毕业生就业问题放在当前就业工作的首位，并专门下发了《国务院办公厅关于加强普通高校毕业生就业创业工作的通知》，其相关引导就业、创业部分的政策和规定如下：

1. 着力加强创新创业教育和自主创业工作

（1）加快推进创新创业教育改革　各地各高校要把提高教育质量作为创新创业教育改革的出发点和落脚点，根据人才培养定位和创新创业教育目标要求，促进专业教育与创新创业教育有机融合。从 2016 年起所有高校都要设置创新创业教育课程，对全体学生开发开设创新创业教育必修课和选修课，纳入学分管理。对有创业意愿的学生，开设创业指导及实训类课程。对已经开展创业实践的学生，开展企业经营管理类培训。要广泛举办各类创新创业大赛，支持高校学生成立创新创业协会、创业俱乐部等社团，举办创新创业讲座论坛。高校要设立创新创业奖学金，并在现有相关评优评先项目中拿出一定比例用于表彰在创新创业方面表现突出的学生。

（2）落实完善创新创业优惠政策　各地各高校要深入实施"大学生创业引领计划"，积极会同有关部门进一步加大政策落实力度，落实创业担保贷款、小微企业减税降费、创业培训补贴等各项扶持政策，重点支持高校学生到新兴产业领域创业。推动相关部门加快制定有利于互联网创业的扶持政策。要按照《普通高等学校学生管理规定》的要求，制定本地本校创新创业学分转换、实施弹性学制、保留学籍休学创新创业等具体措施，支持参与创业的学生转入相关专业学习，为创新创业学生清障搭台。

（3）加大创新创业场地建设和资金投入　各地各高校要建设和利用好大学科技园、大学生创业园、创业孵化基地、大学生校外实践教育基地等创新创业平台。高校实验室、实验设备等各类资源，原则上向全体在校学生开放。高校要通过合作、转让、许可等方式，向高校毕业生创设的小微企业优先转移科技成果。要通过学校自设、校外合作、风险投资等多种渠道筹集资金，扶持高校学生创新创业。充分运用市场机制，引导社会资金和金融资本支持大学生创业活动。

（4）不断提升创新创业服务水平　各地各高校要配齐配强创新创业教育专职教师，聘请各行各业优秀人才担任兼职教师，建立全国万名优秀创新创业导师人才库。要创新服务内容和方式，为准备创业的学生提供开业指导、创业培训等服务，为正在创业的学生提供孵化基地、资金支持等服务。高校要建立校园创新创业导师微信群、QQ群等，发布创业项目指南，实现高校学生创业时时有指导、处处有服务。要进一步完善高校学生创业服务网功能，为高校学生提供项目对接、产权交易、培训实训、政策宣传等服务。

2. 积极拓宽重点领域就业渠道

（1）鼓励高校毕业生到基层就业　各地各高校要进一步加大政策引领和服务保障，全面落实高校毕业生到中西部地区、艰苦边远地区和老工业基地、县以下基层就业的学费补偿和国家助学贷款代偿政策。继续实施好"农村义务教育阶段学校教师特设岗位计划""三支一扶""大学生志愿服务西部计划""大学生村官"等基层项目。鼓励各地结合实际，开发实施社区服务、健康养老等新项目。

（2）围绕国家发展战略开拓就业岗位　各地各高校要鼓励和引导毕业生到国家重点行业、重点地区、重大工程、重大项目就业。要结合"一带一路""长江经济带""京津冀协同发展"等国家重大发展战略，积极向沿海沿江沿线经济带输送毕业生。要结合实施"中国制造2025"和"互联网＋"行动计划，大力开拓就业岗位。要结合新型工业化、信息化、城镇化和农业现代化，引导毕业生到战略性新兴产业等领域就业创业。

（3）引导高校毕业生到新兴领域就业　各地各高校要因地制宜，结合地方经济发展需要，深入挖掘新技术、新产业、新业态创造的就业机会。要大力引导高校毕业生到金融保险、节能环保、电子商务、现代物流等生产性服务业和旅游休闲、健康养老、社会工作、文化体育等生活性服务业就业。要适应现代农业发展方式转变和新农村建设需要，鼓励高校毕业生面向农业新技术、新品种研发和现代农业经营管理等领域就业。

（4）继续做好高校学生征兵工作　各地各高校要与兵役机关密切配合，建立定期会商机制，及早部署高校学生征兵工作，认真落实大学生征兵任务。逐项落实各项政策，重点落实好退役高校学生士兵专项研究生招生计划、新生宣传单、复学升学、就业创业等政策。逐校落实工作任务，明确责任，一级抓一级，层层抓落实。逐人开展宣传动员，办好"网上咨询周""征兵宣传月"等活动，对大学新生、在校生、毕业生等不同群体开展有针对性的宣传动员，确保高校学生征兵数量和质量进一步提高。

（5）支持毕业生到中小微企业就业　中小微企业是增加就业的主体，各地各高校要会同有关部门完善落实中小微企业吸纳毕业生的社保补贴、培训补贴、税费减免等优惠政策。要针对中小微企业特点，主动组织中小微企业集中开展校园招聘活动，引导毕业生到中小微企业就业。要持续关心到中小微企业等基层就业毕业生的成长和发展，通过跟踪服务、定期回访等方式，帮助解决工作和学习上的困难和问题，让他们切实感受到组织的温暖和关心。

7.2 求职技巧

7.2.1 自我推荐的方法

> 毛遂自荐的故事出自《史记·平原君虞卿列传》。相传在战国时期，赵国都城邯郸被强大的秦国军队重重包围，危在旦夕。为解救邯郸，赵王想联合另一个区域大国楚国共同抗秦。为此，他派亲王平原君到楚国游说。
>
> 平原君打算从自己数千名食客中挑选出有勇有谋的20人随同前往，可挑来选去，只挑选出19名。就在这时，有一位食客不请自到，自荐补缺。他就是毛遂。平原君上下打量了一番毛遂，问道："你是什么人？找我何事？"
>
> 毛遂说："我叫毛遂。听说为了救邯郸你将到楚国去游说，我愿随你前往。"
>
> 平原君又问："你到我这里，有多长时间了？"
>
> 毛遂道："三年了。"
>
> 平原君说："三年时间不算短了。一个人如果有什么特别的才能，就好像锥子装在袋子中会立刻把它的尖刺显露出来那样，他的才能也会很快地显露出来。可你在我这里已住了三年，我还没听说你有什么特殊的才能。我这次去楚国，肩负着求援兵救社稷的重任，没有什么才能的人是不能同去的。你就留下来好了。"
>
> 平原君的话，说得很坦诚。但毛遂却充满自信地回答道："你说得不对，不是我没有特殊才能，而是你没把我装在袋子中。若早把我装在袋子中，我的特殊才能就像锥子那样脱颖而出了。"
>
> 后来毛遂协助平原君劝说楚王与赵国签订了联合抗秦的盟约。
>
> 平原君向赵王说："我这一回出使楚国，多亏了毛遂先生。他那三寸不烂之舌，重过九鼎，比百万雄兵还要强啊！"
>
> 没过三天，毛遂的名字在赵都邯郸便家喻户晓了。

随着高校毕业生就业制度改革的深入，毕业生就业主要是通过与用人单位"双向选择"来确定就业的方向。选择职业就是选择一个人的未来，并非易事，毛遂况且需要自荐，何况如此情形下的毕业生。

作为毕业生，我们不可能坐在校园里等着单位来挑选，更要积极主动地让用人单位认识自己，了解自己，选择自己，这就需要学会"自荐"，利用各种途径和方法正确地宣传自己，展示自己，推销自己。自荐在很大程度上决定着自己是否能够获得进一步面试的机会。

> 世界级高音歌唱家帕瓦罗蒂到北京音乐学院参观访问，很多家长都想让这位歌王听听自己子女唱歌，目的就是想拜他为师。帕瓦罗蒂出于礼节，只得耐着性子听，一直没有表态。
>
> 黑海涛是农民的儿子，凭着自己的刻苦努力考入这所著名的音乐学院，他也想得到帕瓦罗蒂的指点，但他知道自己没有背景。怎样才能唱歌给帕瓦罗蒂听？难道要放弃如此重

要的机会吗？黑海涛不甘心，灵机一动，就在窗外引吭高歌世界名曲《今夜无人入睡》。帕瓦罗蒂听到后问服务人员："这个年轻人的声音像我！他叫什么名字？愿意做我的学生吗？"黑海涛就这样幸运地成为这位世界歌王的学生。

1992年，意大利举行国际声乐大赛，黑海涛取得了第一名的优异成绩。

要取得自荐的成功，至少应具备三大要素：胆大心细，适时果断出击；表现手段能立刻吸引考官注意；要有真才实学。

如果黑海涛没有两下子真功夫，他就是唱破了嗓子，也没人理会。所以，胆量是前提，技巧是关键，水平是保证，三者缺一不可。

1. 常见的自荐方式

（1）当面自荐　这是求职者前往用人单位或招聘现场，直接面对用人单位，展示自己的实力和才华的方式。如果自己表现出色，可能会被用人单位现场录用。但这种方式的缺点是受条件限制，很难做到所有单位都去见面，涉及面有限，尤其是对于路途遥远或者时间冲突的单位难度更大。

有一个22岁的年轻人，尽管他有英国伯明翰大学新闻专业的文凭，但在竞争激烈的人才市场上，他四处碰壁。为了求职，他走进了《泰晤士报》的编辑部。

他十分恭敬地问："请问你们需要编辑吗？"对方回答："不要。"他又问："那需要记者吗？"对方回答说："也不要。"他继续问："那么，排字工、校对呢？"

对方已经不耐烦了："都不要。"

他却从包里掏出一块制作精致的告示牌，交给对方说："那你肯定需要这块告示牌。"

对方一看，上面写了这样一句话："额满，暂不雇用。"

他的举动让人意料不到，主管被他认真且聪慧的求职行为打动了，结果他被报社录用了，安排到对外宣传部门工作。

20年后，他在这家报社的职位是主编。

对个人来说，当面自荐需要求职者有较强的信心和勇气。如果自身条件很好，外部形象和表达能力具有优势，此种自荐方式更能发挥自己的优势，但也需要做好充分的准备，了解用人单位的情况，尽量掌握主动。对用人单位来说，新闻、外事、旅游、教育等部门也更青睐此种方式。

（2）书面自荐　书面自荐是指通过书面材料的形式向用人单位推销自己。在校期间学习成绩优秀、又有较好文笔和漂亮书法的毕业生多采取此种方式。

白居易16岁那年，初来京城，谁也不认识，求职、拜师毫无门路，在朱雀大街、大明宫广场上盲目逡巡了多日，手头父母给的那点盘缠光吃饭、住店就快要花光了，这才发现自己太轻狂、内心太自信，而人生太艰难、前途不乐观。

白居易拿着他的"求职信"和"推荐书"，找到当时文坛及政坛知名前辈顾况，希望获得他的提携。但是顾况看到诗卷上的名字"白居易"时，就讥讽地说："长安居，大不易！"意思是说在长安想取得成功很不容易呀，更何况还是"白居"！

不过，当顾况读到白居易那首有名的《赋得古原草送别》时，大为吃惊，尤其对诗中那"野火烧不尽，春风吹又生"的两句，反复吟诵，回味不已，十分欣赏，因而立即改口，称赞说："不错，有如此文采，在长安住下来是不难了。老夫前面那么说，不过是同你开个玩笑罢了。"

就这样，在顾况的赏识与推举下，白居易逐渐被京城文学界所接受，从此名扬天下、锦绣前景。而他与顾况的交往，亦传为文坛美谈、千载典故。

白居易的这份自荐书可谓历史上最著名的求职信了。如今社会，这种自荐的方式覆盖面更宽，可以扩大自荐范围，不受时空限制。而且书面自荐的形式也是多样化的。

参加广告公司面试的人已排了长长的一队，面对众多的竞争者，他拿出一张纸，认认真真地写了一行字，并找到秘书小姐，恭敬地对她说："小姐，我有一条好建议，请马上把它交给你的老板，这非常重要！"秘书小姐尽职地交给了老板。

纸条上写着："先生，我排第39位，在你看到我之前，请不要做决定。"

这是多么好的自我推销方式啊，这正是广告公司需要的广告人才，他成功地展示了自己的独创精神，巧妙地用字条的方式推荐自己，让面试的老板注意到了自己，从而赢得了老板的青睐。

（3）电话自荐　电话自荐是通过电话推荐自己的一种求职应聘方式。这种自荐方式具有快捷、主动、进退容易等特点。许多用人单位常用电话来与学校联系和招聘，毕业生也可以在电话中与用人单位取得联系。应聘者可以在得到用人单位的信息后，先用电话进行联系，通过电话了解用人单位的情况并推荐自己，充分展示自己的优势，让对方了解自己。

（4）学校推荐　学校推荐是一种从毕业学校的角度替代毕业生自荐的方式，是目前大多数院校毕业生求职择业的一个主要途径，实际上它是一种间接的自荐方式。由于多年的工作联系和交往，学校和用人单位间建立了密切合作、相互信任的工作关系，再加上学校对毕业生的情况比较了解，而且是以组织的形式负责向用人单位推荐，对用人单位来说具有较大的可靠性和权威性，所以较易得到用人单位的认可。

（5）他人推荐　他人推荐是依靠他人的介绍达到自荐的目的的一种方式。这种方式可帮助毕业生扩大自荐的范围，对自己的成功助一臂之力。

广西某高校体育专业的毕业生肖才在一家沿海电器公司的招聘台前，并没有急于递资料应聘，而是等那位招聘主管空闲时随意和他攀谈了起来，主管起初没什么兴致，但见肖才是体育专业的学生，就随便跟他聊起了体育。主管说他在学校时，爱好各项体育活动，而且在校足球队还当过守门员。在交谈中主管对肖才产生了好感。虽然他们企业不需要这类专业的人才，但通过他向另一名同行的"引荐"，肖才迂回得到了一家公司工会干事的职位。

若老师、父母、亲友等人当中，有人与用人单位的领导或业务骨干有较为密切的联系，或已在某个行业中具有较高的威望，他们的推荐容易引起用人单位的重视和信任。

2. 求职自荐信

求职自荐信是毕业生向用人单位自我推荐的书面材料，是一种介绍性的、自我推荐的信件，通过表述求职意向和对自身能力的概述，引起对方的重视和兴趣。作为求职者向招聘单位所提交的信函，它不同于简历。简历强调一种客观性的格式化和程序化的事实陈列，而自荐信则可以而且也有必要是个性化和略带感性化的个人陈述。

（1）自荐信的内容　自荐信的重点在于"荐"，在构思上一定围绕"为什么荐""凭什么荐""怎么样荐"的思路安排。自荐信只是简历的引言，能引起用人者对你的简历的兴趣，其格式一般分为标题、称呼、正文、附件列表和落款五部分。

①标题。标题是自荐信的标志和称谓，要求醒目、简洁、庄雅。要用较大字体在用纸上方标注"自荐信"三个字，显得大方、美观。

②称呼。这是对主送单位或收件人的呼语。如用人单位明确，可直接写上单位名称，前面加上"尊敬的"加以修饰，后以领导职务或统称"领导"落笔；如单位不明确，则用统称"尊敬的贵单位（公司）领导"领起，最好不要直接冠以最高领导职务，这样容易引起第一读者的反感，反而难达目的。但是这种一般的称呼会显得你不熟悉公司，而读信人会觉得你只是一个一般的求职者。

称呼的技巧就在于，只要有可能，信就应当写给具体的负责人。要想办法查询招聘人的名字和头衔，要确定拼写正确。本人接到直接写给自己的信件和写给"有关负责人"的信件感觉是不一样的。

③正文。正文是自荐信的核心，一般包括简介、信息来源、条件展示、愿望决心和结语五项内容。

a）简明扼要地介绍自己，重点是介绍自己与应聘岗位有关的学历水平、经历、成就等，让招聘单位从一开始就对你产生兴趣。但详细的个人简历应作为附录。

b）说明用人信息的来源，做到师出有名。比如："据悉贵公司正在拓展海外业务，招聘新人，且昨日又在《××报》上读到贵公司的招聘广告，故冒昧地写信，前来应聘会计师一职。"这样写后不仅让招聘单位感觉到招聘广告费没有白花，还有被社会关注和重视的感觉。

c）说明胜任某项工作的条件。这是自荐信的核心部分，主要应写清自己的才能和特长，向对方说明你有知识、有经验、有专业技能，有与工作要求相符合的特长、性格和能力。特别要突出求职者胜任所求岗位的特长和个性，不落俗套，起到吸引和打动对方的目的。

要针对不同单位的具体情况，介绍自己的潜力和取得的成绩，曾经担任过的各种社会工作，预示着自己有管理方面的才能，有发展、培养的前途。比如，谋求会计岗位时，介绍自己可熟练使用和操作算盘、计算机，预示着自己可以承担会计电算化的重任；向宣传和公关部门推荐自己时，介绍自己的文艺、绘画、摄影或书法的特长，预示着自己可以承担各种工作任务，等等。

要让对方感到，无论从哪个角度看，你都能胜任这个工作。在介绍自己的知识、学历、经验或成就时，一定要突出适合这项工作的特长和个性，以起到吸引和打动对方的目的，千万不要写完全无关的内容。比如本人想去应聘公司的"公关专员"一职，你却在大写特写

"本人秀气、好静、爱好数学"等与公关无关的东西,结果是肯定不会被录取的。

d）愿望部分要表示加盟对方组织的热切决心,展望单位的美好前景,期望得到认可和接纳,自然恳切,不卑不亢。要表达出希望得到回信,并且热切地希望有面谈的机会。要写清楚自己的详细通讯地址、邮政编码和电话号码,必要时还应说明何时打电话较为合适等,以便相互联系。

e）一般在正文之后要按书信格式写上祝语或者"感谢阅读"之类的话语。

④附件列表。自荐信上应当说明信后所附的有关资料文件的名称并编号,给对方以办事认真、考虑周全的印象。

⑤落款。落款处要写上"自荐人:×××"的字样,并标注规范体公元纪年和月日。如果是打印复制件,署名处要留下空白,由求职人亲自签名,以示郑重和敬意。

(2) 写自荐信需要注意的几个问题

①坚持实事求是的原则,正确介绍自己。自荐信是求职者向招聘方强调个人能力的机会,可以很直接地引导招聘方关注自己的个人能力。与一名优秀的营销人员一样,自荐信可以强调自己应该获得聘用机会的三四个主要优势,这些优势在简历中可以找到事实依据。因此,既不要讲大话和空话,过高地宣扬自己,也不要过于谦虚,将自己说得能力平平,这都不利于自荐和用人单位的挑选。最好是用自己取得的成绩和做过的事实来介绍自己。

②要突出重点,有针对性。用心地写好自荐信,能起到意想不到的效果。因为大部分人对自荐信的作用都不太了解,他们的信都是千篇一律,如果你的自荐信与众不同,一定能让阅览者眼前一亮。一定不要公式化地写上一些可有可无的空洞无力的语句,那样招聘人员一看就会感到厌烦。假如你觉得没什么好写,干脆就不要写,要写就要让它能发挥一定的作用。

自荐信切忌篇幅过长或过短,长了会使对方厌烦,而短了又说不清问题,并且会给人一种不认真的感觉。要针对某一特定人选或某一特定职位,效果会更好。一般说来,自荐信可在1000字左右,以不超过一页纸为宜。不要过分压缩版面或缩小字号,要将该空格的地方留出空隙。不要硬把两页纸的内容压缩到一页纸上。

③文笔要顺畅,字迹要工整。求职信是用人单位获得求职者第一印象的凭证,用人单位可以通过信件了解求职者的语言修辞和文字表达能力。字迹的工整、清洁、美观,给人以愉悦的感受,可形成良好的印象。

如果职业者写得一手好字,就工工整整地自己写,并落款"亲笔敬上"等字样,这不仅可以给对方以办事认真负责的印象,也可以显示此项特长。如果字写得不好,最好打印。要认真检查语法和拼写错误,要多检查几遍。打印和语法错误很大程度上反映了一个人的工作态度。另外,写自荐信还应注意选择标准的信纸、信封,注意书写章法,并贴上精心挑选的邮票。特别的信封的样式乃至邮票的图案,有助于在许许多多求职信中引起对方的注意。

④不要引起对方反感。不要限定对方答复时间,如"敬请某月某日前复信为胜"等,表面上看相当客气,可是客气之中却给对方限定了时间,容易引起反感;不要给对方规定义务,如"盼望获得贵单位的尊重和考虑"等;不要吊人胃口,如"现有几家公司欲聘我,所以请你们从速答复",这样往往可能会激怒对方而将求职信直接扔进垃圾箱。

⑤向外企或者外向型企业求职,应用中文和英文或外方通用语言各写一份,既可自荐又可展现外语水平,可谓一举两得。

⑥不宜"漫天撒网、广种薄收"。在现实生活中，常常会见到许多油印、铅印或复印的求职信，这种方式被录用的概率很低。即使要给不同单位发信，也要有针对性地进行调整，要让人感觉是专门为该单位而写的。

（3）附件　求职材料的附件是对求职信、简历和推荐表的相应内容加以说明或补充的证明材料，主要包括相关证书、证件、文件以及各种作品的复印件，排列要与主件中所列附件的名称和序号一致。其中，职业资格证书是个人职业能力的有力证明，直接表明社会对个人能力的承认，能够增强说服力。实习、实训单位的鉴定材料，社会实践的总结材料，是对个人参与社会和实践能力的说明。而选送自己的文字作品、实物作品的图片或参加大型活动的照片，更可以让用人者增添感性认识，加深对求职者的理解。

> 有一位刚从商学院毕业的大学生，因给著名的财富专家拿破仑·希尔写了一封求职信，并在信里又夹了一张崭新的从未折叠的10美元纸币而成功。这封信的内容大致如下：
> "亲爱的希尔先生，我是一名刚刚从一所名牌商学院毕业的学生，希望能进入您的办公室工作。因为我知道，对于一个刚刚开始他的职业生涯的年轻人来说，能够有幸在像您这样的人的指挥下从事工作，真的非常有价值。随信寄去的10美元足以偿付您给我第一个星期指示所花的时间，我希望您能收下这张钞票。我非常乐意免费给您工作一个月，然后，您可以根据我的表现来决定我的薪水。我非常渴望得到这份工作，其程度超过我一生当中对任何事情的渴望，为了获得这份工作，我情愿付出任何合理的牺牲。"
> 由于这封信，使这个年轻人如愿以偿地进入了拿破仑·希尔的办公室工作，并有机会在这里实习锻炼了一个月。就在他工作一个月后，另一家人寿保险公司总裁知道了这事，让这位年轻人去当了他的私人助理，而且薪水相当高。

自荐信能不能给用人单位留下深刻印象，引起他们的注意甚至重视，在一定程度上决定了此次求职能否成功，所以常常被称为毕业生求职的"敲门砖"。因此，它要能引导招聘者去阅读求职者的简历。这位年轻人要找著名的财富专家会有多种办法和途径，比如，可以通过熟人介绍，可以等到希尔公司需要人时去应聘，可以直接打电话与希尔或其秘书联系，或许还可以用其他的方法。但这些方法这位青年都未采纳，而是别出心裁，亲手写封求职信，并随信夹上一张从未折叠的10美元纸币，既表白自己的真实愿望，又给人以尊重，内容诚恳朴实，怎不让人感动。

3. 简历

所谓简历，就是介绍个人情况，如出生年月、学习和成长经历等需要说明的文字材料。简历应涉及两个基本部分：个人的基本信息和招聘者想要了解的信息。

（1）简历的内容

①个人的基本信息。假如你的简历充分表明你就是用人单位所要寻找的人才，但是在简历上却找不到你的联系方式，那显然双方都要感到遗憾了。个人信息的作用正在于此，应列出自己的姓名、性别、年龄、身高、籍贯、政治面貌、学校、专业、婚姻状况、健康状况、爱好与兴趣、家庭住址、电话号码等。

②招聘者想要了解的信息。很多人因为不知道招聘者关注的重点而大量罗列能展示自己的信息，这会导致有用的信息被淹没。所以，应尽可能了解用人单位的需求，然后展示与求

职者相对应的契合点。仅制作一份能投递给所有公司的简历,不是一个好的策略。

若是去人才市场现场投递简历,且无法事先了解哪些公司在招聘,则应该根据你的应聘方向制作几份侧重点不同的简历,填写有用的内容,要让你的每份简历都能发挥"敲门砖"的作用,而不是仅仅表明你正在找工作。

（2）简历的形式　简历从形式上分为完全表格式、应用文式、资料式。随着信息传播技术的广泛应用,还有一些求职者别出心裁,制作写真简历、视频简历、PPT简历、Flash简历等电子简历形式。

①完全表格式简历。综述多种资料,易于阅读,适合年轻的求职者。由于年轻,缺乏长期工作经历,不得不罗列资料,如所学课程、课外活动、业余爱好和临时工作经历等。

②应用文式简历。与专业报告相似,按资料表格、项目分类列表的形式分门别类地依次展示求职者的条件,版式美观,更加简洁而清晰,便于招聘者审阅。

③资料式简历。可以有4页以上,可表述更多的资料,而且设计制作也比较精致。它是对个人工作经历、技能、事件、成绩、作品的描述更为详细的简历,是在面试时给有初步意向的用人单位的一份个人资料,可以较全面地展示应聘者的资历,有利于加强用人单位的印象,在决定最后人选时起到提醒作用。不要作为投寄使用,因为成本太高,过于冗长,在资料筛选时招聘者也许并不会留心去看。

④电子简历。可以是扫描的书面简历;可以是电子邮件简历,其内容可以通过网络传送到世界各地而无须打印在纸上;可以是多媒体简历,放在因特网上或存储在磁盘里供用人单位在方便的时候随时查看。

⑤视频简历。采用数码摄像技术将求职者的形象、自我才能的展示及职业能力的表述录制下来,经过专业人员的后期剪辑,再加入本人的照片、证书及必要的字幕,可在互联网上发布和浏览。

4. 网上求职

网上求职是非常重要的求职渠道,使用电子简历也比较方便快捷。由于网络传输和文件格式的问题,总有一些电子邮件无法打开。当使用电子邮件发送简历时,应该将文件直接复制到邮件管理器的消息框中,绝不要将文件以附件的形式附在电子邮件之后,这会使被发送简历的对象能很快看到正文而不必再下载附加的文本和打开相应的编辑器来阅读了。在网上求职时一定要注意以下问题:

①不要同时在一家公司应征数个职位。一般来说,在用人单位看来,你越是对某一职位志在必得,他们越会感觉你是认真的。相反,如果同时应聘多个职位,那成功率自然很低。

②不要频频发简历。尽量避免在三天之内重复发送简历至一家公司,这种行为很可能引起对方公司的反感。每个公司招聘流程不尽相同,有些公司给出的回应较快,有些公司可能需要较长时间才会给出回应,而有些公司还会建立储备人才信息库,所以需要耐心等待。

③求职者发送简历的同时,应该发送一封求职信,这是求职者常常忽略的。

④发出求职资料后,要主动与用人单位联系。要主动通过电子邮件或打电话询问情况,向用人单位表示诚意,也让自己心中有数。

⑤要根据自己的专业、特长、能力认真分析用人单位的需求信息,做到心中有数,有所选择地发送资料。

⑥可以利用自己的技术优势,在互联网上建立自己的个人主页,充分展示自身特色,吸

引用人单位的目光。个人主页应该图文并茂,内容包括自己的求职信、简历、论文、实习报告、日记、个人论坛以及文章等。

⑦电子简历的最大优点就是能经常更新,所以你要利用好这个优点,经常去网上更新自己的简历,不断更新日期和内容,修正不足,变换形式。日期越近、形式越新的简历越抢眼,越能引起招聘者的注意和兴趣。

⑧网络简历虽有模版可套,但如果千篇一律,则难以凸显求职者的优势。不少网站都可以制作个性化简历,如果有时间,最好制作一份有个人特色的简历,将自己的优点和特长都展示出来。

7.2.2 面试的技巧

面试是选聘人才的重要方法和步骤,它不仅可以考核求职者的知识水平,而且可以面对面观察求职者的身材、体态、仪表和气质,还可以直接了解求职者的反应能力、应变能力和某些特殊技能等。

1. 面试的类型

(1)单独面试与群体面试

单独面试是指主试者单独与求职者面谈。
群体面试就是由3~5个主试者同时对单一的求职者进行面试。

群体面试是为了考验求职者的抗压性和社交与沟通能力,求职者要专心聆听和回答每一个问题,或许每一个主试者问的问题差异很大,但还是要以从容的态度来应对。

(2)一次性面试与多次面试 所谓一次性面试,即用人单位对所有求职者一次性进行面试。多次面试可以分为两种类型:依序面试和逐步面试。

依序面试一般分为初试、复试与综合评定三个步骤。
逐步面试,一般是由用人单位的主管领导、科组人员组成面试小组,按照小组成员的层次,以由低到高的顺序,依次对求职者进行面试。

(3)结构化面试与非结构化面试

正规的面试一般都为结构化面试。

结构化面试也称为标准化面试,是相对于传统的经验型面试而言的,是指按照事先制定好的面试提纲上的问题一一发问,并按照标准格式记下面试者的回答和对他的评价的一种面试方式。

非结构化面试的组织非常"随意"。

非结构化面试对面试过程的把握、面试中要提出的问题、面试的评分角度与面试结果的处理办法等，主试者事前都没有精心准备、系统设计。

（4）常规面试与情景面试

常规面试，就是我们通常见到的双方面对面以问答形式为主的面试。

情景面试突破了供求双方一答一问的模式，引入了无领导的小组讨论、公文处理、角色扮演、演讲、答辩、案例分析等人员甄选中的情景模拟方法。

2. 面试前的准备

机会是每个人通向成功的一把金钥匙，只有把握好现在的每一次机会，才能在其中锻炼自己，将自己置身于竞争的行列当中。要把握每一次的面试机会就要在面试之前做足准备，千万不要像下面故事中的陈升那样。

> 陈升是某高职院校的应届毕业生，在学校曾任学生干部，是个成绩不错的学生，用人单位看了她的简历之后也比较感兴趣。面试那天，当主试者问她本人对公司的企业文化和项目的理解时，却发现她对公司一点都不了解。
>
> 本来可以有一个小时的面试时间，结果却因为很多问题答不上来，面试只进行了短短的10分钟就草草结束了。因为她根本不了解这家公司，所以她自称拥有的表达和策划的能力，也完全得不到展现。

陈升事先没有做准备给用人单位留下较差的印象，自然是没有被录用。一般来说，用人单位不喜欢录用对应聘单位及应聘岗位一无所知的应聘者。陈升的失败也提醒我们，毕业生在面试前对所应聘的单位要做一定的了解，只有了解了对方，才能更好地推销自己。

（1）了解招聘单位的基本情况　求职者应对招聘单位的规模、现状、历史、业务、产品服务和发展前景有所了解，这样会使招聘者相信，你是一个对该单位有兴趣、工作认真、有责任感的人。

（2）了解招聘单位的企业文化　对招聘企业的深入了解也是接受企业文化的开端。不同的企业喜欢不同的人才，比如说日本公司注重服从和等级观念，如果面试时你表现得很有个性、喜欢自由，那么恐怕被录用的概率就不高了。而欧美企业则注重授权和创新，如果你在面试时表现得过于死板，那么估计机会也不大。企业要找符合企业文化理念的人，所以面试前，我们就应该了解该企业的文化。

（3）了解负责招聘的工作人员的情况　在面试前，应聘者最好调查清楚招聘者的类型，根据招聘者的特点准备材料，有的放矢，这是求职成功的诀窍。了解他们的作风、专业、性格等，以便在面试的过程中更好地尊重他们，尽快缩短与他们之间的距离。不同的招聘者有不同的心态，因此，求职者所应用的策略也应有所不同。

根据专家的看法，招聘者可以分为4种类型：

①目标导向型。这类招聘者在面谈时，说话直截了当，商业气息很浓，给人缺乏人情味的感觉。面对这种招聘者时要直接、清楚和充满信心，最忌的是含糊、灰心、不确定。

②温馨家庭型。这种招聘者性情温和，他喜欢每个人，也期望每个人都喜欢他。面对这

种招聘者时要友善、温和，表现出较强的集体荣誉感，让他觉得你与他是同一类人。

③深思熟虑型。这类招聘者以深思与有计划的方式来进行面谈。他不但对你曾经做过什么和将来要做什么感兴趣，对你是如何做事和将来怎样做事也很关注。应对这种招聘者是十分困难的，回答一定要谨慎、完整、有条理。

④轻松浪漫型。这类招聘者是最难应付的一种，因为他们的情绪和行为非常难以预料。如果你能很有耐心、很有兴趣地听他们讲话，并且跟他们适当互动，就会给他们留下好的印象。

> 一家合资的日化公司通知张琳同学去面试。到了那家公司后，张琳同学从那个招聘主管"蹩脚"的普通话中，辨出了家乡话的尾音。于是，张琳及时调整了说话的语速，有意地"泄露"出了几句家乡话。
>
> 招聘主管听了，神情大悦。两个人用家乡话一交谈，果然是正宗的老乡，而且老家还相距不远。结果不言而喻，招聘主管的重心落在了张琳的身上，不动声色地把这个岗位留给了这个小老乡。

像张琳这种巧遇老乡的概率不高，虽然不鼓励面试者刻意走旁门左道，但不可否认的是，招聘主管在作出决定时，有时会掺杂某些主观因素。举这个例子就是要说明，在适当的场合，随机应变就能为自己赢得一张好牌。

3. 个人资料的准备

> 在毕业生招聘会上，求职者都是手拿个人简历在拥挤的人群中辗转于各招聘单位的展位前。招聘单位的人员接过简历，翻阅了之后问："成绩单带了吗？"应聘者回答："没带，出门太着急了。"招聘者说："来应聘，连成绩单都不带，你重视学习吗？"

求职者与用人单位初次接触，彼此之间了解很少，最能够准确地反映一个求职者在大学期间情况的就是学习成绩。而且大多数用人单位都非常看重专业成绩。他们认为，成绩单反映的不仅是知识水平的问题，而且反映了一个人的做人态度，反映了一个人有多大的培养价值与发展潜力。能上大学的，基础应该都不差，上了大学却成绩不好的，这就是态度问题了。学生以学业为主，如果学习都不放在心上，将来能把工作放在心上吗？

所以，在应聘时应该携带的自荐材料要包括以下几个方面：

①个人简历、求职信、推荐书等。

②学习成绩材料，包括成绩单、英语和计算机等级证书等。

③荣誉证书，如三好学生、优秀学生干部、优秀团员、工作积极分子、优秀毕业生，以及各种社会实践活动、各种竞赛的获奖证书等。

④其他能力或已具备某方面素质的材料，如汽车驾驶证、技能鉴定证书以及其他培训获得的证书等。

4. 面试礼仪的准备

尽管面试主要考察求职者的内在素质，但实践证明，求职者以什么样的形象亮相往往会带来不同的效果。另外，在人际交往中，仪态端庄、衣冠整洁体现了对他人、对社会的尊重，表现出一个人的精神状态和文明程度，在面试时当然也成为衡量人的综合素质的标准之一。

> 邱霞接到一家公关公司的面试通知后，提前来到了面试地点。提供给求职者的座位仅有一把连椅，只能坐两个人，由于她来得早，还有一个位子空着，她很自然地坐了上去。
>
> 面试官进来的时候，门外已挤满了等待面试的人，而这时又从门外进来两位求职者，其中有位高跟鞋鞋跟特别高的女生，邱霞主动站起来把座位让给她："你鞋跟高，站着太累了，你来坐吧。"
>
> 就这么一个小细节，面试官都仔细地看在眼里，他们认为邱霞能够替别人着想，做事有礼貌，这是公关人员最基本的素质。
>
> 求职者如果给面试官以"没有团队精神""不懂规矩""没礼貌"的印象，那么表现再好也会打折扣。因为现代企业更看重的是你能不能融入企业的文化氛围中。我为人人，人人为我，两者是相辅相成的。只想着人人为我，从来不会想到我为人人，求职就肯定不会成功。

邱霞的让座位行为表现出了求职者的精神面貌。实际上，大学生求职过程中需要注意的礼仪很多，主要包括以下几个方面：

（1）发型合适　要注意提前理好发型，做好面容修饰。头发应整齐、干净、有光泽。

男性的头发比较好打理，因为可供男性选择的发型不多。对男性面试者来说，简简单单理个发就行了，既不可油光锃亮，像奶油小生，毫无阳刚之气，也不可烫发或染成其他颜色，头发更不能太长。如果使用发胶，需要注意临出发前，一定要用梳子把固结成绺的头发梳开。

女性的头发最忌讳的一点，是有太多的头饰。在面试这样的场合，应以大方自然为原则，发型要符合学生身份。尤其是在公务员录用面试中，发型不要过于新潮，机关讲究的还是端庄、大方。对女同学来说，披肩发不可放任自流，应稍微卷束一下。发型也可以专门做一下，但应大众化，切忌太多的头饰和过分的装束。

（2）服饰得体　在面试中，一定要清楚自己的服饰和装扮所要表达的含义。一般来说，服饰和装扮应与你的气质相协调，与你的举止相符合，与相应的时间、环境、气氛相一致，别有风格而又自然大方，努力吸引面试官的注意并让他心生好感。

服饰和外貌同交谈一样，是面试了解求职者的重要凭据，服饰要给人以整洁清爽、大方得体的感觉，穿着应以保守、庄重一点为好。一般而言，面试官评判面试者服饰的标准是：

协调中显示着人的气质与风度；稳重中透露出人的可信赖程度；独特中彰显着人的个性。

一般来说，在社交中的服饰应遵循"TPO"原则。

所谓"TPO"原则，就是服饰当符合 Time（时间）、Place（地点）、Objective（目的）的要求。

（3）遵守时间 守时是职业道德的一项基本要求，是现代交际的一条重要原则，是作为一个社会人应当遵守的最起码的礼仪。

面试时，千万不能迟到，而且最好提前10~15分钟到达。这样既有充分的时间调整自己紧张的情绪，也可以表达自己的诚意，给对方以信任感。

利用这段时间不仅可以调整自己的心态，让自己放松一下，整理一下自己的思路，还可以最后检查一下自己的仪容，做一些简单的仪表准备。

遵守时间有时还会有这样一种含义，即要遵守事先约定的面试时限。有时招聘单位主动提出只能谈多长时间，这时需要你主动询问可以谈多长时间。无论何种情况，求职者都一定要把握好时间，以体现你的时间观念和办事效率。

为了达到这一点，一定要牢记面试的地点，有条件的求职者最好能提前去一趟，这样，一来可以熟悉环境，二来便于掌握路途往返时间，以免因一时找不到面试地点或途中延误而迟到。如果迟到了，肯定会给招聘单位留下不好的印象，甚至会失去面试的机会。

提前半小时以上到达虽然没有必要，但在面试时迟到或是匆匆忙忙赶到却是致命的。不管你有什么理由，迟到也会被视为缺乏自我管理和约束能力。如果路程较远，宁可早点出门，但早到后不宜立刻进入办公室，最好是在附近等候。

5. 面试的语言技巧

言语表达能力是面试的重要测评要素之一。面试中语言技巧使用的优劣，直接反映了求职者的语言表达能力，体现了求职者的知识和修养。

> 面试官说："请用一分钟的时间叙述一下你的简历。"张红梅就像一位成熟的播音员那样，口齿清晰而流利地说了起来："我叫张红梅，2016年本科毕业，毕业后到了一家广告公司负责文案工作，自己独立设计的多个文案受到客户和专家的好评，其中的一个文案荣获省广告学会颁发的一等奖。业余时间自学英语，获得了中级英语口语证书。贵公司良好的工作环境和发展前景吸引了我，我希望获得一个和贵公司同步发展的机会。"
>
> 张红梅叙述完后，人事部经理对她说："虽然你自我介绍得很精彩，我们通过这次见面对你也有了一定的了解，但你是不是像你自己所说的那么好，我们还要进一步了解。"
>
> 张红梅面带微笑地回答："这没关系，以后我们是同事了，慢慢了解也不迟啊，至少也有一两个月的试用期嘛！"

巧妙的话语不仅感染了招聘者，还拉近了相互之间的距离。作为求职者，即使你再聪明伶俐，也不可能把面试时可能出现的问题想得面面俱到。不过没关系，只要你消除紧张，做到随机应变就好。这不仅能反映出你头脑灵活，更能表现出你面对困难时的从容态度。

（1）"我"字的使用 在面试时，求职者会向面试官极力推销自己："我"适合这份工作，"我"毕业于某某学校，等等。心理学家告诉我们，多数人既有展示自我的欲望，又有不愿意做别人的观众的心态，因此在求职者痛快地使用"我"的时候，面试官也许已经厌烦了。

> 求职者甲："在我负责办公室工作期间，我使办公室工作有了较大起色，并且在我的严格管理下，本部门工作人员也得到了极大的锻炼和进步，因此我得到了上级领导的赞赏，这令我非常欣慰。"
>
> 求职者乙："在我负责办公室工作期间，部门工作有了很大起色，调查显示，不仅员工满意度比去年上升了30%，而且本部门每个员工也得到了极大的锻炼和进步。我们的成绩引起了上级领导的注意，上级领导的赞赏又给了我们全体工作人员极大的鼓励。"
>
> 应该说，求职者乙比求职者甲更易令人接受和喜欢。他没有一连串地使用五个"我"，并且未将功劳全部归为自己，因此同样的内容，求职者乙的表达效果就好得多。

除了尽量少用和避免重复使用"我"字以外，还有一些关于"我"字的使用技巧。

①变单数的"我"为复数的"我们"。

②用较有弹性的"我觉得""我想"来代替强调意味很浓的"我认为""我建议"等词语，以起到缓冲作用。

③使用"我""我们"的替代语，如"本人""大家"等，以转移"我""我们"的语意积累作用。

④对"我"字作修饰和限定，如"我个人的看法"等。

⑤在符合语法的情况下省略"我"字或者类似词语，如将"我认为这是一次成功的运作"变为"这是一次成功的运作"。

总之，除了在明确主体、承担责任的语意环境下必须使用"我"字以外，应慎用和巧用"我"字。

（2）发表意见的技巧　求职者针对某一问题能否发表合理的、深刻的、有建设性的观点，是面试成功与否的重要因素。为了争取面试官的认可，求职者除了具备真才实学以外，也要掌握表达自己观点的语言艺术，让面试官更好地理解和接受自己的观点。

①认真听取面试官的提问时，抓住面试官提问的要点，同时合理组织自己的语言。面试官未说完，绝不能打断其话语，应当静待面试官说完后再从容不迫地发言。

②保持与面试官的实时互动和有效沟通。发言时，一定要密切注意面试官的反应。如果面试官未听清楚，就要及时重复；如果面试官表示困惑，就要加以解释或补充说明；如果面试官流露出不耐烦的情绪，就要尽快结束话题，而不要等到尴尬地被打断。

③如果面试官提出相反意见，应当虚心倾听，真诚请教。如果经过讨论仍然坚持自己的观点，也要记住，应当尊重面试官，维护面试官的尊严和体面，不要贸然否定面试官的意见，更不要不留情面，明确否定面试官的意见。或者有意地保持暂时沉默，或者幽默地表示以后再议，或者婉转地表示自己将会认真考虑面试官的意见。上述这些都是求职者在面试现场可以考虑的选择。

（3）语言表达要精练准确　求职者的发言应当简洁、精练，注意谈吐流利、口齿清楚，以中心内容为线索，条理清晰，展开发挥，切忌东拉西扯、漫无边际。

为了突出自己的中心论点，求职者可以采用结构化语言表达模式。回答问题时，开宗明义，先做结论，然后再做叙述和论证，条理清晰地展开主要内容。当然，在任何情况下，都

要避免空口议论，防止发言冗长。

（4）怎样做恰当的解释　在面试中，解释是常用的表达方式。解释的目的是将面试官不明晰或不了解的事实、观点说清楚，或者是阐释某件事的原因，或者是将面试官的误解及时澄清。解释本身并不难，但要使自己的解释达到预期效果，这就需要一定的原则和技巧。

①态度端正。求职者在做解释时，不能因为面试官要求你解释的问题太简单而表现得不耐烦或自傲。有时候，面试官并不是真的不懂或没听清，也不是想搞清楚你到底知道多少，他要求求职者解释某一问题，考察的就是求职者会不会解释问题。求职者也不能因为自己被误解或自己的回答被怀疑，需要做出解释，而感到委屈和不满。求职者在做解释时必须态度诚恳，用渗透诚挚情感的语言来说明问题。

②适时收尾。当解释实在难以奏效时，求职者不必显得着急。如果面试官已经做了某个判断，求职者往往很难改变他的观点，这时转移话题是最好的解决办法。如果抓住这个问题不放，非要让面试官屈服不可，就有可能把求职者与面试官的关系弄僵。

③有理有据。解释其实就是阐明支持自己论点的论据。在确凿的证据和严密的逻辑推理的支持下，面试官将会很容易地接受求职者的解释。

④实事求是。解释时若真实情况难以直言，求职者不能随意寻找借口、强词夺理，更不能巧言令色、凭空编造。该解释的，就讲明客观原因，表明自己的态度；不该解释的，不要乱加说明。若有不便直说的或不愿在现场表露的，可以含蓄说明、间接说明或者粗化处理。如果遭到追问，实在不能回避，再如实向面试官说明情况并请求他们的谅解。

⑤承担责任。当求职者被要求解释自己过去工作中的失误或某些不足时，求职者需要勇于承担责任。面试官不会只注意"错误是谁造成的"，他们真正感兴趣的是"谁承担的责任并做了怎样的解释"。在自己承担责任时，要就事论事，将责任严格限定于所解释的事情上，不要随意扩大。

（5）借用他人评价　很多面试问题是直接针对求职者提出的，需要正面做出回答，而其中的有些问题如果"借口说话"效果可能会更好。

例如面试官询问："你认为自己大学期间的成绩优秀吗？"
求职者如果正面回答："我想应该是不错的吧！"

这样的自证式回答就显得苍白，很难有说服力。如果借用他人之"口"，也就是旁证来证实自己，就会有效得多。

例如："我本科四年都拿到了一等奖学金，毕业时被评为优秀毕业生。由于在专业上取得了一定成绩，我系唯一的一名院士李教授让我进入他的实验室，并对我的工作做了中肯的评价。毕业前，在李教授指导下，我在刊物上发表了一篇学术报告，该刊物的主编认为这篇报告观点新颖、内容翔实……"

这样，既有证言又有证物，既有人证又有物证，说服力就很强。

借别人之口谈自己这种方法在具体应用时，要注意所借用的人或事物应该是面试官所能接受和认可的。如果求职者说："我母亲一直认为我很聪慧……"就似乎不太合适，因为自己的亲人对自己的评价往往不够客观和权威。此外，求职者还应尽量表达得委婉含蓄一些。"借口说话"既不能大张旗鼓、盛气凌人，又不能无中生有、凭空捏造。只要避免了这几点，"借口说话"的技巧就能恰当地运用。

（6）语言准确，不要有歧义

①指代清楚。口语不同于书面语，后者可以大量使用代词，若口语中大量使用代词，面试官难以根据上下文来分清指代关系。尤其是"他""她""它"在口语中发音相同，指代关系之间是分不清的，因此求职者在现场为了避免指代不清造成的误解，应该少用人称代词。能用姓名的地方还是尽量用姓名为好。

②情节叙述应当提供确切信息。有些求职者回答问题时容易出现跑题现象，不紧扣题意，泛泛而谈。在有些面试中面试官可能会问一些令人尴尬的问题或者自揭其短的问题。例如，面试官询问求职者对过去的某件过失怎样认识时，求职者如果企图一带而过、蒙混过关，简单地回答："有一次我做错了一件事情，我觉得太不应该了，下次一定得注意。"这样的回答由于未提供足够的确切信息，显然是难以让人满意的。

③不要中英文夹杂。如果是英文面试主要考察求职者的英语口语表达能力，可以纯用英文交流。但中文面试中，一些求职者在面试中中英文夹杂，除非面试官同意，否则求职者在现场要尽量使用普通话。求职者中英文夹杂说话可能会引起一些比较传统的面试官情绪上的抵触。在自己的国土上当然是用普通话为好。

④可以在话题末尾做一个小结。对于一些时间、空间、逻辑结构不明显的叙述或较长的一段话，求职者可以多使用一些连接词，加强句与句之间的承上启下关系，并突出逻辑层次。在结尾可以言简意赅地做一个小结，给面试官一个清晰、完整的内容提要。

（7）适当地引用一些谚语、名人名言、成语典故。适当地引用一些谚语、名人名言、成语典故会突出考生的文化底蕴。引用内容的深度往往体现引用者的思想深度。但求职者引用名人名言等仍要掌握好度，能说明问题即可，不要为了引用而引用。同时也不能落入俗套，而应恰如其分、精彩别致，让人听后眼前一亮。

6．克服紧张心理

（1）消除紧张

①要正确分析自我，根据自身的特长，选准适当的就业位置。决定参与时要有"敢于竞争"的信心，面对结果时要有"愿赌服输"的气概，保持积极主动的心态，增强心理承受能力。在竞争面前，人人都会紧张，这是一个普遍的规律。常用的方法是，或大点声音讲话，把面对的面试官当熟人对待；或掌握讲话的节奏，"慢慢道来"；或握紧双拳、沉思片刻，先听后讲等。这些都有助于消除紧张。

②要有充足的睡眠，保持清醒的头脑，以良好的心态从容应试。对可能出现的问题要有应对预案，对回答问题的策略要提前做好通盘考虑。在面试时不要老想着面试结果，要把注意力放在谈话和回答问题上，这样就会大大消除紧张感。

③不要把面试官看得过于神秘。并非所有的面试官都是经验丰富的专业人才，他们可能在陌生人面前也会紧张，认识到这一点就用不着对面试官过于畏惧，精神也会自然放松下来。

④要准备充分。实践证明,准备得越充分,面试时的紧张程度就越小。面试前除了进行知识、技能、心理准备外,还要了解和熟悉求职的常识、技巧、基本礼节,必要时同学之间可以组织模拟面试,事先多次演练,互相指出不足,相互帮助、换位模仿,到面试时紧张程度就会减轻。

(2) 缓解焦虑

①进行积极的自我暗示。求职者在叙述"我可能通不过面试""我缺乏应变能力,恐怕难以应付面试中的应变题""我表达能力不够好"等时,这些消极的暗示会破坏良好的心境,分散注意力,降低求职者的自信,把求职者引入胡思乱想之中。相反,假如求职者能对自己进行积极的暗示,就会充满自信,心境坦然,注意力集中,思维敏捷,努力在面试中积极地表现自我,面试结果也常被自己的积极暗示所言中。

求职者必须习惯于多给自己积极的评价,必须学会进行积极的自我暗示。当然,进行积极的自我暗示并不是盲目乐观、脱离现实,以空幻美妙的想象来代替现实,而是客观、理性地看待自己,并对自己有积极的期待。

②利用"系统脱敏法"消除过度焦虑。所谓"系统脱敏法",就是通过一系列的步骤,逐渐训练个体的心理平衡能力,增强心理适应能力,从而消除敏感反应,保持身心的平衡状态的一种心理训练方法。其操作步骤如下:

第一步,认真反思自己的情况,依程度轻重将引起面试焦虑的情境排序。

第二步,运用想象进行"脱敏"训练。首先,从能引起你最轻度焦虑的情境开始想象,尽量逼真地想象当时的各种情境、面试官的表情和自己的内心体验,一旦有身体的紧张反应或内心的焦虑状态出现,便用言语暗示"沉着""冷静""停止紧张",同时进行有规律的深呼吸,尽量放松肌肉,以减弱自身的紧张状态,直至镇定自若。然后,想象第二个情境,依次进行训练。最后,达到想象最紧张的面试情境时,也能够轻松自如。

③利用"暴露冲击法"消除过度焦虑。求职者可在平时多去参加些面试,多去锻炼,在成功或"碰壁"几次之后,再面对面试的场景就坦然多了。

④详尽了解面试过程,充分认识自我。求职者既要充分了解面试的要求、题型、时间、地点、类型等具体信息,做到心中有数,同时又要实事求是,正确地评价自己,相信自己的能力,不好高骛远,也不自轻自贱。这样一来,面试前的焦虑自然就会减轻。

⑤事前做好充分的准备。事前做好充分的准备,可以减少面试焦虑。预计到自己临场可能会很紧张,应当如前所述,事先请有关的同学、老师充当面试官,进行模拟面试,找出可能存在的问题与不足,增强自己克服紧张的自信心。

应反复告诫自己,不要将一次面试的得失看得太重。应该明白,自己紧张,你的竞争对手也不轻松,也有可能出现差错,甚至可能不如你。同样条件下,谁克服了紧张,谁从容镇定地回答提问,谁就会取得胜利。

⑥深呼吸。很多时候,只要一次深呼吸便可让人平静下来。

a) 首先吸气,尽可能地让自己的肺部充满空气,姿势随意。
b) 双手轻轻置于肋骨的下部,缓缓抬头,同时暗示自己"我很放松"。
c) 吸气要做到缓慢而自然,要用腹部的力量吸气,胸腔不要剧烈起伏。
d) 屏住呼吸,放松全身肌肉,再将空气均匀平缓地呼出。

【扩展阅读】从秀才买柴看沟通

有一个秀才上街买柴,只见他走到卖柴人跟前,文绉绉地说道:"荷薪者过来!"(荷薪是担柴的意思)

卖柴的没读过书,他哪听得懂这"荷薪者"三个字是什么意思。但是,他听懂了"过来"两个字,于是,就担着他的柴来到秀才面前。

看着卖柴人朝自己走来,秀才又咬文嚼字地问道:"其价如何?"

这次又难倒了卖柴人,只见他摸了摸头,也不知道这位秀才说的是什么意思。但是,跟刚才一样,这位卖柴人也只听懂了个"价"字,于是就一五一十地告诉秀才他的柴到底卖多少钱。

紧接着,秀才又说道:"外实而内虚,烟多而焰少,请损之。"意思是说,你的柴外面是干的,里面却是湿的,这样的柴烧起来,肯定是烟多而火焰小,请减些价钱吧。

这一次,卖柴人彻底没辙了,刚才一句话还能听得懂几个字。可是,现在秀才一张口,一口气说了这么多,他可是一个字都听不懂啊。

于是,这位卖柴人担着柴就走远了,任凭秀才在后面怎么喊,都不再回头。

职场上沟通非常重要,沟通并不是要夸夸其谈,也不能默不作声。要做到有效沟通,必须明确和沟通相关的几个问题,我们简称为"4W1H"法。

第一个 W 是指"Who",表示与谁进行沟通。
第二个 W 是指"Where",表示在哪里沟通,确定沟通的地点。
第三个 W 是指"When",表示什么时候进行沟通。
第四个 W 是指"What",表示沟通什么内容。
H 是指"How",表示怎样进行沟通。

秀才在与卖柴人进行沟通时,用卖柴人听不懂的语言与他交流,最终导致沟通失败。沟通者平时最好用简单的语言、易懂的言辞来传达信息,而且对说话的对象、时机要有所掌握,有时过分的修饰反而达不到设想的目的。

7.2.3 笔试的技巧

1. 笔试的内容

(1)心理测试 心理测试是指用事先编制好的标准化量表或问卷要求被试者完成,根据完成的数量和质量来判定其心理水平或个性差异的方法。一些特殊的用人单位常常以此来测试求职者的态度、兴趣、动机、个性等心理素质。

（2）智商测试　智商测试主要测试求职者的分析和观察问题能力、综合归纳能力、思维反应能力。一些著名跨国公司对毕业生所学专业一般没有特别要求，但对毕业生的素质要求较高。他们认为专业能力可以通过公司的培训获得，所以是否具有不断接收新知识的能力是他们更在意的。

（3）专业测试　专业测试主要是检验求职者是否具有担任某一工作所要求的专业知识水平和相关的实际能力。一般用人单位在接收毕业生时，主要是看学校提供的推荐表及成绩单，同时再辅以自荐材料就可以了解其基本的知识能力等情况。但也有一些特殊的用人单位，需要通过笔试的方式对求职者进行文化专业知识的再考核。比如，外资企业、外贸企业要考外语，公检法部门录用干部要考法律知识，政府机关要考应用文写作，软件公司要考应用特定语言编程，等等。

（4）技能测试　技能测验主要是对求职者处理问题的速度与质量、操作的技能与熟练程度等进行测试，检验其对知识和智力运用的程度和能力。一般通过模拟工作环境或者直接进入工作现场，要求按规定完成特定操作项目和任务。

2. 笔试的技巧

要在笔试中取得好成绩，关键在于牢固地掌握所学知识。要对前几年所学的知识做一个系统的复习，唤起记忆中的印象，在较短时间内加以强化。

（1）笔试的复习技巧

①计划要周全。具体分析复习的情况，妥善安排复习时间和内容，严格执行复习计划。

②方法要得当。对大量的知识进行归纳和提炼，用简明的表格、提纲或精练的语言准确地写下来。把各门课的内容按一定的科学系统自编提纲，进行高度概括。要形成自己的知识体系，建立起良好的认知结构，从整体上把握知识。

③复习要细致。了解各类考试题目的特点和解答各类题目的方法，对专业知识进行必要复习是笔试准备的重要方式。一般说来，笔试都有大体的范围，可围绕这个范围翻阅一些有关图书资料，复习巩固所学过的课程内容，温故知新，做到心中有数。

（2）笔试的答题技巧

①心态良好。无论参加什么考试，首先都要有良好的心理状态，要做到适度紧张和适度放松相结合。太无所谓考不出最佳成绩，过于紧张也考不出最佳成绩，只有适度紧张、情绪稳定才能考出最佳成绩。

②准备充分。虽然久经考场，但还是有人会犯一些低级错误，所以记住带好身份证等必备证件和所需文具，要事先熟悉考场，了解注意事项，估算路上时间，以免临时匆忙出错或迟到。

③掌握方法。拿到考卷，看清楚事项、答题要求，然后从头到尾大略看一下试题，了解题目类型、分量轻重、难易程度，合理安排答题时间，以充分反映自己已掌握的知识程度，充分发挥自己的真实水平。一般根据先易后难、先简后繁的原则确定答题顺序。

④科学答题。在具体答题时，必须认真审题，切实弄清题目要求，逐字逐句分析题意，

按要求进行回答。要积极思考，努力回忆学过的知识，并进行联想，将已学过的有关内容相互联系起来比较、分析，积极思考，找出正确答案。特别是应用题，往往要求运用所学的知识解决实际问题，解题时先找出关键词，理解题意，然后根据题目的要求，选择适当的方法予以解决。

7.3 就业心理

7.3.1 现代大学生的就业观

经过大学里数年的发奋苦读，学有专长，终于走出"象牙塔"，步入竞争激烈的市场。他们犹如一匹匹"千里马"，期待着适应市场经济选择的就业指导，向往着施展才华的舞台，渴望着伯乐们的挑选。在就业过程中必须结合毕业生的实际对其就业心理予以重视。就业心理在一定程度上缘于就业观念，因此探究就业观成了研究就业心理的先决条件。

1. 就业是力争社会接纳、实现成才的需要

大学毕业生走入社会，渴望着成才，而市场的优胜劣汰会筛选有用人才。从心理需求视角上看，大学生随着社会交往的日益扩大、生活阅历的不断积累和文化科技知识的迅速增长，心理上必将萌生早日成才的迫切愿望。

从社会需求视角看，大学生的实际社会地位并非他们想象中的那么高，仅属于"社会准人"或"社会边际人"，因此，他们具有强烈的塑造个体形象、较快完成从"自然人"到"社会人"转变的意愿。他们不仅期望得到校园师生的认可，而且企盼得到社会的接纳。这种发自内心的希望早日成为社会有用人才的愿望，是促使大学毕业生的就业指向紧紧围绕市场经济职业需求的"第一推动力"。

2. 就业是追求经济自立、奠定物质基础的需要

大学生就业后可以力争早日经济独立，奠定和创造生存所必需的物质基础，并争取获得较大的经济利益。这一方面满足毕业生个体生存、健康发展和愉快生活的需要，另一方面满足从依附父母中解脱出来，达到意志独立乃至全面独立的需要。大学生这种追求经济独立、创造物质财富的愿望，是他们选择向市场经济大动脉靠拢的又一动力。

3. 就业是实现自我价值和社会价值的需要

为了早日实现自我价值与社会价值，大学毕业生不断筛选市场的人才需求信息，反复比较，抉择满意就业方案，确立就业的科学坐标，以期充分发挥个体的潜能，达到实现"两个价值"的目的。

7.3.2 消除心理障碍

就业心理障碍将会影响大学生的顺利就业。研究心理障碍的表现形式，对症下药，积极疏导，有利于塑造学生良好的就业心理。

1. 就业浮躁

（1）就业浮躁产生的原因

①青春期固有的因素。处在这个时期的青年人，接受新事物快速，思想容易不切实际，处理问题易冲动，自我意识强烈。虽然他们的生理发育已经成熟，但相当部分大学生心理发展还不成熟（由于专业的细化，加上知识结构过窄），生理状况与心理因素具有明显的不同步性。再加上他们的知识结构不完善，每个人的生活体验又千差万别，其个性心理特征便呈现较大差异，在就业过程中就表现出浮躁、彷徨和不安等，感到就业无从做起，既想尽快步入社会，又不知人生归宿在何处。

②优柔寡断。从学校到社会是人生的一大转折，既要求大学毕业生做到尽快适应，又要不失时机，抓住转折机遇，权衡利弊。优柔寡断的心理弱点往往会使他们产生"不识庐山真面目"的浮躁感，以致经常丧失许多就业良机。这样，在人才市场上便出现了"热门烫脚，冷门冻脚"的怪现象。比如，受到追捧的行政机关、事业单位、金融机构等热门职业，形成"千军万马过独木桥"的激烈场面，用人单位只好"百里挑一"，落选者自然较多；而一些所谓冷门职业尽管急需大批人才，但仍是"门前冷落车马稀"，问津者寥寥，签约者更少。

③自负的心态。部分大学毕业生学习成绩优秀、所在高校声望高、专业热门、求职门路广、家庭条件优越，或者因能力强有一定的竞争力，或者因相貌出众等因素，产生了一种自负的优越感，在求职时往往表现出狂妄自大、不屑一顾的情况，导致丧失了许多就业的机会。

④期望值过高的心理。大学生都希望能找到一份充分施展才华和实现人生抱负的工作，希望能去大城市、大机关、大公司、大企业工作。实际上，这是大学毕业生对就业的期望值过高的表现，是对社会需求不了解，结果往往造成大城市、大机关、大公司挤不进去，小城市、小机关、小公司不愿去的尴尬局面。

> 张玲毕业后，学校安排张玲到一家宾馆客房部做客房服务。张玲曾经有过做客房服务的见习经历，就业单位就把她分配在客房部了，她本以为会"驾轻就熟"。但不同的单位要求完全不一样，一切要重新开始。她接下来叫苦连天。她不断给班主任打电话："老师，这里太严格了。我天天跪着擦马桶，我每次跪下都觉得我的人格受到一次侮辱。"与此同时，她的妈妈也给班主任打来电话："老师啊，我们孩子在家里什么都不做的，我也不叫她做，学校里怎么给她介绍了擦马桶的工作呢？我们孩子怎么能吃这个苦呢？我要给她重新找份工作。"
>
> 两个月之后，张玲的妈妈就给她找了份旅行社的工作，刚开始张玲也就干些处理杂事、跑腿、跟团等琐碎的事情。后来有机会带了一次老人团，她发现要千叮咛万嘱咐游客，要不厌其烦地数人，要应对不同的客人，她觉得好累。仅此一次，她就认为自己不具备做导游的责任心，她不适合这份工作，又打起了退堂鼓。
>
> 等到她把实习变动的申请单交到班主任手中时，班主任发现这次的工作单位名称已经变成一家生物科技公司，岗位是文员。张玲说："这次我觉得我已经找到真正适合我的工作了，我要认真工作。"

上例中的情况很典型，毕业生对于职场的工作强度没有很好的心理准备，所以一次又一次以调换工作单位和岗位来解决"职场困难"。但这样能解决问题吗？显然不能。

（2）消除就业浮躁的途径

①要制订合理的职业规划。如果将中小学时代视为个人职业理想的萌芽阶段，那么，大学时代是个人职业理想真正的形成阶段。大学生的职业理想是指大学生对未来职业的追求和向往，是一种对未来职业的规划，求职就业的一切都以此为基本出发点。而高尚的职业理想应当是个人志向与国家利益、社会需要结合起来，在三者的结合中通过自身的努力，最终实现人生价值。

②在就业中寻找最佳位置。大学生毕业前必须做好充分准备，对所处的社会环境有较全面的了解和认识，不断调整自我的期望值，掌握就业主动权，做到切合实际，使自身符合社会的需求，从而获得理想职业。

③适应社会。大学毕业生应清醒地认识到，市场经济的供求规律深深地影响着人才市场。供不应求，就业可能性便较大，就业较容易；供过于求，就业可能性减小，就业较困难。遵循这一基本规律，求职时便不会一厢情愿地"想当然"，而是迅速地适应社会，最终实现成功就业。

2. 就业焦虑

（1）产生就业焦虑的原因

①依赖。众所周知，职业的选择往往是对机遇的一种把握，错过机遇，就会与成功失之交臂，有时甚至是遗憾终生。特别是一旦今后找不到理想的工作，焦虑感便随之而来。

> 李某读到职校二年级时，根据教学计划，学校安排李某到中山市某大型企业实习半年。
>
> 到岗后，她连续几天每日打电话向家长哭诉，认为吃得不好，住得不好。同去的同学也反映李某从不与大家说话，下班后除了睡觉不做别的。学校从多方考虑，派老师前往中山处理。老师猜测可能是工作环境、食宿条件不够理想引起该生情绪波动，于是又将其调整到生活、工作环境都不错的另一家公司实习。同时调整的有8名学生，其他学生均非常满意，唯独该生坚决要求随老师回家。
>
> 家长、老师、同学面对这种情况，反复做该生的思想工作，但该生仍固执己见。再三询问下，该生道出了原因——非常想家。无奈之下老师只好将该生带回。

离开学校，来到岗位，这对李某来说是一个相对陌生的环境，对新环境、新人际关系产生了莫名的恐怖和抵触，虽然频繁换岗位依旧无法适应，这是严重的依赖心理在作怪，于是才形成上述的局面。

②等待。等待也有两种表现。一种是大学毕业生不积极参与就业，而是靠父母和亲朋好友出面四处奔波，缺乏就业的主动性，这种状态下，即使在别人的帮助下能找到职业，也难以适应今后的竞争。另一种是部分大学毕业生在分配工作一开始，用人单位的需求量比较大时，不与用人单位签订协议，认为将有更好单位在后头，结果是"过了这村，没了那店"，等到众多机会丧失时，便产生焦虑和苦闷的情绪。

③短视。有些毕业生在就业时过分看重地位和实惠，一心只想进大城市、大机关，去沿海发达地区，到挣钱多、待遇好的单位，并认为只有到大型企业去工作，才能充分发挥出聪明才智。他们认为大型企业具备实现人生价值的物质和精神条件，那里机遇好、福利好、工作稳，而小企业资金缺乏，人员素质差，更谈不上什么发展前途了。而实际上大企业难进，毕业生容易形成焦虑的心理。即使进了大企业，发现里面人才济济，竞争十分激烈，"大材小用"现象十分普遍，更是焦虑。

（2）消除就业焦虑的技巧

①重视转换角色，适应社会需要。求职就业与学习期间的社会实践不同，它是要找到适合自己的工作岗位，并能在这个岗位上发挥自己的作用。毕业生在求职前必须从宏观上了解国家的有关政策，尽可能地了解就业的法律法规，了解正在实施中的改革措施及存在的问题；从微观上要了解自己专业就业的基本情况和改革趋势，以及用人单位人事管理的办法、动态、用人数量和标准。了解的目的不是研究、评判，而是为了接纳和适应。

> 前文中所说的张玲的问题，非常典型，将其遇到的几个问题一一分析如下：
>
> ①张玲认为"我天天跪着擦马桶，我每次跪下都觉得我的人格受到一次侮辱"，产生这种思想的原因是其价值取向存在偏差。
>
> 社会上的岗位和角色有很多，每个人都可以以自己的方式去处理同一个角色，但是不管是谁，一旦担任了相应的角色后，都必须按照这个角色的规则去做，去尽心完成这个任务。服务这种工作在角色上和顾客之间是不平等的，换成通俗的说法即"顾客是上帝"。既然选择了这个社会角色，就要适应社会需要，扮演好自己的角色，用自身的个性化服务来体现这个角色的价值。
>
> ②张玲身上缺乏责任意识，待人处事随意，不负责任。
>
> 这会给用人单位留下不好的印象，认为这样的实习生缺少持之以恒做好一件工作的精神，最终给个人的职业发展带来不好的影响。
>
> ③作为家长，张玲妈妈的态度也不对。
>
> 当孩子刚踏上工作岗位，透露出畏难情绪和不能吃苦的思想时，家长的一言一行都会对孩子产生很大影响。家长应该更多地让孩子明白生存的不易、工作的艰辛，让孩子知道不付出一定努力是不能有任何收获的，而不能孩子说什么，家长就跟着说什么，那样对孩子的成长只会造成消极影响。不让孩子去经历风吹雨打，不让孩子去锻炼成长，难道孩子能在家长怀抱里躺一辈子吗？
>
> 所以，遇到张玲这样的学生，需要从心理和责任上去疏导，而不能一味纵容。

②客观评价自己，树立良好的就业心态。古语云："尺有所短，寸有所长。"所以，每位毕业生对自身能力应有客观和正确的认识，做到"知人者智，自知者明"。只有这样，才能树立良好的心态，在求职中抓住机遇，避免盲目性，减少失败。良好的就业心态主要表现在以下四方面：一是确定合适的就业目标；二是避免从众心理；三是避免理想主义；四是克服依赖心理。

7.3.3 心理误区

大学生在就业过程中,存在着诸多误区,下面从现实性的视角,审视常见的几种心理误区。

1. 追求用人单位的"光环效应"

单位的光环效应主要是从单位的社会声望等方面考虑的。单位的光环效应使许多大学毕业生神往。一般来说,名牌单位效益较好,工资和福利较高,但好单位工作压力也较大。与此相反,那些有待发展的其他单位(如中小企业),需要各方面的人才,在那里大学毕业生更能展示自身才能。因此,摆脱光环效应,立足现实,未必不是明智的选择。

2. 工作与兴趣等同

部分大学毕业生在就业过程中,基本上以个人好恶为出发点,追求的是兴趣,没兴趣的坚决排在就业考虑范围之外。应当说,兴趣与职业之间是相通的,二者的统一无疑会带来个人能力的提高和利益的获得。但兴趣与职业又并不完全一致,有些兴趣在职业市场上很难与相关职业挂钩,所以不能仅以兴趣论职业。而当人的兴趣与奋斗目标相结合时便发展为志趣,它具有自主性、社会性、方向性的特点,表现为行动或意志的一致倾向。而这种结合往往并非所有人都能做到。

3. 工作便是求稳

这种求稳的心理源于中国的"铁饭碗"观念。受长期以来的传统观念影响,使部分大学生的就业观念仍停留在"稳"的历史阶段。而实际上,这些大学毕业生在主观上和客观上都不够理性。真正稳定的事物是自己的事业心和责任感。任何规章制度都不会将勤劳肯干与成绩突出者排斥于职业之外,而那种企盼一个又轻松又稳定的职业过一辈子的想法是不切实际的。

4. 无能无力难以就业

德尔菲神庙门前的三句箴言中最有名的一句就是:"认识你自己"。

但时至今日,仍有不少大学生不能正确地认识自己,对自己仍是模糊的定位。人的能力有大小之分,但从没有一个人会一无是处,只是作用大小不同而已。因此,大学毕业生既不能盲目自信,又不能过分低估自我,应在就业实践中不断地挖掘潜力,逐步实现人生目标。

5. 男强女弱的工作思维

中国传统文化中"男尊女卑"的封建思想在现实生活中仍然存在,并以重男轻女的模式凝固于就业现实中,这也成了女大学毕业生找工作相对难的主要原因之一。应当指出,男性和女性各有所长,诸如优雅的公关人员、严谨细致的科研人员、医院里亲切的白衣天使、幼儿园里充满朝气的女性教师等,都是女性发挥特色的职业。

6. "锥于袋中而不自露"

许多大学毕业生在校期间,刻苦学习,不断提高综合素质,却忽视得到认同也是个人发展的重要手段。对于就业的大学毕业生来说,能力固然重要,但有能力还应适当地表现自己，只有这样，才能得到领导和同事的认同，从而较易得到良好的工作环境和人际关系以及领导的重用。

7.3.4 特殊群体的就业指导

大学生要树立积极主动的就业心理和就业行为。另外，也要针对女大学生、有生理缺陷大学生以及有特长大学生分别进行就业指正，以达到更好的指导效果。

1. 针对女大学生的就业指导

（1）学会自我思考与自我选择　女大学生在就业时，必须充分了解职业的基本知识，准确地进行自我评价与定位，在此基础上积极寻找合适自己的职业。此处，受社会对女性角色认识偏差的影响，部分女大学毕业生在就业时考虑较多的是职业对今后家庭生活的影响，因而不愿意涉足那些诸如上下班不准时，或经常需要出差的职业。所以，必须结合自身条件，选择适合自己的职业。

（2）注重发挥女性就业的独特优势　一般情况下，女生常表现出沉着稳重、善于忍耐、做事小心谨慎、观察事物敏锐细致的特点，比较适合那种要求持久细致而又不易疲劳的活动。因此，女大学生在就业时应了解自己的性格与气质，据此选择今后的工作类型。女大学生对一般的兴趣爱好，如文学、艺术等比较感兴趣，而对探索性较强的自然科学则缺乏兴趣。因此，女大学生要针对自身特点，立足优势，扬长避短。

（3）正确实施决策，实现成功就业　根据前文叙述，女大学生需要对自己的职业生涯做一个长期的职业规划，在设计职业规划时应从实际出发，准确定位，找到合适的发展道路。同时，广泛收集信息，获取选择的主动权。另外，从容选择，正确决策。

要知道，就业的各类信息并非唯我独占，这就是决策的时机性，如若时机到了仍摇摆不定，在徘徊之间别人可能占尽先机而捷足先登。因此当机遇到来时，应当机立断，迅速果断做出决策。

2. 针对有生理缺陷大学生的就业指导

（1）摈除自卑心理　由于生理上的某些缺陷，使得此类学生还未进入就业的"比赛"场地就已显得"落后"于他人了，无法与健全的学生在同一起跑线上展开竞争。

诚然，与健全的毕业生相比，有生理缺陷的毕业生在某些方面存在着劣势。但也应意识到，内因是决定事物的根本条件，一个人的成功是靠后天的努力和勤奋所取得的，客观上的缺陷和不足可以通过后天的努力予以弥补。

（2）正视缺陷，扬长避短　生理缺陷是客观存在的，后天无法弥补，怨天尤人、自怨自怜不光于事无补，而且此种心理下产生的消极情绪会进一步摧毁人的意志与勇气，所以应在就业环节逐步消除。在就业之前清晰地分析短处，然后学会"藏拙"，扬长避短，积极寻找对生理缺陷影响最小的职业，将此生理上的不利因素降到最低程度。因此，对生理有缺陷的大学生来讲，一定要注意扬长避短，将缺陷带来的负面影响降到最低程度，这样才能较好地与其他学生竞争，发挥出自己真实的实力。

3. 针对有特长大学生的就业指导

有特长大学生是指在某一方面具有超常的、领先于所在群体中其他人的感知能力和认识水平的大学生。有特长就有竞争力。为讲解清晰，本书将其分为有专业特长和有某方面特殊才能两类进行讲解。

（1）针对有专业特长大学生的就业指导　少数学生对某一专业有着浓厚的兴趣，有着超出一般学生的学习热情和独到的见解，因此在这个领域显示出特有的灵气，他们是不可多得的专才。

由于现行的教育评价体制主要是侧重对学生全面素质的综合评价，因此有些学有所长的学生可能在全班或全年级中并不显得十分突出。对他们的就业指导应该着重强化如下几个方面：

①因才就业。当职业的需求与主体的兴趣特长一致时，应该是非常幸福的事情，因为兴趣能极大地激发主体的创造热情，并且在获得知识的过程中，获得前所未有的成就感。

所以，无论是在选择行业还是岗位时，兴趣都应该是首先要考虑的因素，特别是对于只需要少数有特殊才能的从业人员的职业。如果轻易放弃了"特长"，他们将与普通毕业生无异，这也是国家的损失。因此，专业上学有所长的学生在就业时一定要注意"因才就业"。

②自主创业。对少数学有所成，在校期间已着手开展科研工作，并有了初步成果的学子来讲，可以不参加就业，走自主创业之路。当前，许多学校都积极举办类似课外科研等的活动来激发学生的积极性。总的来说，类似大学生挑战杯等的竞赛活动，都具有较高科技含量和潜在的社会效益及经济效益。对参加者特别是获奖者来讲，将这种潜在的科技成果转化为生产力，发挥其经济效益与社会效益，也不失为一条实现自我价值和成功的途径。

（2）针对有某方面特殊才能大学生的就业指导　部分学生在专业课学习上表现平平，而在某个方面或某个技能上却表现出了出众的才华。对这类大学毕业生的就业指导，应以其特长为主，积极寻找有利于特长发挥的职业。

①模糊专业，发挥特长亮点。

> 张全学的是物理专业，终日与"无聊"的公式打交道的他对此不感兴趣，当初在选择专业时，也是逆不过父母才选择了这个专业，四年下来成绩平平。
>
> 但张全对英语，特别是口译非常感兴趣，并且有天赋。所以在平时，他十分注重英语能力的提高，并利用业余时间承担了一些翻译工作，因此多次在各种英语竞赛中获奖，并取得了英语国家六级证书、BEC证书。在面临毕业选择单位时，他便积极应聘英语教师，并获得成功。
>
> 张全的做法无疑是明智的，通过模糊自身所学的专业，发挥自身的特长，同样也能取得就业上的成功。

②抓住机遇，集中出击。

> 邱仁杰所学的是经济类专业，在校期间积极参加学校的各类活动，通过这些活动展现了自身的才华和能力，并成为学校各类活动的积极参与者和组织者，不仅成为闻名校园的名主持，还参加了一些电视剧、广播剧和DVD片段的配音工作。

四年时间匆匆过去，转眼就到了毕业时间，邱仁杰所学的专业属于热门，就业信息充裕，但从他的角度上看并非其特长，因此决定走发展兴趣特长之路。在参加了省内外多家电台、电视台的招考后，凭借良好的文化修养和校园内外主持的实践经验，最终被省内一家广播电台录用。

对像邱仁杰这样的大学毕业生来讲，其兴趣与特长已发展到相当的程度，其精力的投入、关注的兴奋点都集中在此兴趣上，因此，其就业的选择应围绕于此。这样既能发挥特长，又能满足兴趣所在，更能以己之长为国家和社会做贡献。

第 8 章 就业权益与保护

在高校毕业生就业制度改革逐步走向市场化、法治化的今天，由于就业法规、就业市场和大学生自身素质等方面的不完善，大学毕业生遇到了各方面的困扰，可见针对大学生就业权益保护问题的研究和宣传很有必要。大学毕业生应该清楚自己就业权益的内容、就业面临的陷阱及应对措施。

> 🔍 **学习要点**
>
> 1. 了解相关就业权益以及就业义务。
> 2. 了解就业陷阱，并学会甄别。
> 3. 了解就业协议的内容。
> 4. 了解解除就业协议的方法。
> 5. 了解养老保险的内容。
> 6. 了解失业保险的内容。
> 7. 了解医疗保险的内容。
> 8. 了解工伤保险的内容。
> 9. 了解生育保险的内容。

8.1 就业权益

8.1.1 就业权利

为了维护毕业生的合法权益，在《中华人民共和国宪法》《中华人民共和国高等教育法》《中华人民共和国劳动法》《中国教育改革和发展纲要》《普通高等学校毕业生就业工作暂行规定》等法律法规和政策中规定了毕业生在就业过程中享有的多方面权利，并履行一定的义务。毕业生享有的权利主要有以下几种：

1. 平等就业权

平等就业权是毕业生首要的权利。毕业生不分民族、性别、宗教信仰的不同，享有平等的就业权利。毕业生有权同用人单位进行平等协商。用人单位在招聘时不得歧视女性，不得歧视少数民族，要采取一视同仁的政策。在工资上也应该实行同工同酬。

平等就业权是对毕业生公平就业的保障，对发挥毕业生学习和工作积极性，建立完善的人才市场和实行资源优化配置有着积极的作用。

2. 自主择业权

自主择业权是毕业生基本的权利。就业制度改革以后，毕业生在择业当中拥有完全的自主性，到什么单位就业完全根据毕业生自己的意愿来决定。任何单位和个人都不得干涉这种权利。

3. 获得信息权

就业信息是毕业生择业成功的关键。只有在充分占有信息的基础上，毕业生才能根据自身实际，选择合适的就业去向，实现平等就业。因此，各地就业指导机构和学校要把国家和各地政府的就业政策向毕业生进行宣传。要把所有用人信息都及时向全体毕业生公开，任何人和单位不得隐瞒或截留。要保证信息的准确、真实、全面和有效。要提供有关咨询和服务，对毕业生就业进行辅导。毕业生有权全面了解用人单位的情况以及工资、福利待遇等方面内容。

4. 接受推荐权

学校对毕业生的推荐对就业具有重要的影响。每个毕业生都享有被学校推荐就业的权利。学校在推荐时，要根据学生的实际，实事求是地向用人单位进行介绍，既不能随意拔高，也不能故意压低。要对每一个学生进行公正、公平、合理的推荐，要给每个学生被推荐的机会。同时，还要按照优生优用、人尽其才的原则进行择优推荐，把各方面都优秀的毕业生推荐到合适的岗位，并以此调动学生的学习积极性。

5. 违约权和索赔权

违约是毕业生的一项权利。毕业生在签订就业协议之后，如果由于某些特殊原因，不能到签约单位工作，那么其本人可以提出违约。但违约权的行使要按照就业协议书中违约条款规定的内容进行，同时还要承担违约的责任。违约会给用人单位带来较大损害，给学校声誉带来不利，也给毕业生本人带来不好的影响。因此，一般尽量不要违约，或者在签约之前慎重考虑，不草率签订就业协议。

若用人单位违约，毕业生也有权要求用人单位承担违约责任，并提出赔偿的要求。用人单位违约给毕业生带来的损失可能是巨大的，甚至会因此而失去就业的大好机遇，因此，给予赔偿是必要的。毕业生在签订就业协议时不要回避违约金的问题，要明确规定支付违约金的条件和金额，真正保护双方的正当权益。

6. 公平待遇权

用人单位在录用毕业生的过程中，也应公正、公平、一视同仁。当前，毕业生的公平待遇权受到很大的冲击。由于完全开放公平的就业市场尚未真正形成，用人单位录用毕业生还不同程度存在不公平、不公正的现象，如女生就业难仍然是困扰女毕业生就业的一大问题。公平受录用权是毕业生最为迫切需要得到维护的权益。

7. 档案、户口保留权

毕业生有在择业期（两年）内将其档案、户口在校保留两年的权利。毕业生如在毕业当年未能找到工作，或只是找到非正规就业单位，其有权在毕业后两年内将档案、户口在校保留。期满以后，学校无义务为其保存。

8. 有要求用人单位履行协议的权利

就业协议书是国家专用于毕业生就业的正式文本，具有法律效力。双方一旦签约，就有

义务严格履行协议，不得无故进行更改。用人单位必须依照协议接收毕业生，并妥善安排毕业生的工作，提供相应的工作和生活条件，以保证毕业生的正常工作。

9. 有要求用人单位依法提供各种劳动保障的权利

毕业生到用人单位报到后应签订劳动合同。《中华人民共和国劳动法》第三条规定："劳动者享有平等就业和选择职业的权利、取得劳动报酬的权利、休息休假的权利、获得劳动安全卫生保护的权利、接受职业技能培训的权利、享受社会保险和福利的权利、提请劳动争议处理的权利以及法律规定的其他劳动权利。"

10. 有追究用人单位违约责任的权利

毕业生与用人单位签订就业协议，是双方遵循平等自愿、协商一致原则而达成的协议，双方均有遵守的义务。如果用人单位一方不能按照协议的内容履行，或者打折扣，毕业生有追究用人单位违约责任的权利。

8.1.2 就业义务

毕业生在就业过程中需要履行的义务如下：

1. 回报社会的义务

毕业生首先要根据国家就业方针、政策和社会需要，为国家服务，回报社会的长期培养教育。虽然在一定范围内毕业生有自主择业的权利，但与服从国家需要并不矛盾。

毕业生应从大局出发，认真执行国家方针、政策，根据需要为国家服务，尤其是当国家重点建设项目或某些行业、地区急需人才之时。

例如，西部大开发需要大量人才的时候，毕业生有义务响应国家的号召，为国家重点建设工程或项目做贡献。

2. 如实介绍情况的义务

毕业生在介绍自己基本情况的时候，应该实事求是，不许弄虚作假。因为用人单位在招聘毕业生时，要对毕业生的德、智、体、美、劳等各方面进行全面、翔实的了解，以便毕业生到岗位后能人尽其才，充分发挥特长。但如果毕业生提供的情况有假，一则耽误用人单位录取人才，二则毕业生会失去用人单位的信任，甚至被退回或发生争议。

毕业生在正确行使自己的权利的同时，也应严格履行此项义务。

3. 配合就业工作的义务

按照国家教育部门和地方教育部门的有关就业规定，毕业生在离校前，都要根据有关规定的要求，结合毕业生在校期间德、智、体、美、劳等各方面的基本情况，实事求是地对毕业生做出组织鉴定。这一般是在个人总结、集体评议通过的基础上进行的。

针对目前毕业生离校前的实际情况，毕业生应该认真总结，积极配合学校做好此项工作，切实履行好此项义务。

4. 遵守协议的义务

通过双向选择，毕业生和单位签订了就业协议，并以此约束双方的行为。遵守协议就是讲信誉的表现。因此，必须增强信用意识，做到言行一致、信守诺言。

5. 按时报到的义务

根据规定，毕业生办理离校手续之后，应该及时到用人单位报到。因为签订协议就意味着占用了用人单位的招聘指标，其他人就失去了应聘的机会。自离校之日起，无正当理由而不去单位报到的，由学校报主管部门批准，不再负责其就业，并给予一定处罚。其档案将转到家庭所在地，按社会待业人员处理。

8.2 就业陷阱

8.2.1 规避就业陷阱

近年来，随着高校毕业生就业压力的逐渐增大，社会上有许多不法之徒常趁毕业生求职心切，或一时大意之际，向他们骗取金钱或其他利益。由于他们的手法层出不穷，初涉职场的毕业生必须提高警觉，有需要时应向有关方面寻求协助，以免堕入陷阱，招致损失。

1. 招聘陷阱

现在的求职陷阱越来越多，方式也多种多样，常见的有以下几种：

（1）收费陷阱

> 大学毕业前夕，郑鑫打开电子邮箱时，发现了一封来自广州某电子科技有限公司的来信，大概意思是：企业看到他的个人简历之后十分满意，已决定录用他，并为他建立了个人档案，今年毕业之后即可到该公司上班，工资待遇为每月8000元。但公司要先向他收取1000元的押金，让他尽快汇到公司的账号上。
>
> "当时看到要交押金时，我确实犹豫了，但是转念又一想，不能因为1000元钱而失去这么好的机会啊，所以第二天我就把钱汇过去了。当我再打那个公司的电话询问钱是否到账时，发现所有的电话不是关机就是占线，就是联系不上。"郑鑫说。

招聘中以不同名目收取"苛捐杂税"是最常见的招聘陷阱之一，这个招数对很多应聘者来说都是"温柔的陷阱"。对方往往以已经招聘录用，需要收取押金、保证金的借口，或者以入职培训的名义，骗取求职者的费用。

> 甄华毕业后，与一家公司达成就业协议。甄华了解到，进这家公司，每人要收取600元的服装保证金，用于制作工作服，离开公司的时候，600元可以原数退还。一个月后，甄华按照公司的约定来到公司的办公地点参加培训，但他却发现，该公司和主管人员早已人去楼空，才知自己已经上当受骗。据了解，在这起诈骗案中，有150多名求职者上当受骗，其中大多数都是刚刚毕业的学生。

这类诈骗的面试过程一般都特别简单，对求职者的学历、工作经验等各方面的条件几乎都没有要求，多数都是经过几句闲聊，然后就通知求职者已经被录用；而对公司的具体情况，要么避而不谈，要么就是瞎编乱造。同时，还会对求职者以后的工作许以高薪、工作环境和内容非常轻松等诺言，并对求职者提出收费要求，如报名费、保证金、培训费等。

这些骗子公司收费的理由包括保证金、服装费、档案管理费、培训费等，而实际上这些费用应该是由用人企业承担的。并且，求职者很少有能通过后期的培训考核的，即使通过了，骗子公司也会用各种苛刻的工作要求，迫使求职者自己知难而退。

国家已经出台"用人单位不得以收取押金、保证金、集资等作为录用条件"的明文规定了，如果用人单位不遵守这项规定，就可以据此判定该公司是真正需要人才的公司。

（2）试用期陷阱　以试用期的名义，来获取廉价的劳动力。试用期陷阱主要有两种形式。一种形式是以各种理由告诉求职者是不合格的，公司解聘也是无奈之举，从而再以很少的薪水继续招聘同样也不会熬过试用期的新人，周而复始，降低成本。另外一种形式就是非法延长试用期，常常是半年的合同试用期就占去了三个月。

试用期本意是用人单位和劳动者相互了解、相互选择的期限。

但是一些单位为了降低用人成本，利用试用期的低薪"了解"个没完没了。

> 毕业生刘红军在一场招聘会上应聘了一家公司"市场总监"的职位，该公司承诺每月8500元的薪酬待遇，转正后会有相应的保险及待遇上的提升。刘红军庆幸自己找到了满意又合适的工作。
>
> 正式到岗后，刘红军却被告知按照公司惯例，他先要在销售一线锻炼一段时间，再做市场总监，并且每个月要完成一定的业务量。结果刘红军做了一个月的销售业务员，到了月底，他要求公司付薪水，公司却以"双方事先有约定，没有达到业务指标不发薪水"为由，没发一分钱。
>
> 事后刘红军了解到，这家公司一直在招聘新员工，招聘进来的人往往因完不成业务指标而被解聘。公司就这样不断靠新人拉业务，却不用支付一分钱的薪水。

面对这样的企业，求职者千万不要轻信用人单位的口头承诺，任何试用期的要求和考核应该落在白纸黑字的书面上，同时也要考察一下该单位现在用人的情况，如果人来人往，怨声载道，还是吸取前车之鉴，另寻"明主"的好。

一般同一单位在短时间内连续刊登相同的招聘广告，说明该企业招聘的人数多且急，求职成功的可能性较大。若一个单位数周后再次刊登同样的广告，说明该单位可能在用人方面存在一定问题。

徐萌大学毕业后来到一家私企，觉得工资还不错，干得也有劲。她每天起早贪黑，加班不断。谁知试用期没完没了，只字不提转正的事。忍耐了一个月之后，徐萌终于忍耐不住，跑去问老板，老板只是口头答应马上办理转正手续，但又一个月过去了，老板好像忘了这事。徐萌再次提起这事，谁知等来的结果却是以心态不稳的理由被炒了鱿鱼。因为没有合同在先，只能"哑巴吃黄连，有苦说不出"。

少数企业为了降低用工成本，利用求职者急于上岗的心理，在劳动者的试用期上玩花招。他们往往以"试用"为由，想尽办法延长员工的试用期，在试用期内不与劳动者签订劳动合同，不为其办理养老、失业、医疗等社会保险，并在试用期快结束时把员工辞退，使劳动者合法权益严重受损。为此，毕业生在试用期期间，在把握职场机遇的同时，也要注意了解一些劳动法律常识，以维护自己的合法权益不受侵害。

关于试用期，《中华人民共和国劳动合同法》早已规定：劳动合同期限不满三个月的，不得约定试用期；劳动合同期限三个月以上不满一年的，试用期不得超过一个月；劳动合同期限一年以上不满三年的，试用期不得超过二个月；三年以上固定期限和无固定期限的劳动合同，试用期不得超过六个月。试用期包括在劳动合同期限内。

《中华人民共和国劳动法》第十六条规定："劳动合同是劳动者与用人单位确立劳动关系、明确双方权利和义务的协议。建立劳动关系应当订立劳动合同。"

（3）智力陷阱

广告营销专业毕业的张洪，面试了一家公司。公司要求应聘者每人写一份不同产品的广告策划文案，包括服装、饮料、小家电等。招聘负责人表示，公司将对所有上交的作品进行比较，最终选两个人。

张洪领到的是一种功能饮料在当地市场推广的策划案，内容包括广告语、户外宣传画、电视广告创意及市场推广活动的详细计划。张洪用了一周时间交了自己的策划方案，但至今招聘方都没有宣布招聘结果。

张洪表示："尽管怀疑人家骗取自己的点子，但如今工作不好找，要是策划案真被'白用'了，也只好自认倒霉。"

目前，很多中小企业甚至个别大型企业都利用求职者在应聘考试中急于表现自己的心理，将公司的项目作为考试题目直接交给求职者完成。招聘公司往往以考试为名，要求职者提供劳动，并无偿占有其程序设计、广告设计、策划方案、文章翻译等。一般来说，这一类的考题相对来说都会非常具体，或者对求职者的创意要求很高。

小林是一个刚毕业的大学生，自学成才成为一个手机铃声制作人。毕业以后，在南方找到了一个工资和福利都不错的公司，但这家公司要求小林在正式上班之前，做一套他们指定的铃声作为最后考核。

一套铃声9个格式，小林在一天内就搞定，他很有把握地发了过去，但那家公司却以小林做的铃声不能令他们满意为由而拒绝了他。后来，小林在另外一家公司工作了一段时间之后，才知道有的做手机铃声的公司，用招聘的方法来骗取那些求职者的作品。由于求职者得到的测试曲目都是各不相同的，而其为了能进入公司，必定竭尽全力，所以一次下来，能顶公司员工一周的工作量，一些公司就是这样骗取求职者的劳动成果的。

以考核求职者为借口，堂而皇之地占有求职者的劳动成果，比如在招聘时，要求求职者翻译复杂的文章、策划文案、设计程序。如果毕业生看到招聘的题型有此类嫌疑，首先可以在提交策划案等劳动成果时准备两份，一份提交，一份自己留存，在留存份上要求招聘单位签字确认，以便将来能够证明劳动成果的内容。为防止自己的劳动成果被招聘单位占有使用，求职者可以和招聘单位达成以下共识，如果对方不同意，那么就得考虑一下此招聘企业的真实意图了。

在提交策划案时附上版权申明，并要求招聘单位签收。最好申明："任何收存和保管本策划案各种版本的单位和个人，未经作者同意，不得使用本策划案或者将本策划案转借他人，亦不得随意复制、抄录、拍照或以任何方式传播。否则，引起有碍作者著作权之问题，将可能承担法律责任。"

（4）高薪陷阱 每个求职者都希望获得更高的收益，所以，高薪陷阱就是利用了求职者急切渴望轻松获得高薪职位的投机心理或者侥幸心理。通常，他们不问求职者的具体情况就断然许诺能给高薪，让很多求职者怦然心动。

卢伟光是计算机绘图与设计专业的毕业生。一天，他接到朋友顾某从深圳打来的电话，希望他到公司工作，同时说能够给予更高的工资和比较好的发展前景。不堪诱惑的卢伟光便急切来到深圳，朋友顾某让他签订了一份合同书，要求交押金3000元，并承诺如辞职离开公司，押金随时如数退还。卢伟光出于对朋友顾某的信任，又有合同和承诺，便拿出3000元交了押金。当天下午，顾某就带卢伟光等三人开始岗前"培训"。

"培训"的主要内容是讲怎样赚钱、怎样暴富，强调赚钱要不择手段、发展下线等。经过几天"培训""洗脑"后，公司让他"上班"，就是打电话动员蒙骗认识的、想找工作的人来"工作"。

由上述事例可知，卢伟光同学是掉入传销陷阱了。

一般来说，提供的职位都如同天上掉下来的馅饼，完全不需要个人付出努力就能获得高薪回报，遇到这样的美事，就要考虑是否遇到骗子公司了，求职者就需要好好地调查了解此单位的背景了，以免陷入其中。

（5）推荐工作陷阱　这类陷阱主要存在于一些自称是"职业介绍所"之类的地方，他们一般号称能帮你找到或者推荐工作，只需要交纳一定的费用。

> 大学毕业后，小吴在一家职业中介交了50元注册费，成为会员又交了150元的信息费后，中介将为他联系5个用人单位进行面试。没想到，小吴5次面试均碰壁，对方要么称"已招到人"，要么称"不合适"。小吴发现，其他在该中介注册的大学生也遇到了和他一样的情况，他明白自己碰上了"黑职介"。
>
> "黑职介"利用大学生缺少社会经验，同时又挣钱心切的心理，收取信息费后提供虚假信息，找几家用人单位来回"忽悠"学生。甚至有些中介在收费后便人间蒸发，让学生投诉无门。

还有一些"黑职介"，会主动出击，要求帮你推荐工作，但前提是你得交纳"推荐费"。例如，某天你在一个楼里走，突然走过来一人拦住你，问你要不要找工作，并表示某公司需要一名文员，一眼看过去，你的气质和素质相当符合，去应聘肯定没问题。当你表示希望前去联系应聘时，对方会要求你填写推荐表，交了几十上百的推荐费，然后递给你一份"推荐信"。拿到推荐信以后，前去应聘，你往往发现推荐信并不起作用，或者，很多单位会直接告诉你，该单位根本没委托这类职业介绍所来招聘文员之类的初级职位，或者目前根本不招聘这个职位。

（6）粉饰岗位陷阱　招聘单位在招聘广告上把职位写成是"市场总监""保险事业部经理"，结果到了岗位，求职者却发现其实是去做"业务员""保险代理员"等。有的单位也会以"到基层先锻炼锻炼"为幌子，欺骗求职者，使他们继续工作下去。

> 钱某去年毕业了，当年7月，他在一家公司应聘"市场部经理"成功。第一天去上班时，公司老总让钱某这个"经理"去推销产品，美其名曰"了解市场"。
>
> 钱某在那儿干了一个月，天天出去推销。一名与他关系不错的员工偷偷告诉他，公司最初招聘时就是要招推销员，怕招不来人，故意说成是"市场部经理"，钱某这才发现上了当。
>
> 这是典型的"粉饰岗位"的招数。因担心招不来业务员、推销员、代理员等，招聘单位就把职位"美化"成"市场部经理""事业部总监"等，以此来诱惑大学生。当应聘成功后，招聘单位便会以"先熟悉工作"或"到一线先锻炼锻炼"为幌子，欺骗求职者继续工作下去。

对于此类陷阱，求职的时候要搞清楚职位的具体内容，仔细分析，询问工作细节。某些用人单位提供的虚而不实的职位，常常冠以好听的头衔，但是却强调无需经验，这里面肯定大有文章。

有一些不良招聘单位为了能尽快招聘到员工，他们会在招聘广告中列出要招聘的多种职位，比如市场总监、产品督导、营销经理等，这些看似很高大上的职位，其实最终都是业务员，甚至没有底薪。

（7）诈骗陷阱　如今，网络广告、招聘传单等广告以信息量大、成本低廉而成为大学毕业生求职的重要通道。但因为管理上的缺失，一些骗子会乘虚而入。

这些招聘广告有时会真假难辨，并且不时有陷阱张口而待，一不小心就会掉进这诱人的信息陷阱。

> 小王是武汉某大学的应届毕业生。她想通过网络求职，于是将个人资料在互联网上公开，并将手机、寝室电话号码同时公布。一段时间后，小王接到一个自称是一家上海公司的电话，称为了核实其大学生身份和家庭情况，要求小王告知其家庭电话号码。小王觉得用人单位想核实她的真实情况也是正常的，于是将家庭电话告诉了对方。就在这段时间里，远在郑州家中的父亲接到了一自称是武汉市某医院急救中心主任的电话，称小王因交通事故在医院抢救，需汇款30000元到院方指定的账户，否则将影响抢救。小王的父亲在与校方、女儿同室同学多方联系未果的情况下，救女心切，当日先后分三次共汇款25000元到指定账号。几个小时后，小王的父亲通过电话联系上女儿，才得知这一切竟是个骗局。

求职时要注意对一些私人的信息进行相应的保护，不要在网站上透露家庭地址等个人安全信息，求职者只需要留下个人的电话、电子邮箱及自己的大概位置就可以了，以防为一些犯罪分子所利用。此外，常常有"雇主"以招聘为名，诈骗求职者的信用卡号、银行账号、社会保险账号、身份证号或身份证复印件等个人机密信息。毕业生应提高警惕，注意防范。

（8）女生应该注意的招聘陷阱　除了上面介绍的几种陷阱，女生求职时也要格外注意下面的问题：

> 某高校一名计算机专业大学女毕业生刘梅，到一家人才交流市场找工作，一则招聘软件开发员工的启事吸引了她。该招聘单位一名自称姓黄的经理在简单询问后，表示刘梅比较适合这个岗位，可以第二天直接到公司办公室进行面试。
>
> 第二天面试时才发现这个"软件开发公司"的办公条件格外简陋，办公室里除了一张大床外什么办公用品都没有。该公司经理见她进来后，猛地将她摁在床上欲行不轨，慌乱中，该女毕业生咬破了黄经理的嘴唇，夺门而逃。
>
> 逃出来之后的刘梅马上报警，警察在她的指引下找到该办公室时，所谓的黄经理已经逃跑，直至2个月后终将这名"色经理"擒获。经警方调查，黄某系无业游民，招聘启事中所讲的软件开发公司也是一个皮包公司。

刘梅的情况也非常普遍，所以女毕业生一定要在求职时引起警惕，避免被此种"黄经理"伤害。

2. 聘用合同陷阱

合同是当事人一方与另外一方建立权利义务关系、维护各自权利的法律依据。在大学生就业已是完全"自主择业、双向选择"的今天，合同已成为规范就业市场的重要法律依据，是合同当事人双方维护自己权利的法律武器。我们看这样一个案例：

> 徐某被招聘为某国有大型商场营业员。该商场与徐某签订劳动合同时，要其必须先缴纳3000元押金，否则不予签合同，徐某无奈之下缴纳3000元押金后与商场签订了为期5年的劳动合同。后听朋友说商场收取押金的做法违反了《中华人民共和国劳动合同法》的有关规定，便要求商场退回其所交的押金，遭拒绝。商场负责人还威胁说，若要退回押金，就解除劳动合同。于是，徐某向劳动仲裁机构提出申诉请求。劳动仲裁机构裁决该商场在签订劳动合同中收取押金的做法是违法的，3000元押金应立即返还给徐某。

对一个刚刚毕业的学生来说，应了解《中华人民共和国劳动合同法》的相关内容，并会运用其来保卫自己的合法益。若求职者与对方签订的是一份不利于自己的不平等合同，那么反过来，合同也许就成为对自己具有极大杀伤力的陷阱，这应该引起广大毕业生的注意。

再来看这样一个案例：

> 2015年12月15日，某跨国公司的北京总公司到全国各地高校进行校园招聘。3天后，南京某高校的大四学生魏某与该公司子公司签订了三方就业协议。就业协议中明确约定，该学生毕业后到该北京总公司或其在天津的子公司工作，否则需要承担相应的违约金。
>
> 次年7月，魏某毕业离校，到公司报到时，被告知需要到北京总公司报到，进行专业技术学习，1个月后派往天津子公司正式上班。在结束1个月的专业技术学习后，于同年8月25日到天津子公司上班。2016年9月，天津子公司与魏某签订了为期3年的书面劳动合同，合同约定的起始时间为2016年9月15日至2019年9月14日。

那么问题来了，魏某与企业的劳动关系何时建立？魏某是与哪一家企业（总公司、子公司）建立的劳动关系？

根据《中华人民共和国劳动合同法》第七条的规定："用人单位自用工之日起即与劳动者建立劳动关系。用人单位应当建立职工名册备查。"

在这起案例中涉及劳动关系建立时间问题。用工之日，一般指劳动者开始向用人单位提供劳动的时间。入职报到通常被认为是开始提供劳动的起点。本案例中，2015年12月三方签订协议，只能说是约束双方此后建立劳动关系的约定责任，故该三方协议签订并不意味着用工的开始。

2016年9月劳动合同订立，意味着劳动关系得到了书面上的确认，并不表明劳动关系从劳动合同订立之日起才存在。

那么，魏某7月向北京总公司报到是用工之日，还是8月向天津子公司报到是用工之日？对此，通常认为关联企业之间劳动关系识别应该区别于一般企业，魏某到北京总公司报到的时候就已经知道自己以后的工作地点在天津子公司，在北京只是进行前置性的专业技术学习，专业技术学习本身就是履行劳动的行为，故2016年7月魏某在北京报到入职的时间即为用工之日，也是其与天津子公司劳动关系的建立时间。

（1）单方合同　看了这样一个错综复杂的案例，大家可能会对一些应聘合同产生疑惑，其实，在一些就业案例中，比较常见的是一些企业利用求职者求职心切的心理，只约定求职方有哪些义务，如遵守企业的各项规章制度，而对于自己若有违反要承担怎样的责任，毁约要支付违约金等问题，几乎只字不提。

> 某公司打出招聘广告后，一时之间求职者蜂拥而至，排起长队，准备面试。人事经理看完李某的个人简历后，重点围绕李某的受教育情况、具备的技能和特长、健康状况以及以前的工作经历等问题进行了提问，李某都一一作出回答。
>
> 李某之后便想了解一下，如果录用，每月拿到手的工资是多少，公司的劳动条件和工作环境怎样，还想了解公司的内部规章制度。人事经理很不耐烦，说在后面还排着很多等待面试的人，没有时间回答李某的问题。

在现实生活中，由于用人单位的优势地位，其基本情况、信息对求职者的透明度往往是极低的，有时像案例中的公司一样，拒绝告知求职者，有些单位还故意发布虚假信息，非法欺骗或非法聘用求职者。对此，《中华人民共和国劳动合同法》采用强制性规定赋予了劳动者相关信息的知情权。

《中华人民共和国劳动合同法》第八条中明确规定："用人单位招用劳动者时，应当如实告知劳动者工作内容、工作条件、工作地点、职业危害、安全生产状况、劳动报酬，以及劳动者要求了解的其他情况；用人单位有权了解劳动者与劳动合同直接相关的基本情况，劳动者应当如实说明。"

因此，前文故事中，人事经理拒绝回答李某关于劳动合同的提问就是侵犯了劳动者的知情权，是一种违法行为。

（2）生死合同　看着名字可能有点恐怖，这里指的是一些危险性行业的用人单位的合同。他们为逃避该承担的责任，常常在签订合同时，要求求职者接受合同中的"生死协议"，即一旦发生意外事故，企业不承担任何责任。有的求职者为了得到工作，违心地签了合同，却不知这样做的结果也许使用人单位更无视劳动者的安全，如果真的发生了意外，也许连讨个说法的机会也没有。

（3）"两张皮"合同　有些用人单位慑于劳动主管部门的监督，往往与求职者签订两份合同。一份合同用来应付劳动部门的检查，另一份合同才是双方真正履行的合同。用来应付检查的合同常常是用人单位一手炮制的，连签名也是假冒的，求职者不但见不到这份合同，甚至不知道有这份合同的存在。而双方真正履行的那份合同，是不能暴露在阳光下的，因为那份真合同一定是只利于用人单位的不平等合同。

（4）格式合同　一些用人单位按国家有关法律和劳动部门制定的合同示范文本事先打好聘用合同，表面看起来，这种合同似乎无可挑剔，可是具体条款却表述含糊，甚至可以有几种解释。一旦发生纠纷，招聘方总会振振有词地拿出这种所谓规范式的合同来为自己辩护，最后吃亏的还是求职者。

王某与公司签合同时还未毕业,但公司要求其提前进入实习期。在4个月的实习期里他卖力地工作,却只能得到300多元钱的"实习工资"。实习结束后,他以为工作已经敲定,打算回学校修完剩下的一些课程,9月再回到公司正式上班。但当他向公司请假时,公司却以合同中"工作前两年不得连续请假一周以上"的条款为由,认定王某违约,索要违约金。王某只好交了2000元的违约金。

在大学生择业的过程中,像王某这种情况的比较普遍,由于就业形势比较严峻,大学生在求职过程中往往处于弱势地位,很多用人单位都提出了一些明显的不合理条款,如违约金、服务期等。

对毕业生来讲,虽然知道这些附加条款是显失公平的,但也不敢明确表示异议。这样的后果,只能导致求职者受到不公平的待遇。

(5)口头合同　一些用人单位与求职者就责、权、利达成口头约定,并不签订书面正式文本。一些涉世未深的大学毕业生极易相信那些冠冕堂皇的许诺,以为对方许诺的东西就是真能得到的东西,宁可相信"君子一言,驷马难追",也不愿怀疑对方的诚意。可是,这种口头合同是最靠不住的,因为并不是人人都是君子,如果碰上对方是小人,那些许诺就会变成五颜六色的肥皂泡。

合同是维护自己权利的武器,失去了这个武器,不但会失去自己的尊严,同时也会失去本应该得到的利益,所以毕业生们一定要注意。

【扩展阅读】披着就业"羊皮"的骗子

每到毕业季,也是骗子们假借招工进行诈骗的"黄金时期",接下来介绍一些以招工为由进行诈骗的典型案件,披露骗子们的一些惯用伎俩。

(1)假借、伪造央企就业协议　通过在网上发帖的形式,声称自己能帮助应届毕业生到大型央企、事业单位任职,并在京落户。

通过伪造印章及文书等手段要求求职者缴纳押金、报名费等各项费用。在后期,又以各种借口拖延时间,或者偿还部分钱款以维持假象。

(2)虚构自身人脉资源,谎称打点需要费用　犯罪嫌疑人往往虚构人脉资源,要么冒充认识集团股东、企业高管,要么伪造身份、经历等,谎称可以运用人脉资源为人解决工作问题,并以此收取大额钱款用作差旅费或打点费用。还有的案例则是团伙作案,组织、分工严密,各环节都经过严密的推敲、演示,令被害人防不胜防。

(3)公众不正当求职心理成为诈骗活动的温床　此类诈骗案件所涉及的行业也较为集中,多在演员、模特、公务员等职业,以及电视台、航空公司等单位。受骗者往往被表演、航空等行业的光环所吸引,轻易相信了犯罪分子。

社会公众对制度之外助力的不正当诉求和侥幸心理,是犯罪分子诈骗活动的温床。此外,一些网站对于所登载的招聘信息审核不严,客观上也扩大了公众接触虚假招聘信息的可能。

8.2.2　运用法律保护自我

> 赵某于2012年7月毕业后与某网络公司订了劳动合同，合同期限为3年，约定赵某主要负责软件开发工作，月薪1800元。2014年春节期间，赵某的表哥来赵某家走亲戚，得知赵某的待遇和付出的劳动太不相称，遂提出愿意介绍他到自己同学开办的另一家网络公司上班，月薪至少3000元。2014年2月13日，该网络公司打电话给赵某，表示如果赵某愿意来该公司上班，公司愿意提供3500元的月薪，但必须于2014年2月20日之前来公司上班。
>
> 赵某于2014年2月14日向原网络公司提出解除劳动合同的要求。在遭到公司拒绝后，赵某于2014年2月15日离开原公司，并于当日到上述的另一家网络公司报到，双方签订了劳动合同。由于赵某离开原公司前正在开发一种新的软件，公司也因此投入了很多资金，赵某的离开给原公司造成了巨大的损失，原网络公司向劳动争议仲裁委员会提起了仲裁申请。劳动争议仲裁委员审理后认为：赵某单方面解除合同的行为不符合法律的规定，属于违法解除劳动合同，应当对原网络公司遭受的损失予以赔偿。

《中华人民共和国劳动合同法》第三十七条规定："劳动者提前三十日以书面形式通知用人单位，可以解除劳动合同。劳动者在试用期内提前三日通知用人单位，可以解除劳动合同。"

所以，对于已经签订的就业合同，其约束力是针对就业者和单位两方面的，在就业者或者单位需要做某些调整时，应遵守合同上的细则。若出现一些侵害就业者权益的行为，就业者可通过以下途径对自身权益实施保护。

1. 毕业生就业主管部门的保护

毕业生就业主管部门可通过制定相应的规则来确定毕业生的权益，并对侵犯毕业生权益的行为予以抵制或处理，例如不受理审批就业方案和打印就业报到证。

2. 高校的保护

学校对毕业生权益的保护最为直接。学校可通过制定各项措施来规范毕业生就业指导和就业推荐，对于用人单位在录用毕业生过程中的不公平、不公正行为，学校有权予以抵制以维护毕业生的就业权益。高等学校在毕业生签订就业协议过程中应进行监督和指导，对于用人单位与毕业生签订不符合国家有关政策规定的就业协议，学校有权拒签。未经学校审核同意的就业协议不能作为编制就业方案的依据。

3. 毕业生自我保护

①要了解目前国家关于毕业生就业的有关方针、政策和规范以及它们之间的关系，熟悉毕业生在就业过程中的权利和义务，这是毕业生权益自我保护的前提。如果在就业过程中因为所谓的公司规定或部门规定与国家政策法规有抵触，侵犯了自己的权益，则可以依据法规办事，维护自己的合法权益。

②毕业生应自觉遵循有关就业规则，接受其制约，保证自己的就业行为不违反就业规

则，不侵犯其他毕业生和用人单位的合法权益。

③在用人单位接收毕业生的过程当中，毕业生也应对自身权益进行自我保护。例如，按照国家规定，毕业生在报到后应享受正常的福利待遇；对某些工作岗位的特殊体质要求，用人单位应在与毕业生双向选择时就明确，否则不得以单位体检不合格为由将学生退回学校；正常的人才流动也应根据国家和当地的有关人才流动规定，不应受到限制；报到后毕业生发生疾病不能坚持正常工作的，则按单位在职人员有关规定处理，不能退回学校。毕业生应对自己的权利有正确认识。

毕业生应学会运用法律手段维护自身的合法权益。针对侵犯自身就业权益的行为，毕业生有权向用人单位上级主管部门和学校进行申诉，听取他们的处理意见，同时要果断地拿起法律武器来捍卫自己的合法权益。首要的选择是向各地所在区域的劳动监察部门咨询或举报，请求查处，也可以直接向人民法院起诉。

8.3 就业协议书

8.3.1 就业协议书概述

就业协议书是明确毕业生、用人单位和学校在毕业生就业工作中权利和义务的书面表现形式，一般由教育部或各省、市、自治区就业主管部门统一制表。毕业生通过双向选择落实了用人单位，就必须签订就业协议，并由毕业生、用人单位和学校分别在就业协议书上签字、盖章。就业协议书主要的作用有以下两点：

①作为毕业生落实用人单位、用人单位同意接收毕业生的主要依据，也是毕业生就业主管部门编制毕业生就业计划、学校制订毕业生就业方案的重要依据之一。

②毕业生落实用人单位后，与用人单位订立毕业生就业协议可以杜绝用人单位和毕业生在双向选择过程中的随意性，以保护双方的权益，避免给制订毕业生就业计划带来混乱。

1. 就业协议书的内容填写

（1）毕业生情况及意见 此项内容由毕业生本人填写。毕业生情况包括姓名、性别、年龄、民族、政治面貌、培养方式、健康状况、专业、学制、学历和家庭地址。在毕业生意见一栏中，由毕业生填写自己的应聘意见。

（2）用人单位情况及意见 此项内容由用人单位填写。用人单位的情况包括单位名称、单位隶属、联系人、联系电话、邮政编码、通讯地址、所有制性质、单位性质、档案转寄详细地址。在用人单位意见一栏中包括两方面内容：用人单位的意见和用人单位上级主管部门的意见。这是因为有的用人单位没有人事权，需上级主管部门审批同意，还有的用人单位虽然可以自主录用毕业生，但毕业生户口关系需经上级主管审核后，才可以办理有关手续。

（3）学校意见 学校意见分两方面内容：班级意见和学校毕业生就业部门意见。班级意见主要是基层意见，这是对毕业生就业去向的初审。学校毕业生就业部门意见是代表学校的最终审核。另外，学校应给用人单位留有联系办法，主要有学校联系人、联系电话、邮政编码、学校通讯地址等。

2. 就业协议书与劳动合同的关系

就业协议书与劳动合同都是用人单位录用毕业生时所订立的书面协议，但两者分处两个相互联系的不同阶段，表现在：

①就业协议书是毕业生在校时，由学校参与见证与用人单位协商签订的，是编制毕业生就业计划方案和毕业生派遣的依据。劳动合同是毕业生与用人单位明确劳动关系中权利义务关系的协议，学校不是劳动合同的主体，也不是劳动合同的见证方。劳动合同是上岗毕业生从事何种岗位、享受何种待遇等权利和义务的依据。

②就业协议书的内容主要是毕业生如实介绍自身情况，并表示愿意到用人单位就业，用人单位表示愿意接收毕业生，学校同意推荐毕业生并列入就业计划进行派遣。劳动合同的内容涉及劳动报酬、劳动保护、工作内容、劳动纪律等更为具体的内容，劳动权利义务更为明确。

③一般来说，就业协议书签订在前，劳动合同订立在后。如果毕业生与用人单位就工资待遇、住房等有事先约定，亦可在就业协议书备注条款中予以注明，日后订立劳动合同时对此内容应予认可。

④就业协议书是毕业生和用人单位关于将来就业意向的初步约定，对双方的基本条件以及即将签订劳动合同的部分基本内容大体认可，并经用人单位的上级主管部门和高校毕业生就业部门同意和见证。一经毕业生、用人单位、高校、用人单位主管部门签字盖章，即具有一定的法律效应，是编制毕业生就业计划和将来可能发生违约情况时的判断依据。

就业协议书是国家教育主管部门根据国家相关大学毕业生就业政策调整高校、大学毕业生和用人单位三方在大学毕业生就业中的权利义务关系的重要依据。就业协议书还是高校统计就业率的重要凭证，更是高校办理大学毕业生就业报到证的发放、户口与人事档案的转出等离校手续的重要根据。所以，就业协议书无论是对大学毕业生本人，还是对其所在的高校来说都十分重要。同时，不管大学毕业生与用人单位是否签订劳动合同，就业协议书都约定了违约金条款，无论哪方违约，违约方都须向对方支付违约金。

大学毕业生小李，2008年5月在一家公司实习时有了在该公司就业的意向，实习单位也有意接收。见到很多同学都签订了就业协议，小李就不假思索地也与该公司签订了就业协议，并把就业协议书反馈到了毕业院校。

可是，在公司工作了一个月后，小李觉得自己很不适合在这个公司工作，在与公司没有办理任何手续的情况下就不去上班了。同年8月份，小李又找到一份新工作，新单位提出要与他签订就业协议时，小李遇到了麻烦。学校已根据他的就业协议书将其档案、户口等关系转到了小李原所在的公司，该公司还要求他支付一笔不小的违约金，搞得小李很是被动，不走吧，心有不甘，走吧，需付出违约金代价。

所以，大学毕业生必须审慎对待就业协议书。一方面，签订就业协议书要慎重，对用人单位反复权衡后再决定是否签约，切不可草率行事，更不可盲目攀比，见其他同学都签约

了，自己不签个单位好像很丢人似的。小李的就业经历充分说明了这一点。如果签了就业协议书后发现自己的确不适合在签约单位发展，要通过正常程序解除就业协议，并将解除协议的情况告知所在高校毕业生就业部门，不可一走了之，以免出现大学毕业生小李那样的被动局面。

8.3.2 签订就业协议书

1. 就业协议书的协议条款

①毕业生应按国家法规就业，向用人单位如实介绍自己的情况，了解用人单位的使用意图，表明自己的就业意见，在规定的时间内到用人单位报到。若遇到特殊情况不能按时报到，需要征得用人单位同意。

②用人单位要如实介绍本单位的情况，明确对毕业生的要求及使用意图，做好各项接收工作。

③学校要如实向用人单位介绍毕业生的情况，做好推荐工作，用人单位同意录用后，经学校审核列入建议就业计划，报主管部门批准，学校负责办理派遣手续。

④各方应严格履行协议，任何一方若违反协议，应承担违约责任。

⑤其他双方认可的补充协议。

2. 签订就业协议书的原则

（1）主体合法原则 签订就业协议书的当事人必须具备合法的主体资格。毕业生必须要取得毕业资格，如果学生在派遣时未取得毕业资格，用人单位可以不予接收而无须承担法律责任。用人单位必须具有录用毕业生计划和录用自主权，否则毕业生可解除协议而无须承担违约责任。高校应如实将所掌握的用人单位的信息发布给毕业生。高校是就业协议书的一个重要组成部分。

（2）平等协商原则 就业协议书的三方在签订就业协议书时的法律地位是平等的，任何一方不得将自己的意志强加给另一方。学校不得采用行政手段要求毕业生到指定单位就业（不包括有特殊情况的毕业生），用人单位亦不应在签订就业协议书时要求毕业生交纳过高数额的风险金、保证金。三方当事人的权利义务应是一致的。除就业协议书规定的内容外，三方如有其他约定事项，可在就业协议书的备注中加以补充确定。

3. 签订就业协议书的步骤

（1）要约 毕业生持学校统一印制的就业推荐表或其复印件参加各地的供需洽谈会（人才市场），进行双向选择，或向各用人单位寄发书面材料，应视为要约邀请。用人单位收到毕业生材料，对毕业生进行考察后，表示同意接收并将回执寄给高校毕业生就业部门或毕业生本人，应为要约。

（2）承诺 毕业生收到用人单位回执或通过其他方式得到用人单位答复后，从中做出选择并到学校毕业生就业部门领取就业协议书，与用人单位签订协议，即为承诺。

4. 签订就业协议书的程序

①毕业生和用人单位达成协议并在就业协议书上签名盖章，用人单位应在协议书上注明可以接收毕业生档案的名称和地址。

②用人单位上级主管部门批准盖章。

③用人单位必须在与毕业生签订就业协议书起的十个工作日内将就业协议书送到学校毕业生就业部门。

④学校同意盖章,并及时将就业协议书反馈给用人单位。

5. 签订就业协议书应注意的问题

(1) 查明用人单位的主体资格是否合格　协议双方的资格是否合格是就业协议书是否具有法律效力的前提(这里主要是指用人单位的资格)。用人单位,不管是机关、事业单位,还是企业(不包括私营企业),必须要有招人的自主权力。如果其本身不具备招人的权力,则必须经其具有招人权力的上级主管部门批准同意。因此,毕业生签约前,一定要先审查用人单位的主体资格。

(2) 有关协议条款明确合法　就业协议书的内容是整个就业协议书的关键部分,毕业生一定要认真审查。

①审查协议内容是否合法,是否符合国家相关法律和政策。

②审查和仔细推敲双方的权利和义务是否合理。

③要审查清楚除协议本身外是否有附件(即补充协议),并审查清楚其内容。

按照《中华人民共和国劳动法》《中华人民共和国劳动合同法》及相关法律的规定,就业协议书的协议内容至少应具备以下条款才能具有法律效力:服务期、工作岗位、工资报酬、福利待遇、协议变更和终止条款、违约责任等。

(3) 签订就业协议书的程序要合乎规定　毕业生和用人单位经协商一致,签约时要注意完整地履行手续。首先,毕业生要签名并写清签字时间。其次,用人单位以及其上级主管部门必须加盖单位公章并注明时间,不能用个人签字代替单位公章。最后,毕业生和用人单位签字后需将就业协议书交给学校毕业生分配主管部门履行相关手续,以便及时制订就业计划和顺利派遣。

(4) 写明违约责任　违约责任是指协议当事人因过错而不履行或不完全履行协议规定的义务应承担的法律责任,它是保证协议履行的有效手段。鉴于实践中毕业生及用人单位违约率有所增加的状况,就业协议书中的违约条款就显得更为重要。

因此,在协议内容中,应详细表述当事人双方的违约情形及违约后应负的责任,同时还应写明当事人违约后通过何种方式、途径来承担责任。这样才能更有利于当事人双方履行协议,也有利于违约纠纷的解决。

8.3.3　解除就业协议

1. 无效协议

无效协议是指欠缺就业协议的有效要件或违反就业协议订立的原则从而不发生法律效力。无效协议自订立之日起无效。就业协议未经学校同意视为无效。如有的协议经学校审查认为对毕业生显失公平,或违反公平竞争、公平录用的原则,学校可不予认可。

采取欺骗等违法手段签订的就业协议无效。如用人单位未如实介绍本单位情况,根本无录用计划而与毕业生签订就业协议。无效协议产生的法律责任应由责任方承担。

2. 就业协议的解除及其后果

就业协议的解除分为单方解除和三方解除。

①单方解除包括单方擅自解除和单方依法或依协议解除。

单方擅自解除协议属违约行为，解约方应对另二方承担违约责任。单方依法或依协议解除是指一方解除就业协议有法律上或协议上的依据，如学生未取得毕业资格、未通过用人单位所在地组织的公务员考试等，用人单位有权解除协议。此类单方解除，解除方无须对另二方承担法律责任。

②三方解除是指毕业生、用人单位和学校三方经协商一致，解除原订立的协议，使协议不发生法律效力。

此类解除是三方当事人真实意思表示一致的体现，三方均不承担法律责任。三方解除应在就业计划上报主管部门之前进行，如就业派遣下达后三方解除，还须经主管部门批准办理调整改派。

3. 违约责任及违约后果

就业协议书一经毕业生、用人单位、学校签署即具有法律效力，任何一方不得擅自解除，否则违约方应向权利受损方支付协议条款所规定的违约金。从实际情况来看，就业违约多为毕业生违约。

毕业生违约，除本人应承担违约责任，支付违约金外，往往还会造成其他不良的后果，主要表现在：

①就用人单位而言，用人单位往往为录用一名毕业生做了大量的工作，有的甚至对毕业生将要从事的具体工作也有所安排。同时，毕业生就业工作时间相对比较集中，一旦毕业生因某种原因违约，势必使用人单位的录用工作付之东流。用人单位若另起炉灶，选择其他毕业生，在时间上也不允许，从而给用人单位的工作造成被动。

②就学校而言，用人单位往往将毕业生违约行为认为是学校的行为，从而影响学校和用人单位的长期合作关系。用人单位由于毕业生存在违约现象，而对学校的推荐工作表示怀疑。从历年情况来看，一旦毕业生违约，该用人单位往往在几年之内不愿到学校来挑选毕业生。面对激烈的就业竞争，用人单位的需求就是毕业生择业成功的前提，如此下去，必定影响今后学校的毕业生就业工作；同时，也会影响学校就业计划方案的制订和上报，并影响学校的正常派遣工作。

③就其他毕业生而言，用人单位到校挑选毕业生，一旦与某毕业生签订就业协议书，就不可能再录用其他毕业生。若日后该生违约，有些当初希望到该用人单位工作的其他毕业生由于录用时间等原因，也无法补缺，造成就业信息的浪费，影响其他毕业生就业。因此，毕业生在就业过程中应该慎重选择，认真履约。

8.4 社会保险

社会保险是大学毕业生就业权益保护的重要组成部分，也是大学毕业生就业权益保护不可或缺的保障制度，以养老保险、失业保险、医疗保险、工伤保险和生育保险几种最为常用。

8.4.1 养老保险

养老保险是指国家和社会根据相关法律、法规,为保障劳动者在达到国家规定的解除劳动义务的劳动年龄界限,或因年老丧失劳动能力退出劳动岗位后的基本生活而建立的一种社会保险制度。其主要包含以下三层含义:

①养老保险是在法定范围内的老年人完全或基本退出社会劳动生活后才自动发生作用的。这里所说的"完全",是以劳动者与生产资料的脱离为特征的;所谓"基本",指的是参加生产活动已不成为主要社会生活内容。需强调说明的是,法定的年龄界限(各国有不同的标准)才是切实可行的衡量标准。

②养老保险的目的是保障老年人的基本生活需求,为其提供稳定可靠的生活来源。

③养老保险是以社会保险为手段来达到保障的目的。养老保险是世界各国较普遍实行的一种社会保障制度。

1. 养老保险的特点

①由国家立法强制实行,企业/单位和个人都必须参加,符合养老条件的人可向社会保险部门领取养老金。

②养老保险的费用,一般由国家、单位和个人三方或单位和个人双方共同负担,并实现广泛的社会互济。

③养老保险具有社会性,影响很大,享受人多且时间较长,费用支出庞大,因此,必须设置专门机构,实行现代化、专业化、社会化的统一规划和管理。

2. 养老保险费的缴纳和养老金的领取

(1)养老保险费的缴纳　基本养老保险制度的覆盖范围为城镇所有企业及其职工、自由职业者和城镇个体工商户。

基本养老保险费由企业和职工共同负担,企业依法缴纳基本养老保险费,缴费比例一般为企业工资总额的20%左右,企业缴费部分不再划入个人账户,全部纳入社会统筹基金,并以省(自治区、直辖市)为单位进行调剂。养老保险社会统筹基金纳入财政专户,实行收支两条线管理,严禁截留、挤占、挪用。职工缴费比例为本人缴费工资的8%,并全部计入个人账户。

(2)养老金的领取　职工要按月领取基本养老金,必须达到法定退休年龄,并已办理退休手续,所在单位和个人依法参加养老保险并履行了养老保险缴费义务,个人缴费年限至少满15年。

3. 养老保险的意义

(1)有利于保证劳动力的再生产　通过建立养老保险制度,有利于劳动力群体的正常代际更替,老年人年老退休,新成长劳动力顺利就业,保证就业结构的合理化。

(2)有利于社会的稳定　养老保险为老年人提供了基本生活保障,使老年人老有所养。随着人口老龄化的到来,老年人口的比例越来越大,人数也越来越多,养老保险保障了老年劳动者的基本生活,等于保障了社会相当部分人口的基本生活。对在职劳动者而言,参加养老保险,意味着对将来年老后的生活有了预期,免除了后顾之忧。从社会心态来说,人们多了些稳定、少了些浮躁,这有利于社会的稳定。

（3）有利于促进经济的发展 各国设计养老保险制度多将公平与效率挂钩，尤其是部分积累和完全积累的养老金筹集模式。劳动者退休后领取养老金的数额，与其在职劳动期间的工资收入、缴费多少有直接的联系，这无疑能够激励劳动者在职期间积极劳动、提高效率。

此外，由于养老保险涉及面广，参与人数众多，其运作中能够筹集到大量的养老保险金，能为资本市场提供巨大的资金来源，尤其是实行基金制的养老保险模式，个人账户中的资金积累以数十年计算，使得养老保险基金规模更大，为市场提供更多的资金，通过对规模资金的运营和利用，有利于国家对国民经济的宏观调控。

【扩展阅读】养老保险关系可转移

自2009年2月5日，人力资源和社会保障部在其官方网站公布《农民工参加基本养老保险办法》和《城镇企业职工基本养老保险关系转移接续暂行办法》（以下简称《办法》）主要政策措施，广泛征求意见。其中，《办法》规定养老保险关系可转移接续。

《办法》规定，对跨省流动就业以及返回户籍所在地就业的参保人员，应当及时办理养老保险关系和资金转移接续手续。对其中已满50周岁的男性和已满40周岁的女性，且就业参保地与户籍地不一致的，原则上应在流动就业之前的参保地继续保留养老保险关系，同时在新就业地建立临时养老保险缴费账户，按新就业地规定缴纳养老保险费。之后再流动就业或在建立临时养老保险缴费账户所在地达到国家规定退休年龄的，将临时养老保险缴费账户中的全部缴费，转移归集到原保留基本养老保险关系所在地或办理退休手续所在地。

《办法》指出，参保人员跨省流动就业的，原就业地社保机构应为其开具参保缴费凭证。在新就业地按规定建立养老保险关系并缴费后，由用人单位或参保人员本人向新就业地社保机构出示参保缴费凭证，提出养老保险关系转移接续申请，由两地社会保险经办机构负责办理养老保险关系和资金的转移接续手续。

《办法》明确了资金转移结构和转移量。规定参保人员跨省流动就业，除转移个人账户储存额外，再按本人缴费工资的一定比例转移统筹资金。个人账户储存额的转移，基本维持了现行政策规定，以体现政策的连续性。统筹基金的转移量，确定为本人1998年1月1日后各年度实际缴费工资的12%左右。确定这个时点，主要是因为1997年以后全国各地基本养老保险制度及缴费比例归于统一。

《办法》明确了退休办理地点确定原则，以厘清地方养老保险事权，保障参保人员的养老保险权益。跨省流动就业的参保人员达到国家规定的退休条件时，首先依据其户籍所在地办理退休手续，享受基本养老保险待遇。当户籍所在地与参保地不一致时，如果在最后参保地参保满10年，在最后参保地办理退休手续，核发基本养老金；如在最后参保地参保不满10年，依次向前推至满10年的参保地办理退休手续；如在各地参保都不满10年，则在户籍所在地办理退休手续。

8.4.2 失业保险

失业保险是指国家通过立法强制实行的，由社会集中建立基金，对因失业而暂时中断生活来源的劳动者提供物质帮助的制度。它是社会保障体系的重要组成部分,是社会保险的主要项目之一。自1998年国家颁布实施以来,是对推进社会保障事业发展的重大举措,对建立与社会主义市场经济体制要求相适应的社会保障体系和市场就业机制,促进经济体制改革,维护社会稳定具有重要意义。

1. 失业保险的特点

(1)普遍性 它主要是为了保障有工资收入的劳动者失业后的基本生活而建立的,其覆盖范围包括劳动力队伍中的大部分成员。因此,在确定适用范围时,参保单位应不分部门和行业,不分所有制性质,其职工应不分用工形式,不分家居城镇、农村,解除或终止劳动关系后,只要本人符合条件,都有享受失业保险待遇的权利。我国失业保险的适用范围,呈逐步扩大的趋势,从国营企业的四种人到国有企业的七类九种人和企业化管理的事业单位职工,再到《失业保险条例》规定的城镇所有企业事业单位及其职工,充分体现了普遍性原则。

(2)强制性 它是通过国家制定法律、法规来强制实施的。按照规定,在失业保险制度覆盖范围内的单位及其职工必须参加失业保险并履行缴费义务。根据有关规定,不履行缴费义务的单位和个人都应当承担相应的法律责任。

(3)互济性 失业保险费主要来源于社会筹集,由单位、个人和国家三方共同负担,缴费比例、缴费方式相对稳定。筹集的失业保险费,不分来源渠道,不分缴费单位的性质,全部并入失业保险基金,在统筹地区内统一调度使用以发挥互济功能。

2. 失业保险的作用

①有利于推动经济体制改革,特别是国有企业改革。失业保险从根本上改变了过去多年存在的非国有企业和事业单位职工"有险无保"的局面,在制度上实现了失业保险的"广覆盖",对促进劳动合理流动,调整和改善劳动力结构,合理配置劳动力资源,广开就业门路,扩大就业渠道具有重要作用。完善失业保险制度,使失业人员和下岗职工的基本生活得到切实保障,有利于促进国有企业深化改革,实现改革和脱困目标。

②有利于形成与社会主义市场经济体制要求相适应的社会保障体系和就业机制。失业保险既是社会保障体系的重要组成部分,又是建成统一的劳动力市场、形成市场就业机制的重要手段。没有完善的失业保险制度,社会保障体系就不完整;没有完善的失业保险制度,失业人员难以顺利进入劳动力市场,劳动力合理流动和市场就业机制就难以建立。

8.4.3 医疗保险

医疗保险是通过国家立法强制执行的一种社会保险制度,是劳动者或公民在患病期间由国家指定的医疗机构给予治疗和提供物质帮助的一种社会制度。医疗保险的医疗经费主要来源于国家拨款和用人单位、劳动者缴纳的医疗保险费。

1. 医疗保险的制度

(1)城镇职工基本医疗保险制度 国务院于1998年12月下发了《国务院关于建立城镇职工基本医疗保险制度的决定》(国发〔1998〕44号),部署在全国范围内全面推进职工医疗保险制度改革工作。医疗保险制度改革的主要任务是建立城镇职工基本医疗保险制度,即适应社会主义市场经济体制，根据财政、企业和个人的承受能力，建立保障职工基本医疗需求的社会医疗保险制度。

建立城镇职工医疗保险制度的原则有四个方面：一是基本医疗保险的水平要与社会主义初级阶段生产力发展水平相适应；二是城镇所有用人单位及其职工都要参加基本医疗保险，实行属地原则；三是基本医疗保险费用由用人单位和职工双方共同负担；四是基本医疗保险基金实行社会统筹和个人账户相结合。

（2）城镇居民基本医疗保险制度 2007年，在部分地区开展城镇居民基本医疗保险制度试点，主要针对未纳入城镇职工基本医疗保险制度覆盖范围内的非从业城镇居民和学生儿童、灵活就业人员、进城务工人员等。建立城镇居民基本医疗保险制度，是坚持以人为本的科学发展观的具体体现，更是构建社会主义和谐社会的必然要求。

城镇居民基本医疗保险是社会医疗保险制度的组成部分，是由政府组织、引导和支持，个人和政府多方筹资，以保障大病为主的社会医疗保险制度。其主要原则是：医疗保障水平与我国经济发展水平和各方面承受能力相适应，合理确定筹资标准和保障水平；低费率、广覆盖、保大病，重点保障城镇居民的住院和门诊大病医疗；政府引导、自愿参保，实行属地管理；以家庭为单位参保，个人和家庭缴费为主，政府适当补助；基本医疗保险基金要以收定支、收支平衡、略有结余。

（3）新型农村合作医疗制度 新型农村合作医疗制度是相对20世纪80年代以前传统农村合作医疗模式而言的，是由政府组织、引导、支持，农民自愿参加，个人、集体和政府多方筹资，以大病统筹为主的农民医疗互助共济制度。

新型农村合作医疗制度既是中国医疗保障制度中有特色的组成部分，也是中国农村社会保障体系的重要内容。它为农民提供全方位的医疗服务，不仅为农村社会成员提供一般的门诊和住院服务，而且承担着儿童计划免疫、妇女孕产期保健、计划生育、地方病疫情监测等任务，并按照预防为主、防治结合的方针开展各种疾病预防工作和饮食及饮水卫生、爱国卫生工作等，对保障广大农民健康发挥着多方面的积极作用。

（4）社会医疗救助 社会医疗救助是在政府主导下，由政府相关部门组织实施，主要通过提供资金、政策与技术支持，对困难人群实施专项帮助和医疗扶持的一项医疗保障制度。

社会医疗救助的形式主要有三种：一是提供社会医疗救助金，给救助对象以经济补偿；二是给医疗机构一定的经济补贴，使后者直接减免救助对象的部分医疗费用；三是由社会医疗救助机构举办专门医疗机构，免费为救助对象提供医疗服务。

2. 医疗保险的作用

①医疗保险制度的建立和实施，集聚了企业单位和个人的经济力量，加上政府的资助，对患病的劳动者给予物质上的帮助，提供基本医疗保障，有利于劳动力流动，减轻企业社会负担，加快建立现代企业制度，适应市场经济体制要求。同时，还可以解除劳动者的后顾之忧，激励劳动者积极工作，有助于消除社会不安定因素，稳定社会秩序，从而对经济体制改革的进行和社会主义市场经济体制的建立，起到保证作用。

②医疗保险制度的实施，可使患病的劳动者从社会保险获得必要的物质帮助，尽快恢复身体健康，重新从事劳动，取得经济收入，从而可以有效地帮助患病的劳动者从"因病致贫"或"因贫致病"的"贫病交加"困境中解脱出来，并能在社会生产发展的基础上不断改

善和提高其物质文化生活。

③医疗保险制度的建立，可以有效地依靠国家、单位和个人的经济力量，筹集卫生费用，积极发展各类卫生保健事业，加强重大疾病的防治，改善农村医疗卫生条件，从而对提高全民健康水平，乃至民族昌盛、国家富强发挥着重要作用。

④医疗保险制度的实施，可以有效地保障劳动者身体健康，提高劳动者素质，从而对于提高劳动生产率、促进生产的发展发挥着重要作用。疾病的医疗是劳动力再生产的必要条件，医疗费用是劳动力再生产的必要费用。医疗保险制度的实施，为劳动者减少疾病，生病得到及时治疗，并以健康的体魄投入生产劳动提供了重要保证。

⑤对劳动者来说，医疗保险虽然在考虑其劳动状况，如工龄的长短、劳动条件的差异和贡献大小等时有所差别，但它并不与劳动者的劳动数量、劳动质量直接挂钩，而是保障劳动者在患病后有均等的就医机会，依据其病情提供基本医疗服务、给予必要的医疗保障，因而有助于合理调节社会分配关系，实现效率与公平的结合和统一。

⑥医疗保险制度的建立和实施，对培育全民自我保障意识，实行自我积累，增强自我医疗保障能力，控制医疗费用，有效利用卫生资源，发扬互助共济精神，乃至社会主义精神文明建设，都有着重要作用。

8.4.4 工伤保险

工伤亦称职业伤害，是指职工在工作中所发生的或与之相关的人身伤害，包括事故伤害和职业病以及因此造成的死亡。工伤保险就是指国家或社会为在生产、工作中遭受事故伤害和患职业病的劳动者及其近亲属提供医疗救治、生活保障、经济补偿、医疗和职业康复等物质帮助的一种社会保障制度。

1. 工伤保险的特点

①工伤保险对象的范围是在生产劳动过程中的劳动者。由于职业危害无处、无时不在，任何人都不能完全避免职业伤害，因此工伤保险作为抗御职业危害的保险制度，适用于所有职工，任何职工发生工伤事故或遭受职业病，都应毫无例外地获得工伤保险待遇。工伤保险责任具有赔偿性。

②工伤（即职业伤害）所造成的直接后果是伤害到职工的生命健康，并由此造成职工及家庭成员的精神痛苦和经济损失。也就是说，劳动者的生命健康权、生存权和劳动权受到影响、损害甚至被剥夺。因此，工伤保险是基于对工伤职工的赔偿责任而设立的一种社会保险制度，其他社会保险是基于对职工生活困难的帮助和补偿责任而设立的。

③工伤保险实行无过错责任原则。无论工伤事故的责任归于用人单位还是职工个人或第三者，用人单位均应承担保险责任。

④工伤保险不同于养老保险等险种，劳动者不缴纳保险费，全部费用由用人单位负担，即工伤保险的投保人为用人单位。

⑤工伤保险待遇相对优厚，标准较高，但因工伤事故的不同而有所差别。

2. 工伤保险的法律意义

①工伤保险作为社会保险制度的一个组成部分，是通过立法强制实施的，是国家对劳动

者履行的社会责任,也是劳动者应该享受的基本权利。工伤保险的实施体现了以人为本,是人类文明和社会发达的标志。

②有利于保障职工利益,维护社会的稳定。由于用人单位是市场经济的主体,在市场竞争中失败与成功均有可能,如果企业破产,则工伤职工的待遇得不到保障,把工伤保险待遇与用人单位分离,可以使因工作遭受事故伤害、患职业病的职工获得及时的医疗救治和经济补偿,有利于社会的稳定。

③分散风险,提高企业承担风险的能力。工伤事故发生后,支付的工伤待遇较高,企业可能很难承担,通过保险的方式,可以分摊风险,提高企业承担风险的能力。

④缓解矛盾,减少诉讼。工伤事故发生后,如果工伤待遇全由用人单位承担,利害关系直接在用人单位与职工之间产生,用人单位支付的可能性大,不利于工伤职工利益的保护。工伤事故发生后的赔偿转由社会保险基金支付,用人单位与工伤职工的利益冲突就减小,因此发生的诉讼就会大大减少。

8.4.5 生育保险

生育保险是为了维护女职工的基本权益,减少和解决女职工在孕产期以及流产期间因生理特点而造成的困难,使她们在生育和流产期间得到必要的经济收入和医疗照顾,保障她们及时恢复健康,回到工作岗位。

1. 生育保险与医疗保险的区别

生育保险与医疗保险有一些相似之处,都提供一定的医疗保健服务,但两者之间也存在着许多差异。

①生育保险的享受对象主要是女职工。

②生育保险提供的医疗服务一般不需要特殊治疗。生育属于正常的生理改变,不同于疾病、伤残等引起的病理变化。

③生育保险实行产前与产后都享受的原则。女职工怀孕后,在临产前一段时间,由于行动不便,已经不能正常工作;分娩以后,需要休息一段时间,以便身体恢复和照顾婴儿。所以,生育保险的假期等待遇包括产前和产后。

④生育保险不仅仅是为了弥补女职工生育期间的收入损失,而更重要的是对维持劳动力再生产和人类的世代延续起着重要的保障作用。生育保险与国家的人口政策密切相关,其待遇水平一般较其他社会保险项目要高。

2. 生育保险的作用

①实行生育保险体现了对妇女生育价值的认可。妇女生育是社会发展的需要,她们为家庭传宗接代的同时,也为社会劳动力再生产付出了努力,应当得到社会的补偿。因此,对妇女生育权益的保护被大多数国家接受和给予政策上的支持。

②实行生育保险建立了对女职工基本生活的保障。女职工在生育期间离开工作岗位,不能正常工作。国家通过制定相关政策保障她们离开工作岗位期间享受有关待遇,其中包括生育津贴、医疗服务以及孕期不能坚持正常工作时,给予的特殊保护政策。生育保险在生活保障和健康保障两方面为孕妇的顺利分娩创造了有利条件。

③实行生育保险满足了提高人口素质的需要。妇女生育体力消耗大，需要充分休息和补充营养。生育保险为她们提供了基本工资，使她们的生活水平没有因为离开工作岗位而降低，同时为她们提供医疗服务项目，包括产期检查、围产期保健指导等，对胎儿的正常生长进行监测。对在妊娠期间患病或接触有毒有害物质的妇女，做必要的检查，如发现畸形儿，可以及早中止妊娠。对于在孕期出现异常现象的妇女，进行重点保护和治疗，以达到保护胎儿正常生长，提高人口质量的作用。

④实行生育保险保证了女职工的身体健康和劳动能力的恢复。女职工怀孕和生育，体力消耗很大，需要休养和保护。向她们提供医疗服务，就能保证女职工在生育期间得到及时的检查、治疗和保护。女职工在生育及产前产后的一段时间里，由于暂时不能从事正常的劳动，因而不能通过劳动取得报酬以维持基本生活。建立生育保险，使生育的女职工获得基本生活的保障，可以使她们的身体迅速得到恢复，保证生育的女职工劳动力再生产的正常进行。

第 9 章
工作岗位的快速适应

竞争让市场更加智能,也让参与竞争的人倍感压力,能否快速适应自己的工作岗位,直接关系到个人的职业发展。职场与校园不同,老师与老板不同,同学与同事不同,关键在于自己是否主动适应。在职场中,学与不学、学多与学少完全取决于自己对岗位的认识与人沟通的技巧。所以,带着问题向人请教,比不懂装懂要好很多。

> **学习要点**
> 1. 了解学校与职场、同学与同事、老师与老板的区别。
> 2. 了解就业后容易出现的问题,并找到相应问题的解决办法。
> 3. 做好环境适应,了解社会的规律,学会处理与领导、同事的关系。
> 4. 做到岗位认知,并找到适合自己高效工作的方法。
> 5. 调整心态,适应专业与岗位的不对口。

9.1 角色适应

9.1.1 学校与职场的区别

大学生毕业后,面临着从大学生向职场人的身份和社会位置发生的思想观念和行为模式的转变,即如何通过接受社会文化以及职场文化,从一个大学生转化为一个能适应职业需要的职场人的过程。这一角色转换在大学生的人生经历中占有十分重要的位置,甚至角色转换成功与否直接影响着事业的成功与失败。总结起来,大学生和职场人有着以下几个差别:

1. 二者承担的责任不同

大学生作为受教育者,接受家庭或社会的经济供给和资助,学习知识,培养能力,自我完善。这个过程实质上是大学生向社会"索取"的过程。而职场人则是要用自己已经掌握的本领,通过工作向社会提供劳动而获取报酬。

大学生作为受教育者,在校园里以学习为天职。在学习上可以依赖老师,也不怕犯错误。有些事情即便做错了,也不用承担过多的社会责任。职场人则要学会独立地处理事情,在工作中树立"不可以随便犯错"理念。因为职场人如果在工作中犯了错误,必须承担成本和风险责任，而且还要承担所犯错误的后果。

因此，要想在职业岗位上有所创造、有所发展，必须要求自己养成学习的习惯，不断补充新的知识与技能，充分认识业务上学无止境、精益求精的重要意义。只有真正具备真才实学的人，才能靠实际本领努力做出贡献、寻求事业发展。积极的心态是最重要的前提，参加工作后，谁能永远保持旺盛的学习热情和积极向上的心态，在职业创造中不懈地追求，谁就能在平凡的岗位上做出卓越的成绩，走出一条成功之路。

2. 二者所处的环境不同

大学生在校园里的生活是围绕学习展开的简单而有规律的生活，学习环境宽松而自由，学习时间有很大弹性，学习任务明确，可以参加学校组织的各种各样的活动和团体，有较长的节假休息日。这样的生活不仅丰富而且多彩，其生活节奏相对舒缓，来自外界的压力相对较小。

而在职场上面临的社会环境是：快速的生活节奏，紧张的工作环境，激烈的竞争，严格的规章制度；节假日少，没有多少可自由支配的时间；要承受不同地域的生活环境和习惯；由于缺乏实际工作经验，开始工作时往往不能得心应手，工作压力显著增加。

另外，老师与老板不同（见表9-1），同学与同事不同（见表9-2），校园环境与职场环境也不同（见表9-3）。

表9-1　老师与老板的不同

老师	老板
鼓励讨论	有时对讨论不感兴趣
明确规定任务交付的时间	分派紧急工作，交付周期很短
基本上会公平地对待大家	有时很独断，并不总是公平
知识导向	结果导向

表9-2　同学与同事不同

同学	同事
朝夕相处	主要是工作时在一起
关系很亲密，但有时冲突会很激烈	彼此很客气，很少有很直接的冲突
很少有直接的利益关系	经常有直接的利益关系
对你有意见往往直接提出来	对你有意见往往会委婉地提出来

表 9-3 校园环境和职场环境的不同

校园环境	职场环境
弹性的时间安排	更固定的时间安排
有规律和个别的反馈	无规律和不经常的反馈
长假和宽松的节假休息	没有寒暑假，节假休息固定
对问题有正确的答案	很少有问题的正确答案
教学大纲提供清晰的任务	任务模糊、不清晰
分数上的个人竞争	按工作业绩进行评估
工作循环周期较短：每周有班级会面，每学期为20周左右	持续数月及更长时间的工作循环
奖励以客观性标准和优点为基础	奖励更多是以主观性标准和个人判断为基础

所以，作为刚刚离开校门的大学生，要做好以下心理准备：

（1）现实有效的职业生涯设计　在前面的学习中，已经了解到国家关于劳动就业的政策，市场条件下对人才使用和调节的运行机制，如何根据自己的专业与技能水平等条件选择职业岗位等。有了这些知识，对同学们走向人才市场、自主择业有很大帮助。

但还应该仔细考虑和认真对待的问题是，对自己的优势、强项、兴趣、爱好、能力、个性特点等作出全面分析，对自己未来的职业发展有一个整体规划。同时，还要实事求是地权衡这个规划的现实可能性，不能建立在主观臆造的、不能实现的空想基础之上。

（2）勇敢面对每一种考验　参加工作或自谋职业寻找出路都不是轻而易举的事，每一个毕业生在走上社会时，无一例外地会面临各种考验。

一是暂时无业可就的考验。比如，毕业后一段时间内，由于就业形势与我国人口特点，一时找不到职业和就业出路，应该耐心等待和寻找机会，广泛了解就业信息，主动出击，推销自己，或暂时先找一些临时活计边干边找，有合适的位置再说。

二是调整和变革自己的考验。学生时期，同学们往往盼望着脱离家长"束缚"，尽快独立。但走上工作岗位以后，你会发现生活其实并不轻松，常常要不断地调整自己对客观世界的认识，变革自己原有的习惯与生活方式。一个人从幼儿园、小学、中学，直到大学毕业，成长的每一步都学会了许多新的东西，给自己带来了许多新的乐趣和希望，但同时也不得不放弃以前学会的并习惯了的那些东西。如果不能根据环境学习提高和改变自己，总是"长不大"，则无法进步。

三是扭转危机的考验。生活与职业工作中的犹豫、徘徊、变幻不定，甚至产生一时的危机，对任何一个人来说，都是正常的。同学们在走上社会的前夕，必须有这样的认识和心理准备。危机从何而来呢？可能来自工作岗位，比如刚刚参加工作，由于没有待人处事的经验，在工作及人际关系上出现了紧张，使自己处于不利地位，有了危机感。又如企业利润下降，经营不景气，职工下岗了，你可能面临二次寻找职业的危机。个人生活中的大事，如家庭成员的疾病、婚姻、突发事故等使人陷入紧张忙乱之中，则产生严重的危机感。在面临以上这些危机时，要勇敢面对，积极扭转，摆脱危机的阴影，要经得住考验。

（3）正确进行每一次选择　首先，要慎重选择。学会严肃对待自己职业生涯中的每一次选择，学会珍惜每一次选择的机会和努力获得的结果。从学校毕业后走向社会的第一次选择，无疑是一个人一生中重要的一个里程碑。

慎重选择时考虑的因素包括：自己能否胜任；是否适合自己；是否符合个人选择职业的几项主要指标；是否预计可能做出成绩，等等。

其次，不必恐惧。选择职业当然是要花费力气的，不少人以为，好不容易选择了一个职业，恐怕以后永远也不会改行了，因而对选择职业充满恐惧感。其实，同学们大可不必担心，因为一次选择不会定终身，不会一成不变。社会发展迅速，经济环境持续在变化，人们的观念在更新，从世界范围来看，人们的职业变化越来越频繁，事实也证明，一个人一生中可能会有数次职业变更。加上个人的条件也在变化，坚持学习新知识、新技术就进步，不学习、不努力就跟不上经济形势发展和职业的新需求，就会被职业与社会所淘汰。所以，职业调整与变化的现实可能性是永远存在的，职业岗位的转变也是不可避免的。

最后，要相信自己永远有尝试的机会。离开学校的第一次选择固然十分重要，但应相信自己只要一生不懈追求，永远存在尝试发展的机会。但也不是说，在青年时期就可以浪费时间和精力，随意离开完全可以有发展创造的职业岗位。主要是应善于抓住机遇，不要让机会从自己身边溜走而一无所获。对同学们来说，现在还年轻，有许多可以选择的余地，机遇也是随处可见的。但并不是说，你可以轻而易举地就能找到一份理想的工作，相信随着年龄的增大，机会就越来越难得了。

综上所述，在人成长的每一个阶段，都有一个重新认识自我的过程，如果能清醒主动地完成这个过程，使自我与客观环境相协调，不断为此作出有效调整，就能使自己的个性有更大和更加积极的发展，就能帮助自己大胆走向生活，去创造丰富多彩的人生。

3. 面对的人际关系不同

校园的人际交往比较单纯，师生之间、同学之间没有明显的利益冲突。老师通过言传身教的方式向学生传授知识和经验，无私地把自己的平生所学传授给学生，公平对待每个学生，关心爱护学生。可以说，师生关系也是一种朋友关系，同学之间的地位是平等的。

进入社会后的人际关系相对要复杂得多。职场人要服从领导以及管理安排，完成上级交给的一件件具体的实实在在的工作任务，接受上级的考核和批评，同时要面对复杂的同事关系、与工作对象之间的关系等。

9.1.2 就业后容易出现的问题

大学生在选择与被选择的矛盾冲突过后，最终都选定了某一职业，这是人生的一大转折。接着是如何尽快适应这一转折，完成由学生到职业角色的转换，从近年来社会反馈的信息看，主要存在以下问题：

1. 对学生角色的依恋心理

大学生在走上工作岗位后，易出现怀旧心态，常常会自觉或不自觉地将自己置于学生角色来要求自己和对待工作，以学生角色的习惯方式观察事物、分析事物。面对与同事、领导等较为复杂的人际关系及职业责任的压力，不禁会留恋相对单纯的学生时代。

2. 职业角色中的依赖心理

大学生一旦离开学校走向社会，就要承担起成人的职业角色，但成人的自觉性和独立性还没养成，工作上全靠领导安排，领导安排多少干多少，对自己的工作性质、范围、程度、相互关系还没有足够的认识。因此，在履行角色义务、掌握支配角色权利的尺度、遵守角色规范方面还存在一定的差距。然而别人已不再用对学生的眼光来看待他，而是按能独立承担职业义务的标准来要求他。

3. 眼高手低的自傲心理

有些大学生常以有文凭、职业资格证书而自居，自以为接受了正规教育，已经学到了不少知识，是个人才，因此轻视实践，放不下架子，不愿意到基层工作和看不起基层工作人员，甚至认为一个堂堂的大学生干一些不起眼的事是大材小用，有失身份。但他们实际上往往是眼高手低，大事做不了，小事又不愿做。

4. 消极退缩的自卑心理

有些大学生面对新的工作环境和生疏的人际关系，缺乏应有的自信，工作中放不开手脚，特别是在知识分子密集的工作单位，看到别人工作经验丰富、驾轻就熟，相比之下觉得自己这也不行，那也不行，胆小畏缩，不思进取，甘居人后，产生不求有功、但求无过的消极心理，这不利于聪明才智的正常发挥。

5. 见异思迁的浮躁心理

一些大学生在角色转换过程中表现出不踏实、不稳定的特征，一段时间想干这项工作，过一段时间又想干那项工作，而对本职工作坚持不下去，缺乏敬业精神，不能深入地了解本职工作的性质、职责范围和工作技巧。

9.1.3 快速适应工作岗位

1. 岗位适应

（1）安心本职工作，甘于吃苦　安心本职工作是角色转换的基础。刚走上工作岗位的大学生，应尽快从学生学习生活的模式中脱离出来，全身心地投入到工作中去。如果"身在曹营心在汉"，经过几个月甚至一年的时间还不能静下心来，那么不仅不利于角色转换，而且还会影响职业兴趣的培养和工作成绩的取得。

甘于吃苦是角色转换的重要条件，付出更多的时间和精力，才能及时进入工作角色。

（2）认真观察，虚心学习　大学生虽然在理论方面有一定的积累，但在具体实践活动中还是新手。刚到新单位，往往会发现学过的知识用不上，而工作所需的知识又学得不够深入，甚至完全没学过。

大学生必须向有着丰富实践经验、业务技能的领导和同事虚心请教和学习，掌握第一手资料，在工作中边学边干，认真观察，勤加思考，积累经验。

（3）互相配合，善于协作　走上工作岗位后，大学生将成为社会认可的具有独立资格的真正意义的社会人,在工作上要能独当一面。但在人的社会联系高度紧密的今天,一项大型工程的开展,一项科研项目的完成,一个生产过程的组织与管理,必须是人人共同劳动、互相配合、互相协作才能完成的。

大学生应有意识地培养自己的协作意识,处理好独立工作和与人协作的关系,以便更快更好地适应职场的工作方式。

(4)熟悉环境,融入集体　尽快与同事们熟悉起来,获得同事的认同,会减轻对陌生工作的无所适从,培养自己的归属感。

大学生应抓住机会多参加集体活动,自然地与同事融为一体,增进交流和友谊,善于发现同事的长处并虚心向他们学习。

(5)勤于工作,乐于奉献　工作之初,就应严格要求自己,树立高度的主人翁意识和主动奉献的精神,认认真真,勤勤勉勉,少计较个人得失,努力承担岗位责任,以主人翁的姿态全身心地投入到工作当中去。

树立为自己奋斗、为他人奋斗、为社会和集体乐于奉献自己青春的信念。

近年来,随着企业经营环境的发展和人才市场供求结构的变化,越来越多的职场人感到了更大的竞争压力。在这种情况下,工作压力必然加大,在职场上打拼多年的白领都会感到越来越难以应付。

> 王刚在学校是个好学生,学习不错,成绩优秀。可是,自从来到新公司后,虽然觉得业务不难学,但是工作担子太重,累得喘不上气来。原来自己最喜欢的计算机也变得不可爱了。整天坐在计算机前进行"人机对话",通过键盘把自己想说的"话"输入给计算机,计算机通过显示屏把自己的劳动成果输出给自己,没有表情、没有微笑。整天长时间坐在办公桌前,两眼直视着屏幕,双手不停地敲击键盘,工作枯燥,重复劳动,而且饮食不规律、睡眠质量不高,加上计算机辐射、熬夜加班,总感觉腰酸背痛、筋疲力尽。心里总想当"逃兵",可是当在同学集会上知道大家也都很疲劳的时候,又感到没有退路,只能干下去,可是工作激情渐渐消退。

一个初入职场的新人,面对工作压力,只能咬牙挺住,而不能退缩,不能逃避。大学生在过渡过程中要靠自己的努力,别人只能帮你,而不能替代你。所以,具有更强的承受压力的能力,以及根据现实环境调整自己期望和心态的能力,就显得尤为重要。

最好的办法就是以最快的速度熟悉业务,并在工作中摸索窍门,掌握经验,这样,就会轻车熟路、熟能生巧。在做好本职工作、积累职场经验的同时,要积极为职位提升和下一份工作做准备,即储备应该具备的职业技能、核心竞争力,利用空余时间提升自我。还要学会珍惜时间。与企业的磨合需要时间，积累经验也需要时间，具备竞争力同样需要时间，谁珍惜时间、抓住时间谁就能跑在前面。当你"硬着头皮、咬着牙"挺下来，有了工作业绩，激情自然回到你的身边。

2．心理适应

（1）做好从基层做起的心理准备　大学生刚跨入职场时，一般要从基层做起。俗话说："良好的开端是成功的一半。"大学生首先要做好适应艰苦、紧张而又有节奏的基层生活的心理准备，克服对校园生活的依恋心理，保持工作热情。

面对崭新的工作制度和工作方式，应学会入乡随俗，适应新的环境，而不是不愿改变自己，甚至试图用以前的习惯去改变新环境。

（2）做好"受挫"的心理准备　工作过程一般不会是一帆风顺的，如果在这方面心理准备不足，就会产生过激情绪，不仅影响工作，而且在愤世嫉俗的言行中使得自己的才华泯灭。因此，大学生要调整心态，充分做好心理上的"受挫"准备，培养较强的心理承受能力。

（3）克服自卑和自负的心理　大学生要提高自己战胜挫折和困难的勇气，就要克服自卑心理，要对自己充满信心，用一种乐观豁达的心态来处理工作中的问题。在刚开始参加工作的时候，每个人都可能会做错事情，这也是难免的。只要能够不断总结经验，纠正错误，积极进取，就能不断进步。当然，大学生也不能有自负心理，要知道"强中更有强中手，能人背后有能人"的道理。

过于自负不但不能使人进步，还会在人际关系上和工作上带来不良后果。

3．生理适应

初入职场的大学生应该积极适应职场人的生活习惯和生活模式，校园里养成的生活习惯可能需要做些改变。在学校的时候，有些学生喜欢睡懒觉，经常上课迟到或者频繁地请病假。这也许不会给大学生活带来严重的后果。可是，在工作期间，如果经常犯懒病、娇病、馋病，每一件都可能带来非常严重的后果。所以，为了自己的职业前途，大学生应调整生活规律。有时候，工作环境的一些不成文的规定更是需要遵守。大学生若想要在事业上得到很好的发展，一定要快速地在身体上、思想上适应职场生活。

9.2　环境适应

9.2.1　认识社会

进入职场，与人共事，不能只看到自己，要讲团队精神，要发挥整体优势，因而人际交往能力显得尤为重要。在工作中与上司、同事相处，交际能力的好坏直接决定着个人在一个团体中的地位和作用。因此，大学生应充分认识社会生活中人际关系的特点和影响人与人关系的因素，培养自己的人际交往能力，用娴熟的交际能力去适应社会。

1. 社会生活中人际关系的特点

（1）在人际关系中双方的相互关系是明确的　人的一生，在社会生活中要结成很多不同的人际关系。从纵向讲，人从一出生就进入了人际关系的网络之中；从横向讲，每个人在同一时期，同时扮演着多种角色。社会中的人际关系是多种多样的，但每一种人际关系相互间的关系是明确的。倘若相互间的关系不明确，就无法建立和发展人际关系。

（2）人际关系的发展是一个循序渐进的过程　人际关系的发展需要经过一系列有规律的阶段或顺序。如果人们之间的关系没有按预料的顺序发展，就会引起当事人的惶惑不安。因此，在人际交往中，必须遵循循序渐进的原则，不能急于求成。完全从自己的主观意识出发，可能会导致一些突然超前或突然中止的反常行为，就容易破坏人际关系的规律性。

（3）人际关系的多面性　一般人的思维、情感和需求都不是单面的、单线条的，而是多面的、多层次的，这是由社会生活中多方面的因素决定的。由于每个人的性格、表象、经历、知识、需求等多方面的因素不同，在人际交往中，各种因素都要发挥作用，必然会表现出个体心理和行为上的多面性。另外，人与人之间的关系还不可避免地含有参与者的个性。有些人际关系状况不纯粹是参与者两人之间的因素，往往还会涉及第三者、第四者或更多的因素，这也是人际关系多面性的表现。随着人们物质文化生活的不断丰富和提高，人际关系的多面性会表现得更加突出。

（4）人际关系的变化性　人际关系不是一成不变的。一个人从出生起，要经过少年、青年、成年等阶段，直到最后死去。在此期间，无论是人还是人际关系都不会停滞不前，人在变，人与人间的关系也会变，所处的环境也在变，有的在性质上发生了变化，有的在形态上发生了变化。

（5）人际关系的复杂性　人际关系的多面性、变化性，导致了它的复杂性。复杂的生理因素和复杂的社会因素导致了人在个体素质上的千差万别。要真正认识一个人，本身就是一件复杂的事情，更何况两人以上所结成的人际关系。人际关系的复杂性表现在交往心理和交往方式等诸方面，如多种需要动机、不同的情绪情感、交往方式的明暗等。一般来说，对交往投入的思考越多，相互间关系的内涵越丰富、越复杂。

（6）人际关系的情感性　人际关系的基础是人们彼此之间的情感活动，感情色彩是人际关系的主要特点。概括地讲，人际间的情感倾向有两类，即互相吸引和接近的情感与互相反对和排斥的情感，与此相对应的就是和谐人际关系与不和谐人际关系。在和谐的人际关系中，个体总是特别希望与对方合作或者结合；而在不和谐的人际关系中，对方往往是一个不能被接受、难以容忍的对象。

2. 影响人际交往的因素

（1）认知偏差　人生活在社会中，会产生对自我、对他人及对种种关系的认知。在人际接触中，如果出现认知偏差，那么就会影响人与人之间的正常交往。认知偏差主要有两种：对自我认知的偏差和对他人认知的偏差。

对自我认知的两种偏差：一是过高评价自己，孤芳自赏；二是自我评价过低，自轻自贱。

对自我的这两种不正确认识都会影响人际交往。孤芳自赏，对不如己者不屑一顾，人们往往敬而远之；看不到自我的价值，自轻自贱，看别人眼色行事，则容易被人看轻而不愿与之交往。

对他人认知的三种偏差：一是以貌取人；二是以成见待人；三是从众。

这几种认知偏差在人际交往中有不同的表现：

①以貌取人常为第一印象所左右。第一印象主要是指来自对方表情、言谈、仪表、年龄、服装等方面的印象，它在对人认识中有决定性作用。社会心理学实验表明，人们对初次印象更容易重视，对后来获得的信息往往不大注意或易忽视。如果第一印象好，则对以后的信息就会起到掩饰作用，产生正向优先效应，认为此人样样好，于是喜欢、信任他并与之接近；反之，不好的第一印象会导致在以后的认知中更多地注意其缺点，甚至把优点也当作缺点，产生负向优先效应，对他人样样看不顺眼，排斥、疏远、嫌弃他。

这种只看表面不看实质的认知倾向容易造成对人认识的失误，从而影响人际交往。在生活中常有"久闻其名，未见其人"的事，也是一种对人认知的偏差，可称之为以信息取人。在很多时候，交往双方在未开始交往时，双方或其中一方对另一方已掌握了某些信息，从而对对方形成一个先入为主的印象，也会造成认知上的偏差。

②以成见待人在交往中常表现为晕轮效应和定势效应。晕轮效应是指将认知对象的某种印象不加分析地扩展到其他各方面上。"情人眼里出西施"即是典型的晕轮效应。交际中，人们在认识某人时，由于对方的某一特征或某一行为使自己产生了突出印象，由此掩盖了对此人其他特征和行为的认识，于是得出整体只具有这些特点的错误判断，如见木不见林、一好百好、一坏百坏，造成了对人认知的偏差，从而影响交往。

定势效应是指用一种固定了的人物形象去认知他人。譬如在一些年轻人看来，老年人固执保守，思想僵化，旧框框多，缺乏改革创新意识，当他们遇到某个老年人时，就会自觉不自觉地将其归入此类。而老年人则认为青年人单纯、幼稚，缺乏经验，办事欠稳妥，当他们遇到青年人时也会有上述错误认知，可能会妨碍交往的正常进行。

③从众是根据多数人的看法来确立自己的观点或态度的一种现象。从众的人缺乏主见，人云亦云，看人看事没有自己的观点，不管别人的看法正确与否，一味随声附和。这样认识人，多会导致认识失真，影响与他人的交往。

（2）情绪

情绪，即情感的外在表现。情绪隐藏在交际过程中，是一种心灵的无声交谈。在交往中，若没有良好的情绪，则直接会影响交际质量。

譬如在取得某些成绩或被人羡慕的情况下，沾沾自喜，得意之色溢于言表，每遇他人唯恐别人不知，甚至教导别人该如何等，往往导致别人的反感而不愿与之交往。与人交往，切忌得意忘形。因为没有人愿与高傲狂妄的人合作共事。同样，失意忘形留给别人的印象也并不美好。生活中难免会遇到种种困难、挫折、不幸，若因此愁肠满腹、愁容满面，那么人们会认为这个人过于脆弱、缺乏自制，只会给予怜悯或同情，而不会引为知交共同分担不幸。若遇不公正对待，怒形于色，迁怒于人，则易受人轻蔑，因为人们只会认为这是浅薄、缺乏内涵的表现。

情绪表达没有分寸同样也会影响交往。不分场合、不看对象、不顾轻重恣意纵情或情感反应过分强烈，就给人以轻浮、狂妄或动机不纯等不好的印象，让人顿生轻薄之感而不愿接近；反之，一个人若对喜、怒、哀、乐，或对能引起情感共鸣的事无动于衷，反应冷淡，就会让人觉得冷漠无情。

情绪失控则会造成人际交往的障碍。生活中到处充满了矛盾，人们的交往活动同样如此。当交际活动中有了矛盾时，急躁冲动，情绪失控，怒从心中起，恶向胆边生，剑拔弩张，结果就会导致人际关系的恶化。

（3）态度

态度是人们对某一特定对象较一贯、较固定的综合性的心理反应倾向，它不是某种心理过程，而是全部心理过程的具体表现，认知、情感、动机同时在其中起作用。

态度在人际交往中形成，对人际交往也会产生影响。在交往中，态度总是指向并倾注于某个对象，会给交往一方造成心理压力。态度和蔼、真诚、坦荡，会使人有安全感并亲而近之；反之，态度圆滑、缺乏诚意、狂妄会使人有危机感并疏而远之。人与人之间由于家庭、环境、教育等因素不同也会存在种种差异。

古人云："水至清则无鱼，人至察则无徒。"

要知道每个人都有自己的生活方式、行为习惯，这并非是缺点或不足。当你不喜欢别人的行为方式和习惯时，应留一点心灵的空间，容纳别人，善待别人，那么你得到的不仅是朋友，还有精神上的愉悦。

（4）语言

在人际交往中，最经常使用的、最基本的手段是语言。语音的差异或语义歧义或语言结构不当都会造成人际交往障碍。

由于历史的影响、地域的差异和民族传统的不同，各地区语言必然存在差异，即各地均有自己的方言。在交际中，即便都用普通话交流，由于各地方言对语音的影响，或者语言表达习惯的差异，都可能引起语言误会，导致影响交际甚至引起纠葛。语义不明或语义含混，不能正确地传达信息使人产生误解，则会造成交际障碍。语言结构不当或有语病则让人难以理解和接受，也会给交往带来困难。例如交往一方对另一方说："你的意见我基本上完全同意，就是有一点值得商榷。"这到底是完全同意还是不完全同意？这让对方不可理解，甚至造成困惑。

在使用语言进行交际的过程中，语言的表达方式对交际也有明显影响。有的人说话夹枪带棒，或者出语尖酸刻薄，或者冷言冷语，还有的人说话爱用反诘语言等，这样的语言表达方式常会引起人们的反感，有时还会带来口角甚至不良后果。即使这些人确实是"豆腐心肠""刀子嘴"式的人，也难以与别人建立和谐融洽的人际关系。

（5）个性

个性，在心理学中又称为人格，是指在一定的社会历史条件下具体个人所具有的意识倾向性以及经常出现的较稳定的心理特征的总和，包括一个人的兴趣、爱好、思想、信念、性格、气质、能力等。

每个人都有自己的个性，人际交往也会受到个性品质的影响。遇到个性相近的人，若彼此欣赏，当然容易接近；遇到个性相反的人，若也能相互欣赏，交往也不会有太大问题。或者性情、志趣等方面存在个性差异却也有其他共同之处的，比如性格特点相左却有着共同文学爱好的两个人，交往中如果以共同的文学爱好为基点，彼此产生心理上的共鸣，把彼此相左的性格特点放到交际的次要位置，求同存异，那么交往双方也会感到其乐融融，甚至会随着彼此的相融而成为知己。因此，在人际交往中应多去寻找对方身上让自己欣赏的特点。如果双方丢弃彼此值得认同的性格特点，这不仅使交往双方关系僵化，还会导致双方情感疏远，产生隔阂。

当然，总体而言，在交往中，一个人热情、诚实、高尚、正直、友好，则易于被人接受；相反，一个冷酷、虚伪、自私、奸诈、卑劣的人则会令人生厌。可见，良好的个性品质易于建立和谐的人际关系，不良的个性品质影响正常交往。

9.2.2 搞好与领导、同事的关系

1. 搞好与同事的关系

（1）提高自身素质，培养自身能力　社会心理学理论认为，一个人的能力大小与受人喜欢的程度有密切联系。一般来说，在其他条件相当时，一个人的能力越强就越受人喜欢。

刚刚走上工作岗位的大学生，首先应当努力钻研业务知识，提高自己的业务能力，以求尽快地适应工作环境，认清工作性质，熟悉工作程序，做出工作成绩。这是赢得同事赞誉和领导信任的基本条件，也是建立和谐人际关系的基本前提。毕业生最需要注意的是，在职业岗位上要谦虚踏实，不要自以为是。互相不相容、互相不喜欢就必然导致人际关系的紧张与不和谐。

（2）塑造良好形象，增进个人魅力　每个人都存在内在的人际魅力，它是一个人的综合素质在社交生活中的体现。毕业生初到工作岗位，要注重自我仪表，避免给人邋遢的感觉。不同行业和工作岗位对服饰仪表有着不同的审美标准和习惯。比如，政府机关、学校要求穿着打扮端庄大方，过于新潮前卫的服装和发型与工作环境不协调，让人感觉轻浮甚至是哗众取宠。在工作场合，一定要注意衣着、服饰同自己的身份相符，同工作单位的习惯相一致。日常的待人接物、言谈举止要得体大方、不亢不卑、和蔼可亲。在与人交谈时要专注于谈话内容和谈话对象，若发现引起歧义，应及时给予解释或更正。讲究办公室的基本礼仪，保持良好习惯，树立美好形象。

（3）注重内在修养，培育良好个性　人们在注重外貌的同时，会更加注重人的道德品质，因此毕业生应当在塑造良好外表的同时，尽力美化心灵，做到表里如一，以内在美的更大魅力，赢得更持久的、更深层次的喜爱与接纳，建立良好的人际关系。

①尊重他人。初到单位，应当把每一个人当作自己的老师，不管职务尊卑，收入多少，

年龄大小和文化高低,要尊重他们的人格和感情,尊重他们的劳动和成果,虚心请教。尊重他人才能赢得他人的尊重,建立和谐的人际关系。

②平等待人。在待人接物问题上,大学生切忌以貌取人、先入为主;切忌不平等待人,把同事分成几个等级,见了领导点头哈腰,见了职位低的职工置之不理;切忌对自己有用的人关系密切,而对暂时用不着的人疏远不理。

③热心助人。在同事有困难时应当伸出热情的手给予帮助,而不能袖手旁观、坐视不理,更不能落井下石、见利忘义。以帮助与相互帮助为开端的人际关系,可以使人与人之间的心理距离迅速缩短,使良好的人际关系迅速建立起来。

④对人真诚。人际关系的本质是人与人之间情感的联系与沟通,情感的沟通越充分,双方共同拥有的心理领域就越大,人际关系就越亲密。良好的人际关系要求双方真诚相待,言行一致。即使在交往中发生一些误会和矛盾,真诚也会使误解冰消雪融。

⑤认识自我。大学毕业生应尽快熟悉工作环境,克服自我认知偏差,通过分析他人对自己的评价,通过对自己的过去、现在和将来的比较,通过与他人比较,通过分析自己参加各种活动时的动机、态度、成果等来认识自我。一个人如果能够全面、正确地认识自己,客观、准确地评价自己,就能为自己合理定位,并以此为基础,扩大自己的交往范围和空间。

(4)善用交际技巧,培养交际能力

①换位思考。经常站在对方的角度去理解和处理问题,一切就会变得简单。与同事相处,要善于发现他人的价值,懂得尊重他人,愿意信任他人,对人宽容,能容忍他人有不同的观点和行为,求同存异,不斤斤计较他人的过失,在可能的范围内帮助他人而不是指责他人。

②善用赞扬和批评。赞扬能释放一个人身上的能量,调动人的积极性。真心真意、适时适度地对别人赞扬,能够增进彼此的吸引力。一般情况下,批评是负性刺激,通常只有当用意善良、符合事实、方法得当时,才有可能产生积极的效果,才能促进对方的进步。批评时应注意场合与环境,应对事不对人,不能对一个人产生全盘否定。与同事交往,要注意把握赞扬和批评的分寸。

③主动交往。在社会交往中,有些人担心遭到拒绝,担心别人不会像自己期望的那样应答,因而往往不会主动与人交往,使自己处于窘迫的局面。事实上,问题远没有我们想象的那么严重。人们之间的喜欢通常是相互的,即人们喜欢的往往是那些喜欢自己的人。走上新的职业岗位,一些大学生一开始显得有些"不合群",表现为与他人的志趣不相投,话不投机,经常独来独往,其结果往往导致人际关系的疏远。这不利于大学生在新单位的发展,应以一个积极主动的姿态来应对新的人际关系。特别是面临人际危机时,应主动解释,消除误解,重新建立良好的人际关系。

2. 搞好与领导的关系

(1)保持工作热忱,做好本职工作　一个对工作充满热情的人,是可以博得他人好感的。松下幸之助认为"热情"优于"智慧"。刚刚工作,在没有经验供自己参考、没有资历和实绩让领导评判时,对工作是否热情,态度是否认真负责,自然成为评价自己的第一标准。同时,对工作、对单位要有强烈的责任心,以主人翁的姿态对待单位的利益,绝不做有损单位利益的事。

(2)适应领导作风,保持良好关系　人际关系同工作关系不同,工作关系是不以个人意

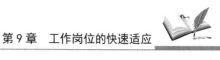

志为转移的外附关系,是组织上的分工,有强制性。与领导保持良好的人际关系,并不是要求自己去溜须拍马,无原则地讨好奉承,而是要了解领导的工作作风、习惯、爱好,学习领导的经验,积极培养自己与领导的私人友谊,使彼此之间减少摩擦,增强了解。当然,与领导交往要适度,避免因过甚交往引起同事的误解与反感。

> 王晓琳是个让父母骄傲的独生女,从外貌到学习都很不错,性格直爽,开朗活泼。可是,工作后,直爽成了缺点,在给主管提了点意见后,明显感到得罪了那个女主管。
> 王晓琳心中虽然也知道自己大事不妙,等于宣布了职位的死刑,可是不知道如何才能挽回。好想走掉算了,可又舍不得这个不错的企业。
> 王晓琳首先与自己的师傅们沟通,虚心讨教妙着,在他们的指点下,她主动找主管承认错误,希望她能原谅,给自己机会。通过与主管沟通,王晓琳明显感到,这个女主管心肠原来也是很热的,要是真的走掉了,双方将永远失去相互了解和理解的机会。

年轻人容易将事情看得简单而理想化,在跨出大学校门之前,都对未来充满憧憬。初出校门的大学生不能适应新环境,还喜欢提上一些"合理化"建议,以至于碰了壁还莫名其妙、不知所措,往往又会产生一种失落感,感到处处不如意、事事不顺心。

取得领导信任与支持的首要任务就是恰当地表现自己的才能,并在给领导提意见时注意方式、方法。刚刚毕业的学生往往以自己的"理想化模式"来看待自己的领导,看待周围的是是非非,进而对领导评头论足,这是绝对不可取的。

职场新兵应该清楚,公司是工作的地方,不是学校,一切要服从上司的安排。"人无完人,金无足赤",再好的上司也不可能有想象的那么完美。对上司先尊重后磨合,对同事多理解慎支持,与上司和同事多沟通、相互多了解,这样才能配合默契,不容易产生误会。少看领导的缺点,不管他的缺点有多少,他现在就在决定你的命运。学会忍耐是上策,学会妥协,向职场妥协、向现实妥协,将会柳暗花明、峰回路转。委屈的泪水、难解的困惑,会凝结出辛酸的经验,使你成熟、理智,获得的积累将是你职业生涯中一笔宝贵的财富,使你求得机遇,求得发展。

(3) 尊敬服从领导,维护领导权威 尊敬是人与人友好交往的基础,下级对上级的尊敬和服从更是理应遵循的基本准则。在日常工作和平时交往中应对领导礼貌,主动与领导打招呼,多用敬语。在对外交往中就更要注意礼节,处处表现对领导的尊重和服从,欣然接受领导交办的任务。不要越过直接领导去找他的上级,或许会弄巧成拙。

> 项东大学毕业后到某贸易公司就职,任销售主管助理。在实习期间,项东性格沉稳,做事积极,对同事们也很友善,深得同事及领导的赞赏。一年后,由于项东做事认真积极,连续9个月以月销售排名第一的业绩晋升销售主管。项东的顶头上司李胜是个沉默寡言的人,性格较孤僻,很少与下属打交道。
> 在李胜的领导下,项东感到很压抑,于是项东开始想办法挤走李胜。借着与同事关系不错,项东在很多场合有意把李胜孤立起来;在工作上,项东也是越俎代庖,权力上"架空"李胜,弄得李胜很不高兴。矛盾不可避免,总会有爆发的时候。二人关系公然破裂是在一次会议上,面对李胜的指责,项东立即予以还击,两人关系更加恶化。最后的结果

是，项东被迫辞职。

原因是，李胜是该公司的创业元老之一，"后台"很硬，上级领导为维护李胜的权威，项东不得不辞职。

项东的做法无异于以卵击石，一个很重要的原因是他不知道职场的错综复杂。在不了解情况的前提下就贸然行动，必将导致失败。另外，他失败的一个很重要的原因是，群众支持基础薄弱，一个下属岂会拿着自己的前途去跟领导斗。要知道，晋升的道路有很多条，做好本职工作，以公平、合理的竞争手段取得晋升也不失为一个明智的做法。

（4）接受领导批评，善于与领导沟通　一般人对别人的表扬会喜形于色，而对别人的批评则会有很强的逆反情结，尤其是当众受到批评时。所以，作为刚工作的毕业生，切记一条原则：不怕批评，同时随时准备接受批评。其实，在正确接受批评后，大学毕业生才能得到更好的指导与帮助，才能快速成长。如果对批评表现出不高兴，等于失去了别人对自己帮助的机会。如果领导的批评确实不客观，应该在适当的场合和时机向领导解释、沟通，绝不可当众与领导顶撞、反驳，甚至因心存委屈而闹得满城风雨。

9.2.3　高效的工作态度与工作方法

在职业适应与发展中，工作绩效如何是一个人工作能力的客观表现。

1. 注重工作方法的有效性

有的人似乎每一天都在忙忙碌碌，可是到了阶段总结时，又说不出来干了些什么，缺乏实质性的、具有效益的工作成果。这是为什么呢？主要是在这些人的头脑中，缺乏对工作方法有效性的思考。

（1）做好工作计划　在工作中缺乏计划性，对上级交办的任务，不会思考从何处入手，怎样一步一步深入下去，以尽快完成工作任务，所以不会有高的效率。同样的工作任务，思考以后找到解决问题的最佳途径再去做，和根本不思考不计划，盲目地去碰运气，干到哪里算哪里，这两种对待解决问题和完成任务的态度，产生的工作效果是截然不同的。

（2）合理分配工作时间　有的人不讲求工作效率，不注重时间的合理分配，在工作时东抓一把西抓一把，见了谁都要聊几句，闲扯一段，结果耽误了工作。干活慢吞吞，既不愿意多思考，也不愿意多干活，这种懒惰的人，不会有高的工作效率。

（3）讲求工作技巧　任何工作都有个技巧问题，无论什么职业岗位，都有它自身的规律和法则，如果我们不认真动脑筋去思考，是不可能掌握工作技巧的。比如，在技术上，除了联系书本知识以外，还应该多向技术精湛、具有丰富经验的老员工、老师傅请教。有些技术上的问题，对刚刚参加工作的人来说，光靠自己闷头研究，不仅耽误时间，还有可能造成事故，贻误工作。如果能虚心求教，态度谦虚诚恳，不仅能增长知识，积累经验，还能较快地解决技术问题，更好地高质量完成任务。

除此之外，在人际关系处理方面，也需要讲求技巧。在上述做法中，解决技术问题是一方面的收获；同时，在向他人求教中，还能表现出谦虚好学的美德，表现出对老员工、老师傅的尊重和对工作的认真态度，这种做法受到同行们的欢迎，也就容易处理好人际关系。

（4）养成良好的工作习惯　工作中树立良好的习惯非常重要，比如，工具放置要有一定的位置，成品、半成品或商品货物等码放整齐。上班前提前做好进入工作状态的准备，把当天需要用的工具或其他物品准备好，下班时主动将工作环境打扫干净，尤其是自己的办公桌。

> 小祁是某职业学院广告设计与制作专业毕业生，他在一家广告公司的客户部找到了工作，试用期三个月。小祁平时的工作主要是联系客户，询问一下要求，征求一下意见。
>
> 最近公司承办了一个大型展会，由于准备期比较长，工作单调枯燥，小祁渐渐有些不满起来，干活也开始漫不经心了。有一次经理让他和客户联系一下，确认一下对方是否参加展会，还有什么具体要求。小祁开始还很认真地打电话询问，后来就有点敷衍了事了，凡是没打通的或者找不到直接负责人的，他就一律忽略过去，不再重打。
>
> 直到展会的前一天，一家大型涂料公司来电话询问为什么没给他们安排展位，并要求赔偿损失。公司费了好大的劲儿，才把这个问题解决好，事后追查责任，原来是小祁的工作失误。出了这样的差错，小祁只好主动辞职。

职场新人往往容易抱怨自己干的是杂活，其实新手到一家公司，应该抱着积极的心态，认真做好那些看起来并不起眼的工作，这样才能积累必需的工作经验，同时锻炼自己良好的职业素质。

2. 勇于承担责任

> 陈重和张依华新到一家贷运公司，被分为工作搭档。
>
> 这天，陈重和张依华负责运送一件昂贵的古董。在交货码头，陈重把货物递给张依华的时候，张依华没接住，古董掉在地上摔碎了。
>
> 张依华趁着陈重不注意，偷偷来到老板办公室对老板说："这不是我的错，是陈重不小心弄坏的。"随后，老板把陈重叫到了办公室，询问事情经过。陈重就把事情的原委告诉了老板，最后陈重说："这件事情是我们的失职，我愿意承担责任。"
>
> 后来，老板把陈重和张依华叫到了办公室，对他俩说："其实，古董的主人已经看见了你俩在递接古董时的动作，他跟我说了他看见的事实。我也看到了问题出现后你们两个人的反应。我决定，陈重留下继续工作，关于古董赔偿的问题，按照公司的规定办理。张依华，明天你不用来工作了。"

无论是在工作还是生活当中，人们往往对承认错误和担负责任怀有恐惧感，因为承认错误、担负责任往往会与接受惩罚相联系。有些不负责任的员工在出现问题时，首先把问题归罪于外界或者他人，总是寻找各式各样的理由和借口来为自己开脱。在很多管理者看来，这些都是无用的借口，并不能掩盖已经出现的问题，也不会减轻要承担的责任，更不会让你把责任推掉。

缺乏责任感难免会失职，员工与其为自己的失职找寻借口，倒不如坦率地承认自己的失职。敷衍塞责，找借口为自己开脱，会让老板觉得你不但缺乏责任感，而且还不愿意承担责任。没有谁能做得尽善尽美，但是，一个主动承认错误的员工至少是勇敢的。如何对待已经出现的问题，能看出一个人是否勇于承担责任。

3. 诚恳接受批评

受到批评时，心态相当关键。在具体的应对方式上，应把握以下几条原则：

（1）认真对待批评　上司一般不会把批评、责备别人当成自己的乐趣。批评，尤其是训斥，容易伤和气，那么他在提出批评时一般是比较谨慎的。他的"责骂"从一般角度考虑，一定是有原因的，或对或错，都表明上司对某些和你有关的工作不满意。因此，被批评时应该认真对待，首先抱着自责和检讨的心理去接受批评。

从另一个方面讲，上司一旦批评了别人，就有一个权威和尊严问题。如果不认真对待他的批评，把训斥当耳旁风，依然我行我素，其结果也许比当面顶撞更为糟糕。因为那样会让上司面子尽失，让上司觉得你的眼里没有他。

一个合格的员工，在受到上司批评时，应该尽可能地保持谦逊的姿态、虚心的神情，同时眼神不可随意飘动，要表现出对上司批评的专注来，不要让他以为你心不在焉或是不甚服气。

下属能完全接受批评，理解上司的"苦心"，且积极地谋求改善，还对批评心存感激，这对上司而言，是再高兴不过的事了。这样即使你真的做错了事情，上司也会觉得你是可以原谅的。因为在这一瞬间，上司深切地感受到他的价值，并且得到指导人的成就感和满足感。

（2）对批评不要不服气或牢骚满腹　让上司觉得他是被信赖和尊敬的，最直接的表现是部下很愿意听他批评。但是，如果你不服气，发牢骚，那么，这种做法产生的负面效应将会让你和上司的感情距离拉大，关系恶化。

事实上，上司的"责骂"也含有忠告、指示和鼓励的意味。他的批评其实也可以看作是对你的重视和鞭策。正因为他的眼里有你这个员工，他才会注意你的错误，希望通过指责的手段促使你进步和发展。如果做下属的人在面对上司的批评时，表现出一副很不服气的神情，私下里满腹牢骚，这样不仅无法理会上司的真心实意，还会让上司认为你是一个不愿接受批评的人。

（3）切勿当面顶撞　当然，有时候在公开场合受到上司的批评指责，自己难免会觉得难堪，特别是当你觉得上司的指责很没有道理时。在周围同事众目睽睽之下，你可能会为了自己的面子，失去冷静，反驳上司的批评以显示自己的无辜。这样一时快意的"英雄"壮举，换取的可能仅仅是同事的一丝同情和上司加倍的震怒和斥责，最终受害的还是自己。

"小季，你怎么搞的，发给客户的这个文件为什么不早点给我？"

小季心里连连叫苦，明明上个星期就拿给老板的文件，他自己拖着没有批示，等着火烧眉毛，反倒埋怨起别人。

自从做了总经理秘书，这样的事频频出现。小季心中甚是不快，偶尔也跟老板理论两句。可是，小季发现，她话还没说完，老板的脸却早已拉得老长。

人在屋檐下，不得不低头。小季仔细想想，老板也不容易。于是，小季调整了自己的工作方式。事情不是特别急的时候，她总是趁老板不忙或气氛比较轻松的时候提醒一下："王总，业务总结下周二就要交了，您批了吗？""对了，北方大客户的营销方案我给您了吗？"

一来二去，小季成了老板非常得力的助手，加薪自然是水到渠成。

很多时候，老板大概早就知道自己的错误，只是碍于面子与虚荣，不愿在下属面前承认罢了。或者因为性格急躁，对于出现的纰漏很上火，借机找个"替罪羊"，发泄一下情绪而已。等到事后冷静下来，他会为自己的行为自责的。因此，小季的做法非常聪明，她没有对上司反唇相讥，直指其非，而是变换方式，委婉提醒。其实，这些上司都是会看在眼里、记在心上的，无形中会对她有一份歉疚之情。

俗话说："退一步海阔天空"。小季这种做法，保证工作如期完成，为老板留足了面子，更为重要的是增加了她对于老板的重要性，真是一举三得。

（4）不要把批评看得太重　时常有这样的员工，遭受上司的批评后，就充满悲观的情绪，把上司的批评当作世界末日。这种心态是错误的，你完全没有必要把上司的批评看得太重。

受到一两次批评并不代表你就没前途了，更没必要觉得一切都完了。上司批评你主要还是针对你所犯的错误，除了个别有偏见的上司外，大部分的领导都不会针对员工个人。

（5）受到批评不要过多解释　受到上级批评时，反复纠缠、争辩是没有必要的。如果你的目的仅仅是为了不受批评，当然可以"寸土必争""寸理不让"。可是，一个把上司搞得筋疲力尽的人，又谈何晋升呢？

一名合格的员工，在遇到上司的批评时，也要明白这一点：上司看到的只有结果，他没兴趣听你叙述如何导致那样的结果。

4. **懂得倾听**

很多毕业生以为，"滔滔不绝"能够显示你的知识丰富和聪明能干，其实不然。作为新人的你，首先应该学会的或者说永远要学会的是倾听。倾听会让你在沉默中冷静地体会到对方话里话外的真正用意，能够让你全面地了解你面对的是个什么样的人。具体来说，倾听分为工作倾听和私事倾听两种。

（1）工作倾听　比如说做营销，你面对着用户，在介绍完你的产品后，更重要的是倾听用户的话语，他们需要什么，他们哪位主管说了算，你们可能还有什么样的对手，他们对此有什么计划和安排，等等。有的时候，在销售的过程中，如果能充分地运用好自己的耳朵，那就已经成功一半了。

（2）私事倾听　比如哪位同事喜欢在你面前"东家长西家短"，你也最好倾听为主，不要发表任何看法，因为这种人很容易把你的看法作为论据去告诉其他人。另外，有时候领导或者同事碍于你的面子，会把话说得很含蓄，这就要靠你自己去感悟了。

徐梅两年前从一所知名高校毕业，优秀毕业生的光环让她顺利进入一家外企做销售。试用期的三个月内，她给自己定下了明确的目标，处处严格要求自己，考核时，业务量在同一批大学生中是最高的。在她向顶头上司汇报工作的时候，上司常常说："你的个人表现很突出。"徐梅听到这个评价，自然是欣喜不已，对工作更是一丝不苟。有时为了显示自己的能力，常常会独自完成上司交给一个组的工作。

半年以后，销售部主管调到其他岗位，徐梅一心认为这是自己升职的好机会，没想到,领导并没有考虑她。徐梅感到很不解,找到了上司,上司很坦诚地告诉她:"这个职位需要的其实是善于与团队合作的人,而你过于在乎自己的个人表现!"徐梅这才意识到,上司过去"称赞"她个人表现突出,实则是在含蓄地暗示她要注意团队合作,最终她与这次升职失之交臂。

"一个聪明的下属在上司第一次说出这种话时,就应该意识到这是对自己的提醒!"徐梅痛定思痛之后,格外留意上司的一言一行,学会体味上司的言外之意。一次上司出差前说:"一切都交给你了!"但是徐梅在谈业务时,仍然没有擅做主张,而是打电话与上司沟通请示,最终做成了一笔大业务,上司也跟着被公司嘉奖。几个月后,她如愿以偿升为主管。

所以切记,初涉职场,耳朵应该比嘴巴用得更多些。除了会倾听,还得能听懂话外的意思。

9.3 协调就业与学业间的关系

9.3.1 专业不对口

找工作时,往往有这样一个问题:很多人毕业后从事的工作跟大学所学的专业没有任何关系,大学究竟该怎么上?专业学习还重要吗?

其实,不少毕业生不喜欢自己的专业,找工作就是一个重新选择的机会,必然要脱离原来专业,投身自己感兴趣、擅长的工作内容。有不少专业设置确实落后于社会需求,有的专业人才过剩,抑或专业知识"偏软",无法直接拿来就用,还有一些专业就业选择面更广一些,似乎干什么都可以,这在一些文史、商科类专业表现得更为明显,指望这类专业都能对口就业也是不合理的预期。另外,还有不少人是因为专业学得不够精,并不具备核心竞争力,大学4年只是混了张文凭,什么东西都没学到,在激烈的求职竞争中并不具备优势,达不到岗位要求标准,不得不弃专业而被动选择其他工作。

就业中的"专业不对口"说明专业之间人才流动的灵活性,社会提供了跳出专业束缚的可能性。虽然未来具有很多不确定性,在校生也很难预知毕业后具体会遇到哪些因素,但一个人在职业发展过程中,也总会保有一些不变的东西,比如自学能力、视野、心胸、决心、意志、品质等。这些不只是在大学里需要培养,有的在一个人早期的家庭教育中就已经形成了,而且会嵌入大脑和思维模式中,跟随人的一生,甚至会决定一个人持续发展的高度。

此外,还有不少跟专业知识无关的能力,比如生活能力、人际交往和沟通能力、演讲能力、写作和表达能力、逻辑分析能力、对问题和趋势的感知能力、判断能力等。这些在大学生活、专业知识学习、社团活动以及实习实践中也能得到培养和锻炼,进而形成一种通用和可迁移的能力,伴随一个人的职业生涯。这些"软实力"也是保证一个人跳出专业限制的一张"通行证"。

毕业一年左右这个阶段可谓"动荡期",此时毕业生多无压力,因此换工作也显得平常。另一方面,这个阶段也是一个适应期,薪水高不高、工作累不累、是否喜欢,这些都成为工作考虑的范畴，在跳槽与转行之间，有些人才最终确定自己的职业方向。

在就业之初，是可以换行业的，选准了行业，就可以去到某个合适的城市，也不一定必须是一线大城市。也就是说，在考虑自身专业与社会对口的同时，要多关注区域化特性，找准就业方向，比如物流中心集中在南方，金融集中在上海，采购、电子、纺织在佛山等珠三角地区集中。除了找准方向，毕业生还应该把握工作3年、5年的职场黄金期，要保持好的心态，做好自己的事情，养成好的工作习惯，有一颗进取的心，并不断提升自己。

9.3.2 继续深造与求职

面对日益严峻的就业压力，面对社会中大批量的求职者，相当一部分小伙伴选择考研，就是为了躲避严峻的就业形势。这部分毕业生将考研当作自己逃避就业压力的一条途径。先考研还是先就业，真是见仁见智。总体来说，还是要根据大环境，如果大环境对就业有利，不如先就业，但一定要提醒自己，即使是工作了，也要提高自己。

1. 考研不该是逃避就业的借口

> 从历年研究生考试的报名情况来看，考研热持续不减，据专家分析，考生躲避就业高峰是选择考研的主要原因。
>
> 高严是某理工大学机械专业大四学生。他表示，自己选择考研这条路，第一确实有逃避就业压力的原因，还有一个原因则是想证明自己，了解自己。高严说，他们全班选择考研的学生占到一多半，全宿舍6个人除了一个定向生外，别的同学都在积极复习准备考试。为了考试，他现在几乎很少与女朋友在一起。但是他说，他和其他同学相比，他并不是非常刻苦的。对他考研的选择，女朋友也非常支持。高严表示，他是那种考研目的并不太明确的人，是想证明一下自己，如果考不上，也就不想了。

近十年以来，国内的研究生人数激增，本应该属于精英教育的研究生教育也开始慢慢地走向普及化，也就是意味着，研究生的价值也许会开始走下坡路，毕业生们若单纯为了更好地就业而选择考研是一项极其不理智的选择。

即便研究生毕业，拿到了硕士学位，的确比本科毕业生更容易找到理想的工作，但是读研的同时就等于放弃了三年的工作经验。也就是说，当小伙伴们研究生毕业的时候依然还是要面对巨大的就业压力，就业压力不是我们选择考研就能逃得掉的。

2. 改变自己的职业方向

> "我不喜欢自己所学的专业，希望通过考研改变自己的职业方向。"
>
> 北京某大学计算机系的小余对自己的专业不是很满意，认为学计算机出来找工作多是到一些企业，为此，一毕业就报考了人大中文系研究生，但是连着两年都没有考上。
>
> "我就想进比较稳当的机关工作。"现在小余在学校附近租了一间房，埋头苦读，准备再一次冲刺。

当市场上的本科毕业生一夜之间出现过剩，就业得不到保障时，大家纷纷转而考研，为求得一纸硕士文凭而再战几年。辛辛苦苦等到找工作的时候,看上的用人单位开出的条件却是非博士不招。这种怪现象,使得原本就存在的"考研无意识"更为加剧。

3. 考研与就业:不要本末倒置

> 学习生物工程专业的赵倩是某工商大学的大四学生。她的考研目标是中科院。之所以选择考研,她的理由是本科阶段的生物工程专业学得浅了一些。她觉得即使找到和专业对口的工作也很难胜任。赵倩说她很喜欢自己的专业,考研就是为了能够更好地研究这个专业,她现在根本没有考虑过找工作这件事,因为她相信自己一定能够考研成功。
>
> 同样学习生物工程专业的郭杨也是该工商大学的大四学生,他的考研目标也是中科院。"我喜欢这个专业,本科学到的东西还是太初级了。"郭杨的考研目的和赵倩一样,都是因为喜欢自己的专业,要为自己的专业学习继续深造而努力。

毫无疑问,要想在专业上有所成就,选择读研究生深造是一条正确的道路。虽然正确却不是唯一的道路。根据专业的不同,未来发展方向的不同,有的学科可能先积累一定的实践经验会更有利于将来的发展,甚至有些专业的最高水平不在学院中,而是在具体的工作单位。所以,建议毕业生从多角度考虑问题。

大学生其实不管是选择考研还是就业,未来都充满不确定性,都有风险。在面临选择的时候,最关键的是自己要有清晰的职业规划。那些想转专业或通过进入高校、科研单位或政府部门工作的学生,社会应当鼓励他们考研;而对于那些学习成绩不是特别优秀,或者是家庭经济不允许的学生,选择就业不失为一种现实的解决方案。如果选择得当,也会产生事半功倍的效果。